LE SIOUX

DE LA MÊME AUTRICE

Les Mercredis de l'Élysée, L'Archipel, 2018.
La République française du Qatar, Fayard, 2017.
Hommes de…, Éditions du Moment, 2015.
Dans le secret du Conseil des ministres, Éditions du Moment, 2013.
Saint Nicolas, Éditions du Moment, 2010.

BÉRENGÈRE BONTE

LE SIOUX

biographie

l'Archipel

Un livre présenté par Yves Derai

Notre catalogue est consultable à l'adresse suivante :
www.editionsarchipel.com

Éditions de l'Archipel
92, avenue de France
75013 Paris

ISBN 978-2-8098-4216-6

À Sailly.

« Les opportunistes ont sauvé les peuples ;
les héros les ont ruinés. »

E. M. Cioran,
Précis de décomposition

Sur le toit

Le jour de son départ de l'hôtel Matignon, quelques minutes avant l'arrivée de son successeur, Édouard Philippe, costume cintré et souliers de ville, gravit l'échelle qui mène à la toiture en zinc. La scène a des airs de baroud d'honneur pour le Premier ministre, après mille cent quarante-cinq jours aux manettes. Un côté « viens me chercher jusqu'ici, si tu veux la place ». Sur le toit également, Benoît Ribadeau-Dumas, son directeur de cabinet, exorcise la déception par une vanne : « En fait, on est malheureux, on va sauter. » Le directeur de la communication, Charles Hufnagel, fait des selfies, tout comme Jérôme Bonnafont, le conseiller qui a pris la suite de Gilles Boyer après les élections européennes, Charlotte Mailly, la secrétaire particulière du Premier ministre, et Damien Cazé, son conseiller écologie-transports. À part eux, seuls les trois tireurs d'élite et le gendarme qui les accompagnent entendent Édouard Philippe ironiser en imitant la voix de Jean Castex, son successeur : « Des masques ! Le Premier ministre veut des masques ! »

En contrebas, personne ne les remarque. La caméra de BFMTV enchaîne même les directs sans s'apercevoir que le sortant est tout là-haut, dans le coin de l'image qu'elle diffuse, juste au-dessus du logo de la chaîne. Un comble ! Outre les journalistes, conseillers, collaborateurs et quelques ministres s'amassent le long des cordeaux pour une passation qui s'achèvera une heure plus tard en ovation. Devant le 57 rue de Varenne, une foule compacte attend, au soleil de ce 3 juillet, la sortie de la nouvelle coqueluche des sondages que beaucoup imaginent déjà présidentiable.

Quasi inconnu du grand public trois ans plus tôt, « Doudou » quitte Matignon avec une popularité insolente, compte tenu des crises traversées, de l'affaire Benalla au Covid, en passant par les retraites. Numéro 1 avec 56 % d'opinions favorables[1] ! Véritable idole de la droite (78 % d'opinions favorables) et du centre (86 %), l'ancien rocardien et ex-LR n'apparaît pas repoussant aux yeux des électeurs de gauche, des écolos, ni même de l'extrême droite. Pour l'avoir rencontré une fois à Matignon avec plusieurs cadres de la rédaction d'Europe 1, je garde le souvenir d'un bon communicant, plutôt séducteur et très investi de sa mission. Ce soir-là, il part toutefois voir un match au Parc des Princes avec son fils, pas mécontent de me glisser au passage qu'il ne pourra donc regarder l'intervention télévisée du président Macron. Mais je ne le connais pas encore et me mets en tête d'enquêter pour découvrir qui est réellement cet homme qui ne semble fâcher personne. Comprendre d'où il vient pour savoir où il va.

Lui-même étant claquemuré dans un silence total, je suis partie à la recherche d'un Doudou un peu lisse et ultra-populaire ; je me suis vite retrouvée sur la piste d'un juriste ultra-prudent et générateur de rancœurs. Au Havre comme à Paris, les plus prompts à se confier

---

1. Baromètre de l'action politique Ipsos/*Le Point*, juillet 2020.

se sont déchaînés sur l'opportuniste, le caméléon, cassant et mal élevé. J'ai même entendu : « Au fond, Édouard n'aime que lui. Certes, il adore ses enfants, mais ses enfants c'est encore lui. » À l'inverse, chez les pro-Doudou autorisés à parler, le panégyrique tournait autour de son intelligence, de son grand sens de l'État, de sa loyauté, de son humour. Ah ! ses imitations de Sarko. Édouard, si tu n'es pas avec lui, tu es contre lui.

Lui, justement, restait invisible, protégé par ses deux « porte-flingues » de Matignon, Gilles Boyer et Charles Hufnagel. « On réfléchit à la stratégie à adopter vis-à-vis de votre livre. » Le deuxième finit par me recevoir pour ce qu'il m'avouera ensuite avoir été un « examen de passage ». A suivi, deux mois plus tard, une improbable déambulation masquée de deux heures, sur les quais de Seine à Paris, avec « arrêts selfies » réguliers du maire du Havre, visiblement assez heureux de ce nouveau statut de rock star. Ce mercredi après-midi de février, le boxeur tente une dernière fois de me dissuader – « je vous le dis très simplement, ce n'est pas un bon sujet ; vous perdez votre temps et vous n'aurez rien à raconter » –, puis commence à baisser la garde, pour la remonter à différents moments au fil de plus de douze heures d'entretiens successifs. Certains à Paris, d'autres au Havre. Au déjeuner, au goûter ou au dîner.

La biographie n'est pas une science exacte. Éclairer un parcours, raconter une personnalité est forcément tributaire de ses propres émotions, du hasard d'archives qui s'ouvrent ou non et de rencontres qui fonctionnent ou ne fonctionnent pas. La bonne centaine d'entretiens nécessaires à cette enquête m'a en tout cas menée sur la piste d'un Sioux qui, en cinquante ans, a souvent avancé, l'air de rien, vers des succès qu'on ne lui prédisait pas.

1

Premier tipi à Grand'Mare

Naître à Grand'Mare en 1970, ensemble HLM dernier cri sur les hauteurs de Rouen. Grandir entouré de profs, de forêts et de liberté. Se dire très tôt qu'on a un « bol de maboul », des parents amoureux qui ne vous demandent pas d'aller faire vos devoirs, seulement d'avoir des bonnes notes, de ne pas faire trop de bruit et de ne pas poser les livres sur la tranche. Ah oui, et aussi de ne pas trop mentir… « Pas trop[1] », répète Édouard Philippe, tout juste cinquante ans, en souriant du coin de l'œil. « Un enfant, ça ment toujours un peu », concède-t-il. Et enfin de ne pas critiquer le maître qui, quoi qu'il arrive, a toujours raison. Pour le reste, fais ce qu'il te plaît !

Difficile, pour qui n'a pas connu l'ensemble de la Grand'Mare dans les années 1970, de voir dans ces immeubles de verre et d'acier, construits sur pilotis en 1968, véritable icône du surréalisme bétonisant, un paradis d'enfant. Depuis, l'ensemble a été classé successivement zone urbaine sensible en 1996, zone franche urbaine en 2013,

1. Sauf mention contraire, les citations entre guillemets d'Édouard Philippe et de tout autre interlocuteur sont issues d'entretiens avec l'autrice.

zone de sécurité prioritaire, puis, en 2019, quartier de reconquête républicaine. Mais Grand'Mare n'a pas fini d'attirer étudiants architectes et aspirants sociologues. D'abord testé à Aubervilliers à la fin des années 1960, l'ensemble de cinq cents logements HLM est construit en usine, assemblé par plaques de 100 mètres carrés en soixante jours. Vingt logements par bloc de quatre étages. Vite fait, (assez) mal fait. Une « expérience architecturale et industrielle », disent les livres d'histoire.

Les cloisons sont minces, le bruit s'invite d'une chambre à l'autre. Les fenêtres sont à simple vitrage, d'où le froid en hiver et le chaud en été. Qu'importe pour le petit Édouard qui, quoiqu'un peu timide, va d'appartement en appartement et même dans la forêt. À Grand'Mare, aucune porte n'est jamais fermée à clé. Les Philippe ne sont pas des beatniks pour autant. Anne-Marie et Patrick sont jeunes. Mariés à vingt et vingt et un ans en juin 1967, Anne-Marie a vingt et un ans quand naît Anne-Claire, son aînée. Vingt-trois ans quand arrive Édouard, le 28 novembre 1970. L'un et l'autre enseignent le français au collège. Elle, magnifique blonde souriante et débordante d'énergie, carré court, pantalon et lunettes. Lui, petit brun, visage rond en costume, nettement plus austère et caustique. Patrick souffre depuis dix ans déjà – il avait quatorze ans au moment du diagnostic – d'un diabète qui bouscule régulièrement le quotidien de la famille. Les enfants, et même leurs copains, savent depuis toujours comment guetter les signaux d'alerte pour prévenir les crises d'hypoglycémie, voire les comas diabétiques. L'œil qui s'immobilise au milieu de la conversation, la marche qui se ralentit en forêt. S'ensuivent, dans les cas extrêmes, les piqûres, l'insuline, la peur. Ça ne l'empêche pas d'enseigner au collège Jean-Zay, au Houlme, au nord de Rouen, même si ce métier l'ennuie. Il aime l'éducation, pas l'Éducation nationale. Dans une autre vie, Édouard en est convaincu, Patrick Philippe aurait aimé être précepteur. « Au XVIIIe siècle, quelqu'un aurait dit à mon père : "Faites l'éducation d'un jeune homme ou d'une jeune femme", il aurait aimé ça, avec la liberté intellectuelle que ça permettait. » La liberté, déjà.

Les parents d'Édouard votent à gauche, tendance « radsoc », comme beaucoup de leurs copains enseignants, et lisent *Télérama* sans regarder la télé. « Attention, ce n'était pas des gauchistes, ni des chevelus », précise le maire du Havre avec ses mots de quinqua de droite. « Ils n'étaient pas engagés en politique, pas syndiqués. Mon père détestait les syndicats de l'Éducation nationale. Ma mère aussi, d'ailleurs. Ils n'aimaient pas les gens militants ni les gens sectaires, même s'ils avaient des copains sectaires. C'était dur, pour ça, les années 1970 ! » Mais les enfants eux, quelle liberté ! « On n'était jamais pris pour l'égal des parents, mais on était toujours respecté. On pouvait poser des questions, avoir des opinions… qui étaient même considérées ! », revendique-t-il.

À Grand'Mare, les soirées s'écoulent donc, petit écran éteint. On dîne ensemble, en famille, et on discute. « Sans tabou », insiste Édouard Philippe. La sexualité, les camps de concentration, la politique… « Quand j'ai demandé son salaire à mon père, il me l'a dit… On parlait de façon très libre. Mon père n'a jamais considéré qu'il y avait des sujets dont on ne parlait pas aux enfants. »

Avant de poursuivre ce tableau familial idyllique, sans doute faut-il citer ici l'« aveu » très fort publié par Édouard Philippe dans *Des hommes qui lisent*, paru en 2017. Non pour casser cette image, mais pour livrer une clé importante sur la famille paternelle du Havre. « Louis [son arrière-grand-père], écrit-il, était déjà porteur d'un gène propre à la famille Philippe, celui qui rend compliquée la communication entre un père et son fils. Autrement dit, mon grand-père [Charles] ne savait pas grand-chose de lui, et ce qu'il savait il ne l'a pas dit à son propre fils... » Et il poursuit : « Ce n'est pas comme si le gène Philippe dont j'ai déjà parlé nous avait épargnés, mon père et moi[1]. »

Très tôt, le petit Édouard aura cherché à épater Patrick. Et compris que cela passait notamment par les livres. Tout profs qu'ils sont, les parents Philippe s'interdisent d'exercer sur leurs enfants la moindre pression pour qu'ils sachent lire avant le CP. Surtout laisser faire l'instit, chacun son rôle ! Mais l'amoureux de Dante, futur traducteur de la *Divine Comédie*, trépigne. Une idée folle lui traverse l'esprit et, pour tout dire, l'amuse follement. Un soir, il convoque son fils à sa table et lui tend la première page d'un livre. Voilà quelques semaines que l'enfant déchiffre fièrement ses premiers mots en CP, il vient d'avoir six ans. Patrick en a trente. Dante, trente-cinq lorsqu'il écrit ces vers qui ouvrent le chant I de l'*Enfer*.

— Lis, enjoint Patrick, comme un défi insensé.

Impossible de décevoir ce papa malade, manifestement amusé de sa proposition. Édouard s'approche. L'index appliqué posé sous le « À » et la bouille ronde collée aux lettres, il ânonne :

À la moitié du chemin de notre vie
je me retrouvai dans une forêt obscure,
dont la route droite était perdue...

Triste et même un peu honteux d'avoir sans doute déçu une si noble attente, il relève finalement la tête. À sa

1. Édouard Philippe, *Des hommes qui lisent*, JC Lattès, 2017.

grande surprise, un sourire inonde l'œil de son père qui, à l'encre, inscrit en haut de la page : « Édouard Philippe, 1976, mon premier livre. » À défaut d'être baptisé, le voilà officiellement investi dans la communauté des lecteurs, diplôme en poche. Trente-cinq ans plus tard, il prend manifestement le parti de s'en amuser devant moi. « Qu'il me fasse lire la *Divine Comédie*, c'était sa façon de me dire qu'il trouvait ça beau », m'explique-t-il, plus indulgent aujourd'hui que lorsqu'il révéla l'anecdote dans son livre.

Avec l'entrée au CP, la musique s'invite également dans le quotidien. Sur le principe, on s'en doute, inscrire ses enfants ailleurs qu'à l'école de quartier de Grand'Mare ne réjouit pas Patrick Philippe, mais l'école Michelet à Rouen est la seule à proposer des classes à horaires aménagés dès six ans. Les journées se déclinent toutes sur le même mode : français, calcul, histoire le matin et, après la cantine, direction le Conservatoire de région, à quatre cents mètres de l'école, pour des après-midis solfège, chant, instrument, art dramatique. Bonheur ! Sauf pour le violon, la prof est une peau de vache. Édouard n'aime pas Mme Sénart. Ses copains le savent. Mais chut, on ne dit pas de mal des profs ! Comme à l'école, Édouard est bon élève, il travaille son instrument, accepte ce quotidien ingrat fait de gammes, de rigueur et de persévérance. À la maison, il a parfois entendu ces œuvres injouables qui, pour cette raison, le motivent. Notamment *Introduction et Rondo capriccioso* de Camille Saint-Saëns, dans lequel les virtuoses virevoltent des graves aux aigus dans des traits à couper le souffle. Il lit bien Dante, pourquoi ne pas dompter un jour Saint-Saëns ? Le violon le confronte aussi au trac. Le petit Édouard tremble aux auditions du conservatoire, certaines en public. Mais, bizarrement, il prend goût à cette peur, surtout lorsqu'il découvre qu'il la domine.

En attendant, il se plaît dans sa nouvelle vie grâce à un trio qui s'accorde très vite autour, sinon de la musique, tout au moins du foot. Édouard, Nicolas, Jean-Baptiste, « meilleurs copains » dont seul le premier n'a pas de surnom. Aux côtés du fils de prof, Nico est fils de chirurgien, Jean-Ba, fils d'ouvrier laborantin. Le ballon est partout, matin, soir et week-end. Patrick, à qui le sport a toujours été interdit et qui a nourri une forme de dédain pour la plupart des disciplines sportives, hormis l'athlétisme et la boxe, doit s'en désoler. Les genoux en permanence éraflés sur le macadam de la cour de Michelet témoignent du caractère essentiel de cette activité aux yeux de son gamin. Des trois, la grande gueule est Jean-Ba, footballeur et bagarreur en cas de besoin. Il a toutefois en commun avec Édouard d'avoir un parent malade, cette même peur du regard des autres, germe probable, pense-t-il, de leur « susceptibilité » à tous deux. L'un et l'autre savent ce que « ne pas faire de bruit » veut dire.

Plus réservé, Nico Delaunay vit au contraire dans une chaumière normande bruyante, entourée de verdure, à Saint-Jacques-sur-Darnétal. Une sorte de maison du bonheur, fratrie de quatre au milieu de laquelle Édouard, volubile, épate et fait rire. À table, il imite les politiques – déjà ! À six ou sept ans, la bille ronde et les oreilles décollées, il singe Thierry Le Luron imitant Giscard, son doigt faisant claquer la joue comme une balle de tennis. Plus tard apparaîtra Kermitterrand, la grenouille du « Bébête Show ». L'enfant ne s'embarque jamais dans de longs sketches, plutôt un saupoudrage d'imitations. Au milieu de n'importe quelle conversation, il prend le contrôle de sa lèvre supérieure et lâche une vacherie avec la voix de « Tonton ».

L'une des premières fois où il est invité chez les Delaunay, la question surgit :

— Que veux-tu faire plus tard, Édouard ?

La réponse fuse :

— Égyptologue !

En perdition, Nicolas surenchérit :

— Océanographe !

Que ne faut-il pas inventer pour épater un père ébloui par son meilleur ami ? Et voilà les deux copains élevés au rang de garçons brillants. Nico se dit pourtant qu'Édouard l'est bien davantage, avec son vocabulaire élaboré et ses tournures « desprogiennes ». En 1980 – l'année du CM2 –, Édouard lui fait découvrir le « Tribunal des flagrants délires », l'émission de Claude Villers, Pierre Desproges et Luis Rego, sur France Inter, qu'il a connue par les grands du collège. Avec Nico, Édouard s'entraîne à trouver des blagues à la Desproges. Il détourne cette phrase d'un de ses instituteurs : « Allez, bats-toi avec ta figure de mathématiques », et le voilà mimant un coach qui motiverait son poulain boxeur : « Allez, bats-toi avec ta figure. Bats-toi ! » Loin de l'image du petit Édouard bien sage, cette autre réplique revient souvent : « … et c'est là où nos avis divergent… Et dix verges, ça fait beaucoup pour un seul homme. »

Édouard a beau vanter aujourd'hui la grande liberté dont il jouissait à la maison, le souvenir des copains est visiblement différent. « Chez lui, il se faisait quand même pas mal engueuler », insiste Nicolas.

— J'adore venir chez toi pour avoir plus de liberté, lui répète Édouard sans cesse.

Tous les copains sont intimidés par l'atmosphère ascétique et disciplinée du clan Philippe. Ce père charismatique les inquiète, ce sphinx qui s'efforce pourtant d'intéresser filles et garçons à telle citation de grec, de latin ou à la mythologie. Avoir l'air intelligent est perçu comme une obligation quand on passe la porte à

Grand'Mare. Souvent, bon camarade, Édouard répond à la place des copains. Ce cadre exigeant ne l'empêche d'ailleurs pas de faire le pitre. Anne-Claire, sa grande sœur, se lâche encore plus. Anne-Marie, la mère, est là aussi pour arrondir les angles, si joyeuse et accessible aux enfants de passage.

Édouard, donc, s'adapte. C'est même l'une de ses principales caractéristiques. Alternativement clown ou sérieux, intello ou déconneur, distingué ou argotique. Il révèle aussi une forme d'autorité naturelle, parfois cassante, qui se manifeste notamment au foot. En CM2, cette même année 1980, l'instituteur M. Pinguet organise un tournoi interclasses. Leur coupe du monde à eux. À quelques semaines de l'Euro en Italie, le stade Saint-Exupéry, de l'autre côté du CHU de Rouen, fait figure de Stadio Olimpico. Le vénéré Noël Pinguet, bouc impeccable dans son costume trois-pièces, a même prévu une coupe pour les vainqueurs. Calme et déterminé, ses bras maigrichons posés sur les épaules de son copain, Édouard joue les sélectionneurs :

— Jean-Ba, OK, on te met capitaine. Mais si tu gueules une seule fois, c'est terminé !

Jean-Baptiste gardera son brassard jusqu'à la fin. Mais la classe n'a pas gagné la coupe.

Pour le petit Édouard, le jeu est une affaire sérieuse. Au Risk, dans la chambre de Jean-Ba tapissée de posters de John McEnroe, ou chez Nico avec Supertramp dans les enceintes, il est toujours celui qui prend la partie avec gravité. Chaque fois qu'il perd au ping-pong, il réclame une revanche.

Cette même année 1980, Édouard demande à se faire baptiser. Il va avoir dix ans. Contrairement à sa sœur, il n'a pas reçu le sacrement chrétien étant bébé. Anne-Marie Philippe, issue de la bourgeoisie catholique du

Nord, est pourtant très croyante – son frère Philippe est moine dans le massif de la Chartreuse. Édouard suit le catéchisme à la paroisse de Grand'Mare depuis deux ans, sur instruction de sa mère, précisément. Il se trouve que ça lui plaît. « À dix ans, m'explique-t-il, j'avais déjà une forme de fascination pour le sacré. Je croyais donc. Ça peut paraître étrange, mais j'avais compris qu'il y avait quelque chose qui relevait de l'éternité et de l'absolu. C'est d'ailleurs resté. Je ne crois pas en Dieu, mais j'ai toujours une fascination pour le sacré. Je fais des détours pour aller voir des églises. Les deux endroits au monde où j'ai eu le plus de sérénité sont la chapelle Palatine à Palerme et le Mont-Saint-Michel, des endroits très religieux qui me transportent. » Pour une fois, avec ce baptême, il ne s'agit pas d'épater son père. Athée, Patrick déteste les bigots, même s'il n'a rien contre la foi de son épouse. Sa spiritualité à lui l'oriente plutôt vers la franc-maçonnerie. « Ça n'est d'ailleurs pas un secret », prétend Édouard Philippe, même si son père ne lui racontera jamais ce qu'il y fait.

Le baptême a lieu à Sainte Cécile. Édouard est beau comme un sou neuf. On mange bien, on rigole. C'est une fête de famille dont il se souviendra surtout pour la chute de toboggan qui l'emmène au bloc opératoire. Il en ressort plâtré, mieux vaudrait dire « momifié » : buste, épaule et dos, en plus du coude cassé… et débarrassé du violon ! Quitte à s'arrêter trois mois, en septembre il attaquera les percussions.

Cette année 1980 marque surtout un tournant : la famille Philippe déménage sur l'autre rive de la Seine. Nommé chef d'établissement à Grand-Quevilly, Patrick installe la famille dans le logement de fonction du collège Jean Texcier, une succession de bâtiments sans âme, construits dix ans plus tôt et cernés de grandes tours.

Grand-Quevilly, ville du député PS Laurent Fabius, n'est pas une banlieue « difficile », mais nettement plus populaire que le quartier de Michelet (Édouard est alors en CM2) et du conservatoire de Rouen. Rive droite et musique en journée, rive gauche le soir et le week-end. Du haut de ses dix ans, Édouard a parfaitement conscience du contraste. Un beau vélo, le fait de ne pas être scolarisés à Grand-Quevilly où ils vivent : son copain Jean-Ba et lui se font vite repérer et secouer par les gars du quartier. Plusieurs fois, en allant acheter leurs bonbons, ils prennent des coups.

À la rentrée en sixième, en septembre 1981, Édouard débarque cette fois au collège de son père, sans Nico ni Jean-Ba qu'il voit encore au conservatoire le mercredi. Comme attendu, son statut de « fils de », ses bonnes notes et ses oreilles décollées ne lui valent pas que des amis. Le premier poing dans la figure authentique de son existence survient peu de temps après la rentrée d'un certain Franck, en sixième comme lui, mais pourvu d'un grand frère bagarreur. Message reçu cinq sur cinq. Il raconte aujourd'hui s'être trouvé des grands pour le protéger. Quelques imitations en stock, ainsi qu'une grande sœur courtisée semblent avoir été de bons arguments. Il dit aussi s'être juré de ne plus être premier de la classe. Son orthographe approximative l'y aide.

À la maison, dès lors que ses notes restent correctes, rien ne change. Toujours la même liberté… « À partir de la cinquième, si j'avais envie de fumer dans ma chambre, je pouvais fumer dans ma chambre, tient même à souligner Édouard Philippe. Je voyais bien la différence avec mes petits camarades de la banlieue de Grand-Quevilly. Leurs parents étaient souvent des employés, des gens qui cherchaient du boulot ou autre. Certains prenaient des torgnoles… Le père de mon père lui en avait collé, mais pour lui c'était un interdit absolu : "On ne frappe pas les enfants !" Et quand je faisais des conneries, le truc le plus dur qu'il ait dû faire fut de me taper sur la tête avec un journal. Il a dû s'en vouloir pendant six ans. Et moi, j'étais vexé comme un pou. »

Côté lecture, l'épisode *Divine Comédie* du CP n'a pas déclenché d'amour dévorant pour la littérature. Il aimerait sans doute raconter qu'il engloutit les classiques, mais *Les Misérables*, dont il est laborieusement venu à bout en cinquième, ne valent pas son grand plaisir de l'époque : le *Quid*. Une encyclopédie d'avant Internet, que l'on ouvre pour vérifier un chiffre et que l'on garde en main des heures durant, comme on se perd aujourd'hui sur Wikipédia. Le véritable déclic de lecture sera un livre d'histoire déniché à la bibliothèque municipale, où le rituel du mercredi le conduit avec son père. Cela tient à un nom d'auteur qu'il trouve « classe », Roderick Milton, et au roi Léonidas qui, dans *Va dire à Sparte*, l'embarque dans la bataille des Thermopyles, l'un des plus célèbres faits d'armes de l'Histoire antique. Batailles, héros militaires et conquêtes du pouvoir le fascinent. Son héros absolu : Alexandre le Grand. Ce conquérant, d'après la légende, parvint à dompter à douze ans le cheval Bucéphale que nul n'arrivait à monter. Édouard vénère ce roi, élève d'Aristote, qui lui fait lire des livres d'histoire – celle des héros de Troie, par exemple – et lui enseigne la politique.

Oreilles décollées et silhouette maigrichonne, Édouard, à quatorze ans, est un adolescent plutôt bien dans sa peau, mais qui se trouve laid et en restera longtemps complexé. Surtout, il ne grandit pas. L'année de seconde va changer la donne. Plus petit de la classe en début d'année, il la termine avec dix-sept centimètres de plus. Sur la photo prise au cœur de l'hiver 1985-1986, on l'a installé debout sur une chaise, à l'extrémité de la rangée des filles. Avec son front dégagé et sa veste en laine, il détonne au milieu des cheveux longs en anorak. L'air décontracté, il sait bien qu'il fait rire, que ses imitations font un malheur. Et ses copains sont formels : même s'il en doute, il plaît beaucoup aux filles !

Le lycée Les Bruyères de Sotteville-lès-Rouen est l'un des deux plus libertaires de la région. Les profs sont assez politisés, tendance PSU-écolo, et le recrutement est socialement plus varié. Quelques années auparavant, Philippe Torreton ou Jean-Michel Bérégovoy, fils du député, neveu du Premier ministre et lui-même futur élu régional EELV, fumaient carrément dans les classes et se pavanaient sur les pelouses, au milieu des arbres centenaires, des hérissons et des piverts. Édouard n'y passe qu'un an avant de rejoindre le lycée français de Bonn, en Allemagne, où son père vient d'être nommé proviseur. Mais il profite des expérimentations en langues étrangères et du club théâtre. Son prof de français, Jacques Gaudier, ne monte que des pièces contemporaines, un Fassbinder cette année-là. Dans *Le Village en flammes*, Édouard tient le rôle de Frondoso, un villageois épris de Laurencia, emprisonnée et violée par le commandeur dont la tête finira au bout d'une pique. Par un savoureux hasard, la tête que brandit Édouard sur scène a les traits d'un Michel Rocard sanguinolent. Pour fabriquer l'accessoire, le facétieux Gaudier n'a pas trouvé mieux, dans la boutique de farces et attrapes, qu'un masque du ministre de l'Agriculture démissionnaire, qui deviendra Premier ministre deux ans plus tard et l'un des maîtres à penser d'Édouard Philippe.

Trente ans plus tard, Gaudier ne tarit pas d'éloges sur son ancien élève : assidu, impliqué, drôle et mémorisant facilement son texte. Il chérit le mot laissé sur le programme du spectacle de fin d'année : « Pour Jacques, quand on est dirigé par toi, difficile de louper (vraiment) son rôle. Un grand bravo ! E. Philippe. » Comme lors des auditions de musique, il connaît ce trac qui l'oblige à contrôler sa voix et son souffle. Mais, comme en musique, il sent qu'il maîtrise. Comme en musique, ça lui plaît bien. Un jour, qui sait, ça servira…

Qu'a-t-il en tête pour la suite ? Il ne sera jamais l'un des Stranglers, qu'il écoute en faisant ses devoirs – ça rend fou ses parents –, ni Supertramp ou ACDC qu'il retrouve chez Jean-Ba. Il a compris qu'il ne sera pas footballeur professionnel. « Surtout pas prof ! », répète-t-il comme un mantra. Son oncle et parrain, Lucien-Jean Lahousse, adjoint au maire de Niort, est formel : à treize ans, Édouard rêve de devenir préfet ! Selon la mère de Nico, il parle d'être président de la République. Lui ne s'en souvient pas. Mais quelque chose l'attire du côté du pouvoir ou des médias. Sur la route du lycée, il se surprend un jour à marcher en répondant aux questions d'Alain Duhamel, comme s'il était l'invité de « L'Heure de vérité ». La télévision a fait son apparition à la maison. Il parle tout seul, argumente, dément ou confirme. Geste à l'appui, il rebondit avec vigueur sur les questions qu'il imagine pugnaces du journaliste d'Antenne 2.

Durant toute cette période, Édouard passe les week-ends au Havre, au sommet du 47, quai de Southampton, où il aime à imaginer que sa vocation de maire est peut-être née. Ses grands-parents vivent au dixième étage, l'oncle Jean-Charles, jumeau de Patrick, au neuvième. Il reste des heures à regarder le port du haut de cette tour de l'architecte Auguste Perret. Le grand-père Charles lui montre des westerns et films américains. Son préféré ? *Le Parrain* de Coppola. Issu d'une lignée paternelle de « taiseux », il ne découvrira que très progressivement le parcours incroyable de cet homme et du bienfaiteur dont il tient son prénom.

En 1936, seize ans et le certif en poche, Charles Philippe travaille comme « journalier » la semaine et caddie de golf le week-end, au Havre. Il ramasse notamment les balles d'un certain Édouard Senn, trente-cinq ans. Ce riche négociant du port – son père lui a légué la direction de la Compagnie cotonnière – se prend d'affection pour Charles. La guerre éclate, Charles Philippe contracte la tuberculose. Et il faut toute la bienveillance protestante et fortunée de ce patron collectionneur d'art pour envoyer le garçon, en plein conflit mondial, dans l'un des sanatoriums alpestres du plateau d'Assy. Hélène Senn, sa fille alors âgée de cinq ans, m'a raconté avoir vu partir les colis de nourriture à son intention. Avec des livres à l'intérieur. De l'oxygène pour l'esprit, en complément de celui des montagnes.

À son retour au Havre, en 1944, Charles Philippe découvre une ville en ruine. Une grossesse s'invitant dans sa vie, il est hébergé à Paris dans la chambre de bonne des Senn, au sixième étage de leur immeuble. Ce 10 avenue d'Iéna est habité de bienveillance. C'est là que Paulette Philippe donne naissance, en 1946, à ses jumeaux Patrick et Jean-Charles, respectivement père et oncle du futur Premier ministre. À son « petit caddie », Édouard Senn donnera aussi du travail au Havre comme classeur de coton au hangar 81, dans une filiale de la Compagnie cotonnière dont il lui confiera finalement la direction. Quatre-vingts ans plus tard, Hélène entend encore son père donner cette consigne à Charles :

— Le jour où tu auras un petit-fils, tu l'appelleras Édouard !

De l'accouchement, riche en surprises, sous la tour Eiffel, subsiste aussi l'adage familial qui traverse et réjouit toutes les générations de Philippe : « Ne bougez pas, madame, y'en a un autre », entend-on à chaque événement inattendu.

Le lien entre les Philippe et les Senn ne s'arrête pas au prénom d'un futur Premier ministre : Hélène Senn, amie du maire Antoine Rufenacht, fera don de la collection impressionniste de sa famille au Musée d'art moderne du Havre, depuis lors le plus grand musée impressionniste de France après Orsay.

Être né comme Édouard Philippe à Rouen en 1970, d'un père normand et d'une mère ch'tie, suppose un dernier alignement de planètes : que la famille bourgeoise, chrétienne, conservatrice du Nord ait eu une raison de venir s'installer tout près de la famille normande, cotonnière et athée de Charles Philippe dans les années 1960. Le destin tient parfois à une centrale à charbon qu'EDF décide en effet de construire au Havre, avec le concours de l'ingénieur lillois Lucien Lahousse. La construction débute en 1964, permettant la rencontre d'Anne-Marie, sa fille et de Patrick. Avec Le Havre, la Flandre sera l'un des ports d'attache du petit Édouard : la maison de ville des grands-parents Lahousse rentrés au pays, entre Lille et Roubaix, le Furet du Nord sur la Grand-Place pour les livres, les cousins Barbez qui lui apprennent le tennis. Et cet instructeur d'auto-école à l'accent ch'ti « à couper au couteau », qu'il imite à merveille !

2

Le déclic de Bonn

Quel aurait été le parcours d'Édouard Philippe si, comme initialement prévu en 1986, son père avait atterri au grand lycée de Trappes ? Patrick Philippe attendait avec impatience sa première affectation de proviseur. Après six ans en collège, le lycée de la Plaine de Neauphle, connu à l'époque pour sa mixité sociale plutôt apaisée, était tout autant à sa portée que le collège Jean-Texcier de Grand-Quevilly. Pour Édouard, en revanche, l'histoire aurait été tout autre. Il n'aurait pas connu la « double claque » de Bonn. Ni toutes ses conséquences.

Arrivant de Normandie, à l'été, les Philippe s'installent dans une maison à Bad Godesberg, quartier plutôt chic au sud de Bonn, capitale de l'Allemagne de l'Ouest. Le lycée français est à trois stations de tramway, le centre-ville à peine plus loin. La tour Bismarck, aux airs de château, l'écrin de verdure et le Rhin en contrebas, tout est majestueux et promet de l'être plus encore au printemps.

Patrick Philippe est plutôt bien accueilli par son collègue du lycée allemand associé, Fridhelm Dilk. Les enseignants, eux aussi, sont ravis. Mais les choses se compliquent lorsqu'il comprend qu'il succède à une proviseure, prof de philo particulièrement charismatique et épouse d'un conseiller culturel à l'ambassade de France. Marie-Paule Guérin part diriger le lycée français de Vienne, où son mari vient d'être nommé ambassadeur. Faire son trou dans la petite société étriquée des Français de Bonn, sans connexion aucune avec les diplomates, s'annonce difficile. Bonn est un village, mais on y trouve la plus grande ambassade de France au monde, autour de laquelle s'organise la vie très hiérarchisée des expatriés français. Enfant d'ambassadeur, enfant de conseiller, enfant de cuisinier, tout le monde sait qui est qui. Le fils de proviseur arrive bien après. Et chacun reste dans son monde. Les énarques reçoivent des énarques, les profs dînent entre profs. « Les gens des ambassades ne parlaient pas à mes parents, se souvient, amer, Édouard Philippe. Ils avaient quelques voisins et amis, mais pas des diplomates. » Son père, quelques semaines auparavant, était encore un principal de collège respecté. Le voici proviseur esseulé. Première claque.

Au lycée, toutefois, l'adolescent se fait vite des copains. Dans sa classe, une nouvelle bande de trois se constitue : avec Michaël, un Allemand et Saad, un Marocain. Leurs parents mènent une carrière internationale, sans être vraiment diplomates, et scolarisent depuis toujours leurs enfants dans des écoles françaises. Le prof d'histoire de première se souvient de ce trio inséparable, qui détonnait dans le paysage. À vingt-cinq ans, Patrick Cabanel enseigne alors pour la première fois en lycée, pour deux années, en tant que VSN (volontaire au service national). Il revoit parfaitement ces « trois grands minces, presque interchangeables, bon chic bon genre et très à l'aise, mais pas fils à papa contrairement aux autres ».

À l'opposé de la société très cloisonnée des adultes, la cour du lycée offre tous les possibles. S'y croisent, pêle-mêle, le fils d'un chargé d'affaires de Guinée en Allemagne, une fille du général Pennacchioni, nièce de Daniel Pennac, mais aussi les jumelles de Philippe Meyer, le journaliste de Radio France, ou encore des descendants Leroy-Beaulieu. C'est dans ce joyeux mélange qu'Édouard, à seize ans, entend pour la première fois parler de deux écoles dont il ignorait jusqu'alors l'existence. L'une s'appelle Sciences Po, l'autre l'École nationale d'administration. Il comprend que bon nombre de personnels de l'ambassade de France, et même d'autres pays, en tout cas les différents conseillers et l'ambassadeur lui-même sont passés par là. Il découvre au passage des métiers nouveaux, insoupçonnés, presque exotiques. L'horizon s'élargit. Deuxième claque.

La découverte paraît tardive, pour un fils de prof érudit. On se fait vite rabrouer : « Ça vous étonne ? Pourtant, croyez-moi, tout ça n'existait pas au collège Texcier. Ni au lycée Les Bruyères. Ce monde n'existait pas ! », certifie le maire du Havre. Cette découverte résonne avec certaines de ses lectures. Depuis son arrivée à Bonn, Édouard se shoote aux biographies de Jean Lacouture. Pierre Mendès France ? L'homme qui prête main-forte à Léon Blum en 1938, puis à de Gaulle à la fin de la guerre, et qui revient encore aux responsabilités pour quelques mois en 1954… a fait Sciences Po ! Et Blum, justement ? L'homme qui a pris la défense de Dreyfus et unifié le Parti socialiste, pris la tête du Front populaire et soutenu la Résistance, ce Blum-là venait du Conseil d'État ! Édouard se pince : « C'est quoi, ce truc ? » À défaut d'être venue par imprégnation sociologique, l'idée d'explorer ces lieux du pouvoir s'installe par curiosité intellectuelle.

Ça tombe bien, il sympathise depuis quelque temps avec Marie Walrafen, une fille de seconde qui l'invite bientôt à dîner à la maison. Le voilà à la table de son « premier énarque ». Il ne va pas être déçu. Lorsqu'il arrive, un peu intimidé, Florence, la mère, est en plein préparatif du repas. La hotte assourdit la pièce et les enfants piaillent lorsque le téléphone sonne. À l'autre bout du fil, Thierry, son mari, s'égosille, mais elle n'entend rien et raccroche.

— Vous devriez vous faire appareiller, chère amie, dit-il en passant la porte un quart d'heure plus tard, devant Édouard interloqué.

D'un regard complice, les époux s'entendent. Voyant le trouble de leur invité, ils poussent la blague toute la soirée, Thierry répétant à Florence l'essentiel des propos de la tablée, en lui criant à l'oreille.

— Parle-lui plus fort, Édouard, elle n'entend pas, enchérit Marie en se prêtant au jeu.

On n'a pas fini d'entendre parler de ce dîner de sourds chez les Walrafen ! Il marque le début d'une amitié très singulière qui croîtra par la suite à Paris. Bonne nouvelle, se dit en tout cas Édouard en rentrant chez lui : on se marre aussi chez les énarques.

Le parcours de Thierry Walrafen ouvre à Édouard des perspectives réjouissantes. Seize ans chez les jésuites, puis Sciences Po, Ena, ministère de l'Économie, et désormais conseiller financier à l'ambassade de France à Bonn. Origine modeste. Politiquement à droite, mais avec une sympathie pour Michel Rocard, dont le ministre de tutelle, Pierre Bérégovoy, lui décernera une Légion d'honneur. Thierry Walrafen est un pur produit de la méritocratie républicaine, infatigable défenseur de ces grands corps – Conseil d'État, Inspection des finances, Cour des comptes – qui font hurler les uns mais grandir beaucoup d'autres, dont lui. Légaliste, donc, jusqu'au bout de sa rosette à laquelle il tient tant. L'Ena l'a même aidé en amour, puisqu'il profite de son stage à la préfecture de la Gironde, au début des années 1960, pour emballer la fille du député du coin, Aymar Achille-Fould, et l'épouser.

Florence, puisque c'est elle, a fait le chemin inverse. Héritière de générations de banquiers et de ministres depuis le Second Empire, elle s'autorise un regard détaché et amusé sur ce monde qui commence à fasciner le jeune Édouard. Avoir appris à nager avec Edgar Faure et vu passer tant de ministres devant son berceau lui procure une distance appréciable sur toutes ces choses. Florence est une belle femme brune pleine d'énergie. Thierry, un homme droit aux yeux coquins. La ribambelle de cinq enfants est réjouissante. Édouard comprend très vite que ces Walrafen vont compter. Trente-cinq ans plus tard, ils comptent toujours. Et réciproquement. Dès le début, Florence adore cet ado très gai, « toujours prêt à déconner ». « Quand il y avait une farce à faire, quand on pouvait débloquer avec lui, il était vraiment content », dit-elle, réfrénant à grand-peine un souvenir « horrible » : « Oh non, c'est un gag, mais pas très convenable – je ne vous le raconterai pas. »

En plus des gags, les imitations se perfectionnent. Édouard s'empare de tout et le détourne, de *Spiderman* aux *Mystères de l'Ouest*. Impossible de lui signaler qu'il va être 18 heures sans s'entendre rétorquer : « Et je vais vous tuer, monsieur West. » Il débite d'une traite la version allemande de la pub pour les célèbres bonbons rouge dont il raffole : « *Haribo macht Kinder froh, und Erwachsene ebenso*[1]. » Il excelle aussi en Alain Decaux :

1. Littéralement : Haribo rend les enfants heureux et les adultes aussi. Ce qui donne pour le slogan français : « Haribo c'est beau la vie, pour les grands et les petits ».

« Et maintenant, je vais vous raconter l'histoire du mystère… de l'homme au masque de fer », avec l'intonation, la césure après « mystère », mais aussi la gestuelle de l'historien d'Antenne 2. Succès garanti dans les boums. Édouard Philippe est sans doute le seul garçon de cet âge qui drague en imitant Alain Decaux.

Ses résultats scolaires de première scientifique prêtent moins à rire. Ça coince en maths dès le premier trimestre : 8/20. Deuxième trimestre : 9/20. Lui qui se baladait en tête depuis toujours, y compris au collège, malgré sa résolution prise en sixième, s'écroule dans toutes les matières scientifiques. Au printemps 1987, le passage en terminale C (maths, physique) est compromis. Et pourtant, il travaille. Pas un enseignant pour reprocher quoi que ce soit au fils du proviseur. « Résultats moyens, travail très satisfaisant tout le long de l'année », écrit la prof de maths au troisième trimestre, de nouveau sanctionné par un 9/20. Ce n'est guère mieux en physique : 6, 11 et 8,5. « Élève sérieux, appliqué et très actif à l'oral. Niveau moyen », salue Mme Surkus. C'est à peine mieux en sciences naturelles, où Édouard enchaîne un 9, un 11 et un 12, ni même en allemand, sa première langue vivante : 9/20 aux premier et deuxième trimestres, 10/20 au troisième. C'est un peu mieux en anglais (10, 11 et 15). Patrick Philippe se console en regardant les 12, 13 et 13 de son fils en français et surtout ses notes plus que correctes (12, 13,5 et 12) en histoire-géo : « une authentique passion pour l'histoire et la discussion dont témoignent les résultats régulièrement bons », écrit Patrick Cabanel.

Édouard n'en mène pas large. Pour tout dire, il est vexé. Échouer en dilettante lui siérait mieux que sombrer à la tâche. Comble du supplice, le passage en terminale C est proposé sur le bulletin, mais en second choix. Au moment où ses perspectives d'orientation commencent tout doucement à s'éclaircir, il n'imaginait pas devoir se fermer des portes en renonçant au bac scientifique, synonyme à l'époque de « tout reste possible ». La mort dans l'âme, Édouard se rend toutefois à l'évidence : il n'est pas un matheux et accepte le passage en terminale B pour un bac économie-maths. Depuis ce jour, la prof de maths, elle, se réjouit de lui avoir barré la route de la terminale scientifique : « Il me doit peut-être son parcours », dira-t-elle fièrement en le voyant à Matignon.

La blessure d'ego digérée, Édouard entame sa terminale, comme libéré. Il vit sa vie au côté d'un père de plus en plus lent et pâle, mais aux joues rouges et à la vie intérieure intense. Patrick Philippe s'installe tôt le matin à sa table d'écriture, mais il ne fera jamais rien lire à son fils. Tout juste apprendrai-je par son collègue, Friedhelm Dilk, le proviseur allemand, qu'il écrit des poèmes. « Moi, j'étais plus Nerval, Apollinaire, Éluard, se remémore-t-il avec émotion. Patrick était plus classique, très branché Paul Valéry. » La délicate attention du proviseur normand se porte sur certains jeunes profs. Une « amitié presque paternelle » se noue avec l'historien Cabanel qui tente, toutes les nuits, d'écrire une épopée. Sa croix huguenote rappelle à Patrick les grandes figures protestantes du Havre, André Siegfried, et, avant lui, son père Jules, maire de gauche de la ville et bref ministre du Commerce, proche de Jules Ferry et passionné d'instruction publique.

Loin des poètes et du XIXe siècle havrais, Édouard, lui, caracole dans ses matières de prédilection, notamment en histoire. Premier trimestre : 14/20. L'histoire du XXe siècle lui réussit. Il découvre en outre avec bonheur la philo et ce prof de vingt-neuf ans, Jean-Marie Lardic, très inspirant. Le jeune agrégé est lui-même frappé par ce lycéen passionné de philosophie politique et de philosophie de l'histoire. La sienne est d'inspiration germanique, puisqu'il prépare à l'époque une thèse sur la philosophie allemande. « Il avait été particulièrement intéressé par mon cours sur Hegel et la raison dans l'Histoire », se souvient Lardic. Dans cette introduction aux *Leçons sur la philosophie de l'Histoire*, « Hegel présente l'Histoire comme une prise de conscience progressive de la liberté, avec des régimes politiques, des formes religieuses ou sociales qui correspondent à cette progression. Toute la classe avait bien accroché, lui en particulier ». Le jeune Édouard, d'ordinaire plutôt discret en classe, intervient sur ces sujets. Que la République romaine, la Réforme protestante, la Révolution française, Napoléon, ou plus tard le monde industriel aient fourni matière à la réflexion du grand penseur allemand ne peut que susciter son intérêt. Ses copies en témoignent. Ce Lardic, qui ose se frotter aux concepts, le fascine.

On imagine la fierté de l'élève, sa nervosité aussi, lorsque Lardic l'invite à déjeuner en tête à tête. L'idée vient du père d'Édouard. Le proviseur a pris son collègue à part, un peu inquiet de l'avenir de son fils.

— J'aimerais bien que tu puisses l'aider à réfléchir sur son orientation.

En fin de repas, il ajoute à l'adresse de l'élève :

— Je vous verrais bien dans quelque chose en lien avec la politique. Donc ça passe par hypokhâgne, ou Sciences Po directement si vous pouvez y entrer juste après le bac.

Jean-Marie Lardic est presque gêné de se souvenir qu'il imaginait le garçon sur une autre trajectoire politique que celle qu'on lui connaît. « Il me semble qu'il était intéressé par le socialisme », raconte-t-il, avant d'ajouter : « Curieux de tout, quoi qu'il en soit. »

Aucun doute : Édouard, dans sa dix-huitième année, se sent de gauche, se dit de gauche. Comme ses parents. Le

10 mai 1981, les Philippe ont fêté l'élection de François Mitterrand. Mais aussi à cause, ou grâce à ses deux (seuls) modèles à ce stade, Mendès France et Blum, découverts dans les biographies de Lacouture. « Je trouvais dans les parcours et les hésitations de ces deux personnages une forme de confirmation que mon engagement politique était à gauche, du côté de la liberté intellectuelle, de la justice sociale et du progrès, écrira-t-il en parlant de ces années. Mendès et Blum, deux juristes, deux bons élèves, venus à la gauche par la pensée plus que par prédestination sociale, deux républicains convaincus, deux patriotes aussi, deux destins marqués par la guerre et les procès iniques mis en scène par Vichy, deux formes d'esthétisme en politique[1]. » Autant dire qu'il est réceptif quand, en mai 1988, Michel Rocard s'installe à Matignon.

Édouard à Sciences Po ? La perspective n'enchante pas vraiment son littéraire de père. Il regarde ça de haut. Lui qui a loupé l'agrégation aurait préféré Normale Sup ! Mais Édouard ne veut pas être prof. Pas question de refermer les fenêtres qui se sont ouvertes à Bonn, grâce aux Walrafen notamment. Édouard en parle pendant des heures avec sa copine Laurence, qui habite la maison en face. Des soirées entières à refaire le monde, allongés sur la moquette de sa chambre, en écoutant Springsteen. Elle aussi fera Sciences Po.

La terminale s'achève par un bulletin stratosphérique. Premier en histoire – 16/20 de moyenne –, premier en philo – 12,5/20 au troisième trimestre, après un 16/20 au deuxième. Premier aussi en éco, avec un 16/20 qui, pour le coup, relève de l'exploit pour un élève qui a découvert cette matière en début d'année. Il est même premier en maths, tout arrive, avec 17 de moyenne au

---

1. *Des hommes qui lisent*, *op. cit.*

deuxième trimestre et 15,5 au dernier. Le niveau est plus que correct en langues : 11, 11 et 13 en allemand, 11, 14 et 16 en anglais. Et, comme tout lui réussit, le sport lui vaut un 18 tout au long de l'année (au lieu de 10 l'année précédente). La période Bonn se termine en apothéose, laissant espérer une mention « très bien » au bac qui lui offrirait l'accès direct à Sciences Po. Hélas, Édouard doit se contenter d'un « assez bien ». Il passera donc l'examen pour entrer rue Saint-Guillaume en septembre.

Trois épreuves sont au programme : épreuve générale (dissertation ou commentaire de texte), histoire du XXe siècle (dissertation et questions) et géographie (dissertation et croquis à partir d'un fond de carte). Ouf, il échappe à l'anglais. Mais, ô désolation, il termine juste en dessous du 10/20 qualificatif. Recalé ! Ce sera donc une hypokhâgne « B/L » au lycée Janson-de-Sailly, l'un des six lycées pilotes pour ces classes prépa littéraires ultra-sélectives réservées en priorité aux élèves de terminale B qui continuent à étudier l'économie et les maths, tout en faisant du « L » : matières littéraires d'hypokhâgne classique.

Édouard a dix-sept ans. Il quitte Bonn et le statut de « fils du proviseur » qu'il traîne depuis l'enfance. Et qu'il gérait d'ailleurs bien, à en croire Jean-Marie Lardic : « Il n'en usait pas, mais n'en était pas gêné. » Il laisse aussi ses parents. Le temps d'un crochet par Vancouver pour se détendre et lire *Le Nom de la rose* d'Umberto Eco – en anglais ! –, le voilà qui prend la direction de Paris. Nouvelle vie. Seul !

Il faut l'entendre raconter lui-même ce nouveau départ. Quand je lui demande à quoi ressemble Édouard Philippe lorsqu'il débarque pour la première fois à Paris en septembre 1988, il me fait une réponse d'enfant abandonné : « Je ne connaissais littéralement que ma sœur, qui étudiait la semaine à Rouen mais vivait à Paris, Saad, un de mes potes de Bonn qui faisait maths sup pour être pilote de ligne, et les Walrafen qui étaient rentrés de Bonn. Pour la première fois, j'étais confronté à une formation sélective et dure. Je n'étais pas majeur, j'étais seul dans un petit appart que je partageais avec ma sœur, qui n'était pas beaucoup là, dans un Paris immense que je ne connaissais pas. Je ne dis pas que Paris était agressif, j'étais ravi d'être là. Mais je ne me suis pas fait beaucoup d'amis, à part Laurent Cibien. J'ai passé une année où je n'ai fait que travailler. Un ou deux cinés par semaine, le reste du temps je bossais. »

Cibien non plus ne connaît personne. Le futur documentariste arrive, lui, de Montluçon. Pourquoi échange-t-on le premier jour avec celui-là et pas un autre ? Laurent repère le petit air juvénile et drôle d'Édouard. Très vite, ils discutent et très vite ils rigolent. Ni l'un ni l'autre n'imagine qu'il entrera à Normale Sup, mais les deux se plongent dans le boulot en faisant comme si. Cibien prend quand même l'habitude, avec ses potes de l'internat, de sortir le soir pour aller fumer un peu. Philippe, non. Au 30, rue Berzélius, Paris XVIIe, une vie plus ascétique s'organise sous les monceaux de livres. De l'appartement situé près de la porte de Clichy, il faut compter une demi-heure jusqu'au lycée en transports en commun. Une heure aller-retour chaque jour. Plus une trentaine d'heures de cours par semaine. Hormis une bière ici ou là avec les internes et une bouffe chez les Walrafen, le reste du temps, il lit. Jusqu'alors, il dévorait surtout des livres d'histoire. Le moment est venu de se forger une culture classique en accéléré.

Laurent Cibien aime l'histoire autant qu'Édouard. Bien entendu, le Rouennais lui fait découvrir sa bible : la biographie de Mendès France par Lacouture. Tous deux ignorent que, vingt ans plus tard, le premier réalisera un documentaire sur son « pote de droite ». Ce *Mendès* de Lacouture prendra place dans le générique, comme socle de leur amitié. Pour un garçon qui a accepté de figurer sur une liste communiste dissidente « Pierre Juquin » aux municipales de 1989 à Montluçon, Mendès représente une gauche un peu molle, mais acceptable. L'autre aspect qui l'attire chez Édouard, c'est l'Allemagne. Il aime ce pays, encore coupé en deux à l'époque, sa culture, sa langue. Aux vacances de la Toussaint, Édouard l'invite à Bonn, chez ses parents. Laurent en gardera une image indélébile : « Patrick Philippe, debout devant un grand lutrin, lui-même installé au milieu d'une pièce quasi vide. » Posée dessus, une édition de la *Divine Comédie* en vieil italien. Le père d'Édouard Philippe, déjà presque aveugle, s'est attelé à sa traduction. Impressionné par son charisme, exactement comme les copains de primaire dix ans plus tôt, Laurent n'a pas de mots pour décrire la force qui se dégage de ce petit homme malade.

S'il joue le jeu de la prépa, Édouard garde en tête l'examen d'entrée à Sciences Po. Depuis Bonn, il sait que sa place est là-bas. Laurent l'observe. Cerné par des fils de diplomates et d'expats chaque fois qu'ils sortent dans un bar, il connaît ce monde et s'y replonge avec bonheur à la première occasion. L'examen a lieu en septembre 1989. Édouard fait quand même sa rentrée de khâgne – la deuxième année de prépa littéraire –, pour le cas où il serait de nouveau recalé. La veille de l'examen, il relit un chapitre du *Blum* de Lacouture, comme pour le bac français et le bac et comme il le fera pour tous ses examens ultérieurs. À force, ça imprègne.

Décidément, Sciences Po ne semble pas vouloir de lui. Les résultats sont encore moins bons que l'année précédente. Épreuve d'ordre général : 12/20. Histoire du XXe siècle : 15,5/30. Il est sous la moyenne en histoire du XIXe siècle – 14/30 –, ainsi qu'en anglais où, avec un 6,5, il échappe de justesse au 6 éliminatoire. Commentaire du correcteur : « Texte à peu près compris, mais syntaxe peu sûre. Beaucoup de délayage. Trop de fautes élémentaires. » Le compte n'y est pas. Avec une moyenne de 9,5/20, Édouard Philippe n'est pas reçu en première année. Par quel miracle est-il quand même repêché ? « Les archives de la délibération ne seront pas consultables avant 2039 », m'a fait savoir le service des archives de Sciences Po. Toujours est-il que le jury, réuni le 27 septembre 1989, le déclare admis. Une bonne étoile, sans doute. C'est lui-même qui le dit : « J'ai tout de suite vu que j'avais un bol de maboul »...

Le retour à la vie est spectaculaire. À compter de cet instant, il ne pense plus qu'à une chose : s'intégrer. Cette envie d'ascension sociale qu'il a senti naître à Bonn sera son carburant. « Édouard est quelqu'un qui voulait arriver, se souvient Luc Walrafen, l'un des fils de sa deuxième famille, d'un an son aîné. Il n'était pas infidèle à ses parents pour autant, surtout pas ! Mais il voulait s'échapper de ce milieu trop petit pour lui. » Il va désormais y consacrer toute son énergie.

3

Un provincial à Sciences Po

— Bonsoiiiiir ! Édouaaaaard...

Dans les soirées, on l'entend se présenter avant même de le voir. Il a cette façon très particulière, pleine d'autodérision, d'annoncer son prénom, de se mettre en scène comme s'il faisait son entrée dans une réception mondaine. Un bras en avant, le dos légèrement courbé, la poignée de mains obséquieuse à souhait, et s'il le faut, même, la révérence. Il fait le coup y compris aux plus proches. Qu'il arrive en terre inconnue ou dans la cuisine de « Belle-maman », comme il appelle désormais Florence Walrafen, ou encore « costumé comme un pingouin » au mariage d'une amie parisienne, il désamorce. Ça fait rire tout le monde et ça masque le fait qu'il désespère de ne « pas avoir les codes », d'ignorer ce qu'est un « Barbour », par exemple. Ça, vraiment, ça le gêne. Et ça l'agace qu'on s'en étonne. « Vous saviez ce que c'est, vous, les vestes de chasse que mettent les mecs ? Et pourquoi ils s'habillaient comme ça ? Et ce que ça signifiait ? Eh bien, moi, non. Et quand vous ne connaissez pas Paris, vous cherchez à comprendre les codes. En tout cas, moi, c'est ce que j'ai fait. » Dédramatiser donc. Tourner en dérision. Et mine de rien, ça fonctionne.

Au Basile, le rade du coin de la rue Saint-Guillaume, carreaux jaunes et noirs au sol pas toujours propre, le provincial tout juste sorti de son hypokhâgne s'empresse de sympathiser avec les serveurs. Il installe des rituels. Ça le rassure de pouvoir entrer dans la pièce enfumée et de lancer à Jean, le quadra moustachu toujours aux petits soins : « Un jambon-beurre comme d'habitude, s'teuplé, Jean. » Avec un talent manifeste pour le marketing, il instaure même une règle des « 3 B » qui fait vite le tour du quartier : boulot, baby-foot, bière. Bosser une heure de façon très, très intense – « je pense que je fais la même quantité que d'autres en deux heures », crâne-t-il –, puis une demi-heure de baby-foot pour se détendre, et un demi au Basile pour réfléchir. Il appelle ça la « sédimentation ». Règle essentielle d'une bonne assimilation des connaissances : laisser prospérer, trier, oxygéner. Au passage, il acquiert une solide expertise au baby, ou à sa variante murale, la « baraque à jeu » qui engloutit les pièces de 5 francs. Il fait aussi de belles rencontres. David Abiker, futur journaliste à Canal Plus et Radio Classique, se souvient qu'Édouard, imper noir, « allure un peu nonchalante et classe », est la première personne qu'il vit au Basile.

Dès le premier jour ou presque, dans sa « conférence de méthode » – son petit groupe de vingt étudiants pour les cours hors amphi –, Édouard sympathise avec un Marseillais, Jean-Philippe Thiellay… qu'il nommera trente ans plus tard à la tête du Centre national de la musique. Fils de prof comme lui, polyglotte contrairement à lui – il parle parfaitement l'italien, l'anglais et l'allemand –, une solide voix de baryton et une passion pour l'opéra en héritage ne lui font pas toujours envisager les mêmes soirées qu'Édouard. Mais les deux provinciaux voient le monde s'ouvrir devant eux avec le même appétit. Au début, ils se pincent en entendant *Le Monde* venir littéralement à eux par la voix du crieur, chaque jour à 12 h 30 tapantes. Ils ont bien entendu l'accueil solennel du directeur Alain Lancelot, accompagné de René Rémond, président de la FNSP[1] dans le grand amphi Boutmy : « Vous êtes l'élite de la France. » Ils sont le monde de demain !

Les deux passionnés d'histoire, nourris des mêmes références, passent des heures enfermés rue Berzélius, le nez dans les livres de la collection « Bouquins ». Comme dans un Trivial Pursuit réduit aux camemberts jaunes et bleus, ils se défient sur leurs connaissances en histoire et en géographie. Chaque jeudi soir, ils se ruent sur les pupitres biplaces en chêne de l'amphi mythique pour écouter Alfred Grosser. Sa conférence hebdomadaire sur l'actualité, conçue pour les prép'Ena, est un régal ouvert à tous, y compris aux clandestins non inscrits à Sciences Po. Ce 9 novembre 1989, l'amphi est bondé. L'étudiant Frédéric Mion est là, quelque part, mais il ne connaît pas encore Édouard. Tous attendent les commentaires de l'historien franco-allemand sur la fièvre qui monte à Berlin-Est. Après un mois de manifestations pour la liberté d'expression, le gouvernement de la RDA a démissionné en bloc. À 19 h 10, la porte s'ouvre. Alain Lancelot déboule sur l'estrade en hurlant :

— Alfred ! Le Mur est tombé !

— Quel mur ? interrogent certains, incrédules.

— Le Mur de Berlin !

Une dépêche d'Associated Press vient de l'annoncer : l'Allemagne de l'Est ouvre ses frontières. Tonnerre d'applaudissements, l'amphi se lève. Les étudiants allemands

1. Fédération nationale des sciences politiques, fondation de droit privé gestionnaire de Sciences Po.

sont en larmes. Lorsque le silence revient enfin, Alfred Grosser, très ému, livre ce commentaire terrible :

— J'espère que tout le monde aura votre réaction.

Puis il prend congé et enfourche son vélo pour traverser Paris jusqu'à la Maison de la radio, qui vient de l'appeler pour commenter les événements. Philippe et Thiellay ont le sentiment que l'Histoire s'écrit en direct sous leurs yeux, en cette année qui aura vu l'écroulement de différents régimes communistes européens, la révolte chinoise place Tian'anmen ou encore la reconnaissance d'Israël par l'OLP. Certains sautent dans les voitures, direction Berlin. C'est le cas d'Emmanuel Moulin, qui préside le club rocardien Opinions. Mais pas d'Édouard.

Opinions. Les deux inséparables l'ont découvert, par hasard, à la journée des associations, peu de temps après la rentrée. Les associations culturelles, sportives, politiques, très nombreuses à Sciences Po, avaient installé des tables dans la « Péniche », le hall de l'école, et recueillaient les adhésions du plus grand nombre, ce qui leur ouvrait ensuite l'accès aux panneaux d'affichage. Édouard et Jean-Philippe se sont arrêtés à celle d'Emmanuel Moulin, impayable dans ses imitations de Rocard – ça promet face aux répliques d'Édouard singeant la grenouille Kermitterand du « Bébête Show ». Opinions, présent essentiellement dans les grandes écoles, est né du divorce avec d'autres clubs rocardiens, notamment les Forums, plus universitaires, de Manuel Valls, Alain Bauer et Stéphane Fouks. Objectif de la scission : revenir aux idées. Celles de leur héros, Michel Rocard, passé par Sciences Po au même moment que Jacques Chirac, à la fin des années 1940, et surtout magicien de la Nouvelle-Calédonie. Pour tous ces étudiants, les accords de Matignon signés un an plus tôt, en juin 1988, sont l'exploit politique de leur jeunesse.

Qu'on en soit venus à soupçonner des gendarmes de la République d'avoir abattu des blessés sur des brancards dans la grotte d'Ouvéa leur est, à tous, insupportable. Michel Rocard, arrivé aussitôt après à Matignon, a réglé l'affaire en un mois et demi et orchestré une poignée de mains Tjibaou-Lafleur, rétablissant un dialogue interrompu depuis cinq ans.

Le club se réunit régulièrement pour cogiter et produire des papiers de fond, reçoit des ministres ou des secrétaires d'État comme Jean-Pierre Sueur, en charge de la décentralisation, thème rocardien s'il en est. On voit passer Bernard Kouchner, le fondateur de Médecins sans frontières, Jean-Paul Huchon, directeur de cabinet de Rocard à Matignon, ou encore Robert Vigouroux, le maire de Marseille – invité spécial de Jean-Philippe, qui rêve de prendre sa place. L'ambiance est bonne, les gars sympas, tout comme les rares filles – telle Odile Renaud-Basso, qui deviendra, des années plus tard, la première femme à diriger l'administration du Trésor. L'année suivante, ils verront arriver un certain Alexis Kohler[1], fils d'un haut fonctionnaire au Conseil de l'Europe et d'une avocate. Ils sympathisent, sans plus. Mais un réseau se tisse. De même pour Francis Donnat, futur secrétaire général de France Télévisions.

Le club Opinions est largement piloté depuis Matignon par un conseiller de Rocard, Gilles de Margerie, qui partage allègrement son carnet d'adresses et finit par organiser un dîner à Matignon avec le Premier ministre en personne. Cent cinquante convives ! Le vin est excellent,

1. Alexis Kohler sera directeur adjoint de cabinet de Pierre Moscovici au ministère de l'Économie et des Finances, puis directeur de cabinet d'Emmanuel Macron à Bercy en 2014, et enfin secrétaire général de l'Élysée à partir de mai 2017.

mais le *small talk* impossible. Qu'importe, Édouard s'avoue « impressionné ».

Participe-t-il aux groupes de travail thématiques nationaux pour autant ? Au week-end de Saint-Valery-sur-Somme sur le vote des étrangers et le mariage homosexuel ? Nenni. Mais, contrairement à ce qu'il prétendra des années plus tard, l'apprenti militant est fier de sa première carte du Parti socialiste. Le jour où il la reçoit, il l'exhibe crânement devant son ami Luc Walrafen :

— La classe, non ?

Car, bien entendu, adhérer au club suppose d'adhérer au parti et de régler d'avance deux ans de cotisation. Édouard se dit que ça peut avoir « un intérêt » et ne manque pas une réunion de section. Là où certains tractent depuis le berceau ou presque, il découvre ce monde-là. Son père déteste tout ce qui ressemble de près ou de loin à la politique. Mais lui, ça l'intéresse de « voir comment ça fonctionne ». S'il tracte lui-même ? « Non, quand même pas », répond-il aujourd'hui en éclatant de rire, un peu dédaigneux. « Oui, bien sûr ! », assure de son côté Jean-Philippe qui, très vite, succède à Emmanuel Moulin à la présidence du club Opinions. « Il m'aidait ! Notamment à distribuer des tracts pour expliquer que la politique du gouvernement était géniale. »

Sur le fond, Édouard Philippe assume son admiration pour Rocard le réformateur. Il se croit sincèrement de gauche, puisque son mentor – et le parti – disent qu'ils en sont. Ses trois raisons d'aimer Rocard, il les détaille devant ses rares potes du camp d'en face, dont Jérôme Guedj, l'exubérant de Massy-Palaiseau, qui n'est pas encore l'ami proche qu'il deviendra après leur préparation commune de l'Ena. « Évidemment, la Nouvelle-Calédonie ! entame l'étudiant rouennais. Ça merdoie dans les grandes largeurs depuis des années, le mec arrive, il te règle le problème.

Je me dis : “Oh ! punaise, il doit être bon.” Ensuite, Rocard dit : “On va créer des nouveaux outils de politique publique.” J’ai été très impressionné par la création de la CSG, la création du RMI. Et puis j’aime sa façon de commencer par dire qu’une question est plus compliquée qu’il n’y paraît… D’une manière générale, j’aime bien commencer par dire qu’une question est plus compliquée que l’impression qu’on en a. Ça correspond à ma disposition d’esprit. »

Des années plus tard, Édouard dira qu’il s’informait avant tout, qu’il observait, non sans cynisme, la façon dont les uns et les autres cherchaient à se placer en espérant une circonscription. Très vite, il s’agace de « l’organisation en chapelles, et [de] la tension qui [règne] entre elles : les fabiusiens [détestent] les rocardiens, qui le leur [rendent] bien, les jospinistes [essaient] d’exister, les gardiens de la vraie gauche (déjà) [font] du bruit autour de Mélenchon ou de Poperen. […] [C’est] Byzance au petit pied. Admirable pour qui aurait voulu écrire une comédie acide, mais assez pathétique sur le fond[1]. » Il n’évoque même pas les chevènementistes, qui ont aussi leur club à Sciences Po derrière le ministre de la Défense d’alors et où Emmanuel Macron se risquera quelques années plus tard. « C’était parfois assez chaud avec eux dans la Péniche, en particulier sur l’Europe et la décentralisation, marqueurs rocardiens s’il en est », se souvient Jean-Philippe Thiellay. Dans cette jungle du PS, les adhérents au club Opinions arrivent avec leur détestation de la droite Pasqua et repartent avec un rejet encore plus fort des mitterrandiens… qui le leur rendent bien. Vu d’en face, de la « première gauche », Opinions est comme le Canada Dry : « Doré comme l’alcool, son

1. *Des hommes qui lisent*, *op. cit.*

nom sonne comme un nom d'alcool… mais ce n'est pas de l'alcool. Et c'est pour ça qu'il désaltère », dit la pub des années 1980. Opinions est organisé comme la gauche, son nom sonne comme un groupe de gauche, mais ce n'est pas la gauche.

Vers 1991, Édouard prend progressivement ses distances avec Opinions. Il manque d'abord une réunion, puis deux, ne répond plus quand on l'appelle. Il voit moins Jean-Philippe, mais rien n'est dit clairement. En réalité, il est en train de basculer dans le camp d'en face. Pas celui des mitterrandiens, non. À droite ! « Je l'ai vu s'éloigner, se souvient Jean Philippe Thiellay. Ça m'embêtait, j'étais triste… Il était en train de devenir libéral, c'était clairement lié à la pensée économique. » Rocard lui-même n'y est d'ailleurs pas pour rien, lui qui, avec Jacques Delors, a facilité la traduction et la diffusion en France de l'un des auteurs qui provoque le déclic chez Édouard : l'économiste autrichien Friedrich Hayek. Quand il se balade avec son exemplaire de *La Route de la servitude* à la bibliothèque, le Normand voit des regards ahuris. Dans un premier temps, il revendique de « sortir de sa zone de confort ». De fait, on est loin ! très loin de l'autogestion yougoslave prônée par le secrétaire national du PSU dans les années 1970. Le jeune rocardien est troublé et séduit. En bon disciple de Rocard, il aime le contrepied. Il participe au club Opinions ? Il va donc lire Hayek et son ouvrage « mesuré », comme il le qualifiera dans *Des hommes qui lisent.* Un ouvrage, selon lui, « soucieux d'une démocratie réelle et d'un respect des individus, de leur liberté, de leurs différences. Méfiant devant tout mécanisme qui aboutissait à la captation des décisions par des groupes constitués (partis, race ou experts) ».

Parmi les trois profs de sa conférence de première année, celui qui le surprend et donc lui plaît le plus est l'historien d'origine zaïroise Elikia M'Bokolo, dont il s'amuse à imiter le phrasé très particulier. L'agrégé normalien a demandé à ses élèves de lire un ouvrage récent et particulièrement « disruptif » de Raoul Girardet – même si ce mot n'a pas encore le succès qu'il aura à l'ère Macron. *L'Idée coloniale en France de 1871 à 1962*, paru en 1986, aborde l'aventure coloniale sans la réduire à la seule logique économique impériale. Édouard se passionne pour cette nouvelle approche et pour ce prof qui le lui rend bien en saluant, au jury de fin de première année, son « bel appétit de connaissances » avec un 15/20, coefficient 6.

Immense respect aussi pour l'ancien conseiller technique de Pierre Méhaignerie au ministère de l'Équipement, désormais chez Airbus, le libéral Jean-Yves Tolot, avec qui il restera en contact : 12,5/20 de moyenne en économie. Tolot salue un « étudiant de grande valeur, élément moteur de la conférence », semblant toutefois s'amuser de ce que « la force de ses convictions [tende] parfois à un certain lyrisme qui ne masque pas la connaissance approfondie des mécanismes de base et des réalités ». Le prof d'anglais, Gilbert Sicard, plus énigmatique, évoque une « personnalité parfois déroutante mais intéressante ».

Les années Sciences Po seront les plus riches de la formation d'Édouard Philippe, également en raison des stars de l'amphi Boutmy : Michel Winock et son génial cours d'histoire, Jean-Claude Casanova, magistral économiste, Olivier Duhamel et son grand cours sur les institutions politiques, à qui il ne manquera pas de témoigner son admiration. « Lorsqu'il m'a rencontré par la suite, devenu Premier ministre, m'écrira le politologue à l'automne 2020, soit au sortir d'une matinale d'Europe 1, soit exceptionnellement dans une remise de décoration d'un ami à Matignon, il s'est toujours précipité vers moi en disant à haute voix : "*Il professore !*" Formule reprise ensuite dans nos (rares) échanges de sms. »

La première année se termine mieux qu'elle n'a commencé. Édouard est admis en deuxième année « *with honours* » et 12,3 de moyenne générale. Au cours des deux années suivantes, il marque encore les esprits de plusieurs enseignants. En 1990-1991, le cours sur les grandes lignes de partage du monde contemporain, enseignées par Marisol Touraine et Jean-Marie Guéhenno, lui vaut un 14,5/20, avec ce commentaire de Frédéric Bozo : « Élève intelligent, fin et cultivé. Attention à vos réflexions parfois trop oniriques, voire abstraites. » En droit public, il devient même assistant pour aider les première année, parmi lesquels Alexis Kohler, le futur secrétaire général de l'Élysée, avec qui il sympathise. En troisième année, sa plus grande fan est sans doute Anne Pétrov, dans un cours intitulé : « *How science is done.* » La jeune physicienne, rentrée de six années de formation à la George Washington University et à l'université de New York à Stony Brook, s'émerveille du débat « en faveur de l'énergie nucléaire » qu'il organise cinq ans seulement après la catastrophe de Tchernobyl. Note : 17/20. « Édouard est un rhétoricien distingué, écrit-elle. Sa pensée mûre et indépendante a été mise en valeur par ses questions soigneusement formulées, parmi les plus pertinentes de la classe. Il a montré, surtout dans son débat en faveur de l'énergie nucléaire, des qualités pragmatiques d'homme politique. J'ai apprécié surtout sa capacité à saisir l'essentiel dans un problème complexe. J'aurais souhaité de sa part encore plus de participation et d'assiduité, puisque ses contributions étaient tellement enrichissantes. » Futur homme politique ou pas, la question du nucléaire est déjà bien présente dans les réflexions du vingtenaire Philippe.

Son orthographe fragile, en revanche, continue de l'inquiéter. Surtout depuis l'humiliation du tout premier devoir de première année. Elikia M'Bokolo, ce prof d'histoire qu'il vénère, lui a rendu, devant toute la conférence, un 7/20, précisant qu'une orthographe correcte lui aurait valu le double. Calme et ferme, M'Bokolo a ajouté qu'il était inconcevable qu'un de ses étudiants à Sciences Po continue d'ignorer des règles que des millions de francophones respectent dans le monde. Ce jour-là, Édouard s'est juré de s'amender. Mais deux ans plus tard, sur une copie d'économie du 12 juin 1991, Denis Simonneau signale encore : « Orthographe : relisez-vous et apprenez à mettre les accents et les majuscules. » Édouard Philippe est du genre susceptible. Il n'a pas dû aimer non plus les « soyez plus nuancé » notés ici et là, comme en marge de cette dissertation sur la décentralisation. Dans sa copie, le futur élu local avait écrit : « Les effets pervers de la décentralisation sur la démocratie locale sont nombreux. Le contrôle par l'État du respect des principes démocratiques est en effet difficile. Mais surtout la décentralisation s'avère en définitive incapable de garantir la souplesse, la lisibilité, la responsabilité et le respect de l'égalité. » Si Michel Rocard, l'homme qui a toujours voulu « décoloniser la province », avait lu ça !

Dans un registre plus sioux – à moins que ce soit un pari idiot –, il tente une référence personnelle au milieu de sa dissertation d'histoire de fin de première année sur « La modernisation de la France 1944-1974. » Il écrit : « Les plans de modernisation lancent la France dans une reconstruction qui, à la différence de celle de 1914-1918, ne devra pas se faire à l'identique. Un des meilleurs exemples de cette volonté de reconstruction non plus tournée vers l'identique, vers le passé, mais vers l'avenir, l'efficacité, vers l'exemple américain, c'est la reconstruction du Havre. Oubliée la vieille ville, il faut un port intégré au centre urbain, de larges avenues, des rues à angles droits, des tours. » Annotation du prof dans la marge : « Pas forcément une réussite ! »

Au bout de trois ans, la mission est accomplie. Non seulement Édouard est diplômé de Sciences Po, mais les profs sont élogieux et, plus important encore, il a bel et bien « fait son trou ». Au-delà même de ses espérances. Vers la fin de la deuxième année, au moment où il lâche les clubs Opinions et Jean-Philippe Thiellay, il s'est acoquiné avec un étudiant allemand bien plus âgé, un chef d'orchestre installé dans un joli duplex entièrement vitré, avec vue sur la tour Eiffel. Entre deux cours à Sciences Po, Marc Sommer compose des musiques de film. Ce jour-là, un musicien lui a posé un lapin, alors que le studio Davout est réservé, les autres musiciens bookés et les délais très serrés.

— Dis donc, Édouard, toi qui as fait des percussions, ça te dirait de le remplacer ? improvise Marc.

— Ben, disons que ça fait longtemps que je n'ai pas joué, répond l'étudiant mi-flatté, mi-gêné.

— T'inquiète, tu vas très bien t'en sortir.

Et c'est ainsi qu'Édouard Philip, patronyme américanisé, surgit au générique de *La Sentinelle* d'Arnaud Desplechin, aux côtés du frère de Marc, Fritz Sommer au violoncelle, du flûtiste Stéphane Limonaire et du pianiste américain de Baltimore, Jeff Cohen, tous trois plutôt capés. Le film sera même présenté à Cannes en 1992.

Être là au bon endroit, au bon moment, c'est déjà l'une de ses forces. Ambitieux, plutôt charismatique, avec le juste dosage de bosseur pas trop « polar », Édouard est surtout le mec rigolo, connu pour sa repartie et ses imitations. Il court les « galas » du bureau des élèves, du Cirque d'Hiver au sommet de la tour Montparnasse. Jean-Philippe le suit parfois, impressionné par le rythme de son pote. Le coude alerte, mais jamais ivre mort. Fêtard, mais toujours en contrôle. Beaucoup de bière, mais peu de tabac. « On faisait parfois les quatre cents coups, mais disons plutôt que lui en faisait trois cent quatre-vingts et moi vingt ! », se souvient Jean-Philippe qui goûte tout particulièrement le rituel du retour très tardif rue Berzélius : le traditionnel œuf-purée qu'Anne-Marie Philippe leur prépare quand elle est à Paris.

Édouard le meneur, Édouard le séducteur. Il a bien sûr compris que le succès par les femmes est une autre composante de son intégration. Il y a notamment cette Anglaise brillante et délurée, très populaire à Sciences Po, une jeune femme virevoltante qui a vécu partout dans le monde et qui, de l'avis de beaucoup, le « sort du ruisseau ». « Il était fier de sortir avec la plus belle fille de la promo, la plus brillante ou la mieux née. Et si ça pouvait être les trois à la fois, c'était encore mieux », confirme son ami Luc, qu'il embarque parfois. « Sortir avec des femmes remarquables – et je ne lui en ai connu que de très belles – était un signe extérieur de réussite », conclut-il, s'empressant d'ajouter qu'ils n'étaient pas concurrents. « Je cherchais "du grunge" et lui "de la haute". » Au besoin, le séducteur convoque les poètes. En fin de soirée, il n'est pas rare d'entendre surgir un extrait des *Contemplations* de Hugo, ou même un poème allemand. La panoplie est suffisamment large pour s'adapter à toutes les circonstances. Mélancolique ? Le voilà déclamant *La Lorelei* de Heinrich Heine : « *Ich weiß nicht was soll es bedeuten, dass ich so traurig bin* » – je ne sais ce que cela peut vouloir dire que je sois si triste. Potache, et non moins philippien, ce vieux dicton allemand : « *Alles hat ein Ende, nur die Wurst hat zwei. Jawohl mein Schatz, es ist vorbei* », que l'on pourrait traduire par : « Tout a une fin, seule la saucisse en a deux. Oui, mon trésor, c'est fini. »

En plus de draguer les filles et de jouer au baby-foot, Édouard travaille pour payer ses études. Baby-sitting « de façon quasi industrielle », selon son expression. Il travaille aussi à la librairie certains matins, à la bibliothèque de Sciences Po certains après-midi. Au besoin, il collabore à la rédaction d'un dictionnaire d'économie, un petit boulot que lui a trouvé Thierry Walrafen grâce au réseau de ses débuts à la Direction de la prévision, au ministère des Finances. Il s'est fixé une règle : « Tout ce que je fais en dehors de Sciences Po doit avoir un lien ou être utile. » D'où la librairie et la bibliothèque, histoire d'être au courant des parutions. Ça pourra toujours servir pour l'étape suivante qui tient en trois lettres : Ena. Une nouvelle marche dans l'ascension sociale. La plus haute.

4

Un rouleau compresseur à l'Ena

— Jérôme, je ne vais pas te mentir. Moi, ce qui m'intéresse, c'est que t'as passé l'oral.

Édouard Philippe a vingt et un ans quand il alpague Jérôme Guedj devant le baby-foot de Sciences Po. C'est cash, franco, sans salamalecs. Le Havrais a repéré le jeune banlieusard de Massy, grande gueule et cheveux aux épaules, l'une des stars de la promo, qui ne joue pas mais traîne parfois à l'AS, l'Association sportive. Diplômés en 1992, ils ont l'un et l'autre passé l'Ena dans la foulée. « Sans réviser, pour voir » – comme ils disent tous quand ils échouent ! Sur un coup de bol, Jérôme est quand même admissible. Le chançard s'est présenté à l'écrit avec, dans un coin de la tête, les épreuves, confidentielles, du prochain livre de Michel Schneider, directeur de la musique et de la danse au ministère de la Culture, qu'il connaît par une amie proche. Pile dans le sujet : « La culture peut-elle être l'affaire de l'État ? » L'un des correcteurs, Philippe Meyer, l'a lu aussi et percute sur certaines anecdotes citées par le fortuné récidiviste.

Hélas, Guedj fait piètre figure au Grand Oral. Le jury était vachard, cette année 1992. Il s'en sort avec un encourageant 7,5/20, mais sa dixième place sur liste d'attente ne suffira pas à le sauver. Les résultats d'admission tombant mi-décembre, l'attente d'un désistement lui semble interminable jusqu'à fin janvier. Écœuré, il fait une croix sur l'Ena. En janvier 1993, il tente bien, comme Édouard, de faire la rentrée de la prép'Ena... Mais c'est insupportable. Il se prépare donc à un semestre de déconnade, dans l'attente d'autres concours. Pourquoi pas, en avril, ceux de directeur d'hôpitaux et de commissaire ? La droite vient de remporter les législatives de 1993 et de former un gouvernement de cohabitation. Il y a urgence, se dit-il, à « rééquilibrer les choses chez les serviteurs de la police ». Oublions l'Ena.

Mais le Sioux, lui, n'est pas du genre à capituler. Le Rouennais sent la piqûre d'orgueil chez Jérôme qui a filé prêter main-forte comme assistant parlementaire au sénateur PS de sa circonscription, Jean-Luc Mélenchon. « Je ne sais franchement pas comment il a fait pour me convaincre, il est vraiment venu me chercher par la peau des fesses », observe, amusé, Jérôme Guedj.

Édouard Philippe n'ignore pas tout du « Grand O ». À l'automne 1992, il a joué les examinateurs retors pour coacher son ami Thiellay, admissible, alors que lui venait d'être collé. « Je me mets à ta disposition », lui a-t-il offert, renouant avec le rocardien. Les deux copains ont même assisté aux tout premiers oraux pour jauger le jury. « Il m'a fait passer des entretiens invraisemblables, avec une dureté digne d'un entraîneur qui maltraite ses joueurs, raconte Jean-Philippe, reconnaissant. Il m'a aussi amené au collège de son père pour préparer l'épreuve de saut en longueur dans le gymnase. Je lui dois l'admission. »

Pour Édouard, le plus dur reste à faire. En mars 1993, Jérôme et lui s'entendent sur un plan.

— L'écrit, c'est moi, expose le Normand. J'ai pris tous les cours en prép'Ena depuis janvier, tu ne t'en occupes pas, je gère. Toi, en revanche, tu as une expérience que je n'ai pas, c'est le Grand Oral. Tu sais pourquoi tu ne l'as pas eu, tu sais ce qui a merdé, et c'est ça qui m'intéresse.

Connaissant sa faiblesse en économie, Édouard déniche aussi un certain Bertrand, ingénieur des mines, pour réviser avec eux. Fin juillet, une fois les vacances parlementaires entamées, le trio de combat investit le bureau désert de Mélenchon, rue Garancière, avec une organisation quasi militaire. Rendez-vous chaque matin à 7 h 30 pour un long set jusqu'à 13 heures. La bibliothèque est à côté, la documentation à dispo. La pause se fait à la buvette du Sénat. Les dossiers s'étalent partout dans le bureau. Une heure de culture gé, une heure de « Fipu » – finances publiques. Chacun imagine un plan détaillé en une demi-heure et met l'autre au défi. L'après-midi, chacun bosse de son côté. Et le soir, on s'offre une vraie vie de jeune Parisien, avec barbecue, bières et copines.

Cet été 1993 a des airs de parenthèse enchantée pour les deux étudiants de vingt et un et vingt-deux ans. Cela ne fera pas d'eux des intimes. Mais l'un et l'autre seront à jamais marqués d'avoir vécu ensemble ce moment charnière. Quatre ans plus tôt, Édouard Philippe découvrait Paris. Jérôme Guedj, en provenance de Massy, descendait le matin à la station Les Halles et, chaque soir, reprenait le RER B en sens inverse. En octobre, ils attendent leurs résultats d'admissibilité dans une villa de la Côte d'Azur, en compagnie de la nièce d'un grand industriel du pétrole, une connaissance du réseauteur Édouard. Ils y font la connaissance d'Alexandre Jardin, « posé » au même endroit et déjà très critique sur l'Ena et ces « jacobins qui nous gouvernent ». « J'étais un zombie pour lui, mais il était très intéressé par ce que je faisais », se souvient celui qui est déjà l'auteur à succès du *Zèbre*.

Le « plan Ena » fonctionne à merveille pour le trio. Le 3 novembre 1993, jour des résultats de l'écrit, Édouard et Jérôme sont en cours à l'École supérieure de commerce de Paris (ESCP), où ils ont fait leur rentrée à contrecœur pour assurer leurs arrières. Visiblement, ils ne sont pas les seuls car, à la pause, une agitation inhabituelle leur fait comprendre que les résultats de l'Ena viennent de tomber. Ils se jettent sur le Minitel du bureau des élèves. Bonheur ! Tous les trois admissibles. Édouard et Jérôme se jettent dans la préparation des oraux. D'autant qu'ils sont également admissibles au concours des directeurs d'hôpitaux. L'entraînement parfait !

Pour l'Ena, ce n'est pas un mais quatre oraux qui se profilent. Au Grand Oral de culture générale s'ajoutent trois oraux techniques – finances publiques, questions sociales et questions internationales. Pour cette ultime étape, qui débute mi-octobre, le troisième larron est remplacé par Emmanuel Suard – futur directeur de cabinet de Jérôme Clément, président d'Arte avant d'être lui-même directeur des affaires financières de la chaîne. Les trois se font prêter l'appartement d'un cousin Guedj et enchaînent les oraux blancs : avec Alain Richard, futur ministre de la Défense, qui vient de perdre sa circonscription du Val-d'Oise – son fils est un copain d'Édouard ; avec Kim Pham, un jeune énarque qu'Édouard a eu comme prof de finances publiques à Sciences Po – futur DGS de la Comédie-Française. Jérôme monte même un jury de cinq personnes pour un oral grandeur nature !

Là, commence un sprint échevelé. Entraînement oral toute la journée. L'année précédente, Jérôme a commis l'erreur de préparer cette dernière étape… par écrit. Il en cauchemarde encore. Du coup, on parle, on parle, on parle… à ne plus avoir de salive. Seul sous la douche, dans la rue en rentrant des courses, dans la cuisine en préparant une salade. On teste des formules, des reparties. Il faut de l'aplomb. C'est presque un jeu. Les trois ont compris qu'au Grand Oral de l'Ena, il faut être capable d'être gris et sérieux, rester tapi dans le conformisme et, si l'occasion se présente, tenter le pas de côté, voire la saillie humoristique. Un pur exercice de Sioux ! Les trois s'entraînent surtout à amener le questionneur sur leur zone de confort. Édouard se débrouillera pour détourner vers Zola et Hugo une question qui conduisait initialement à Mérimée et Vallès. Jérôme, fan de corrida – passion encore avouable à l'époque –, se débrouillera pour la glisser très en amont dans l'entretien pour que le jury y vienne naturellement.

Les deux dragueurs qui s'assument ont aussi une intuition : cet oral sera un grand moment de séduction. Ils sont incollables sur l'unique femme annoncée dans le jury, une journaliste de *L'Express*, Marie-Laure de Léotard. « J'en fais mon affaire », pense crânement Édouard. Parmi les quatre autres examinateurs, figure notamment le préfet Hurand. Parfait ! « J'aime bien les préfets, ça va se voir ! », se dit le Normand. Quant au président du jury, Dieudonné Mandelkern, ce condisciple de Jacques Chirac à l'Ena, promotion 1956-1957, a dirigé le cabinet de Jean-Pierre Chevènement. Un président étiqueté « droit public et éducation » : difficile de rêver mieux.

Le jour J, stressé quoique « ultra-préparé », l'ambitieux nage un peu dans son costume-cravate. Il ne pèse plus que 60 kg. « Pour 1,90 mètre ! Ça ne sent pas la santé, ça ! », m'explique-t-il, agacé par ceux qui persistent à lui coller une étiquette de « dilettante ». Il arrive en avance sur l'heure de convocation, pile au moment où le jury prend sa pause. Résultat, une heure et demie d'attente. La boule « au milieu de l'estomac », il relit la Constitution, des textes sur la Communauté européenne. Sa longue silhouette filiforme arpente les couloirs du second étage de l'Ena « comme un fauve en cage » – l'expression est de Guy Jacquemelle. Ce journaliste, qui prépare un ouvrage sur le Grand Oral[1], l'observe faire les cent pas devant la porte. Il décèle dans son regard « ironie » et « inquiétude ».

L'entretien démarre mal. La décentralisation, encore elle ! Sujet technique, porté par le préfet Hurand, qui attend des réponses précises qu'Édouard ne connaît pas. « Hurand, c'est un pêcheur, on voit qu'il attend un mot précis, un concept. Tant qu'il ne l'entend pas, il ne passe pas à la question suivante », expliquera-t-il après coup à Guy Jacquemelle. Le jeune homme est confus, les articles de loi ne lui reviennent pas. Les dix premières minutes sont interminables. Vient ensuite le tour de sa bête noire dans le jury : Pierre Vimont, expert de l'Europe. Dircab d'Élisabeth Guigou aux Affaires européennes dans le gouvernement Rocard, ce diplomate a personnellement négocié le traité de Maastricht. « Face à un type comme ça, je sais qu'il est plus fort que moi », angoisse Édouard. De fait, Vimont le cuisine sur le sujet : « Est-ce le droit ou la politique qui fait l'Europe ? » Attendu sur le droit, il répond « politique ». Mauvaise pioche. Le diplomate repose sa question. L'impétrant hésite. Face à cet homme assez « politique », s'il montre qu'il connaît le droit, il pourra sans doute défendre sa position. Il prend le risque, conscient de ne pas citer autant d'arrêts qu'espérés, mais ça passe. Tout reste possible.

1. Guy Jacquemelle, *Le Grand Oral de l'Ena*, Les Éditions du Mécène, 1995.

C'est à ce moment-là, enfin, que Bernard Toulemonde lui « ouvre la porte ». Chargé de mission chez Mauroy à Matignon, il l'entreprend sur l'égalité hommes-femmes. Édouard jubile ! Il adore le sujet. « Dix minutes de décontraction ! », pense-t-il en son for intérieur. Et pile au bon moment. « Je commençais à fatiguer, racontera-t-il à Guy Jacquemelle. J'avais du mal à m'exprimer. J'aurais voulu me servir un verre d'eau, mais je n'ai pas réussi. Je tremble beaucoup quand j'ai peur. Dans la voix, on ne l'entend pas. Mais je tremble énormément. » C'est précisément sur l'aménagement du travail des femmes et du salaire maternel qu'il se lâche. « C'est maintenant ! », se dit Édouard qui, jusque-là, s'était astreint à jouer l'austère. « Si vous étiez Simone Veil, quelle alternative lui conseilleriez-vous ? interroge Toulemonde. – J'espère, répond-il, qu'elle me laisserait plus de temps pour y réfléchir… » La tablée entière sourit. Le but est atteint. Mais le plaisir est de courte durée. Il s'emmêle les pinceaux et peine à développer sa réponse. Il préserve toutefois l'essentiel : immédiatement redevenir « gris » pour le reste des quarante-cinq minutes. « Vite leur montrer que je ne suis pas un cabot », pense-t-il.

À son grand regret, la seule femme du jury, Marie-Laure de Léotard, ne pose aucune question. « C'est dommage ! crâne-t-il devant Guy Jacquemelle, quelques jours après les résultats finaux. À tous les oraux que j'ai passés avant l'Ena, pour la direction des hôpitaux ou encore HEC où il y avait trois femmes dans le jury, ça m'a aidé. Je sais très bien que lorsqu'une femme m'interroge, ça me décontracte. Il y a une composante de charme. Et selon leur âge, je peux jouer la fibre maternelle, par exemple. » Du haut de ses vingt et un ans, il ajoute : « Ici, je n'aurais pas joué la fibre maternelle, parce qu'elle est trop jeune. J'aurais joué le p'tit gars qui a peur, mais qui ne se dégonfle pas. Je crois que c'est ce qu'elle attendait. Je l'ai vue dans d'autres oraux, elle pose des questions très générales et, sur ces questions-là, je ne me fais pas de bile[1]. »

Sur la table du jury, l'horloge à quatre faces, sorte de Big Ben de poche, annonce la fin de l'entretien. « Il est l'un des seuls de la journée à arracher plusieurs sourires au jury », soulignera Jacquemelle après une quinzaine d'oraux. Le jury 1993 se plaindra d'ailleurs de cette fournée trop politiquement correcte.

Édouard sort confiant. Les copains présents le félicitent. Bières, restau et calva le reste de l'après-midi. Les nuits suivantes, le Rouennais refait le match, imaginant les réponses parfaites. Mais il ne parvient pas vraiment à douter de son succès. « Quelle image leur ai-je donnée, s'interroge-t-il ? Ils ont vu qui j'étais. Je suis effectivement quelqu'un qui a des convictions sur des sujets généraux, qui n'est pas frimeur parce que je suis conscient de mes limites qui sont plutôt nombreuses, et de contact plutôt agréable[2]. » Édouard l'opportuniste n'a aucun scrupule à s'adapter à l'auditoire. Il concède qu'à l'oral de HEC, quelques semaines plus tôt, il s'est inventé un profil. « Je leur ai dit, sans hésiter une seconde, que l'administration ce n'était pas mon truc, que c'étaient des procédures lourdes, que les énarques ne valaient rien. [...] Mais c'est vrai que, pour l'Ena, il ne faut pas s'inventer une personnalité. C'est très dangereux. Il faut présenter ce que l'on a de bien et ce qu'ils attendent. »

Deux aveux surprennent tout particulièrement à l'écoute de cet entretien fleuve du jeune Édouard Philippe, tout juste admis à l'Ena en décembre 1993.

1. *Ibid.*
2. *Ibid.*

D'abord : « Je ne comprends rien à l'économie. » Le futur Premier ministre le dit avec d'autant moins de gêne que le concours est passé. « Je sais maîtriser un certain nombre de tics dans le comportement et aussi un certain nombre d'expressions toutes faites que je réussis à organiser. Mais, foncièrement, je n'y comprends rien. [...] Je peux parler de choses terribles en politique budgétaire. Mais je ne les comprends pas. De la même façon, je ne sais pas ce qu'est un milliard de francs. Quand on me dit qu'il faut réduire le déficit de la France de près de 300 milliards de francs, je n'ai aucune idée pratique de ce que ça peut être[1]. »

Interrogé ensuite sur son avenir, le jeune vingtenaire a cette réponse tout sauf « normande » : « Je ne ferai jamais de politique. » Il pointe du doigt quelques personnes de sa promotion qui, d'après lui, savent déjà qu'elles seront ravies, après l'Ena, de partir dans le privé ou en politique. « C'est ce qui me fait dire que je ne ferai pas de politique puisque, s'ils ont déjà fait ce choix à mon âge, c'est que nous ne sommes pas semblables. » Et il ajoute : « Je suis très sceptique sur l'intérêt pour les affaires publiques des cabinets ministériels qui font rêver tant d'énarques. » Bien entendu, il est ravi de rejoindre l'école de la rue de l'Université, mais il se méfie des « énarques trop brillants ». Le jugement est sans appel : « Attali c'est *peanuts*, Minc c'est *peanuts*, ils n'ont rien fait ! » Assertif, pour ne pas dire dédaigneux, il admet une « saine haine de tous ces petits imbéciles qui, une fois qu'ils ont fait l'Ena, n'en reviennent pas, disjonctent complètement ». Même appréciation concernant certains politiques : « Les Sarkozy, Fabius ou autres, qui sont de brillants ministres à quarante ans, me laissent rêveur,

1. *Ibid.*

poursuit-il. Je ne suis pas sûr que ces gens laissent quelque chose derrière eux. Ils me font marrer, ces mecs-là. Je préfère mille fois un type qui commence sa carrière à cinquante ou soixante ans comme de Gaulle, à un type qui la commence à trente, qui dure cinquante ans et qui finit président de la République comme Mitterrand, mais qui ne fait pas grand-chose[1]. » L'ancien Premier ministre socialiste, député de référence de sa future terre d'élection, appréciera. Suite à la défaite de la gauche aux législatives, Laurent Fabius vient de céder sa place de premier secrétaire du PS au héros « philippien », Michel Rocard. Quant à Nicolas Sarkozy, ministre du Budget de la cohabitation, à trente-huit ans, il ignore à ce stade – et Édouard Philippe aussi – qu'une relation volcanique les attend dix ans plus tard, lors de la fondation de l'UMP.

Les énarques qui trouvent grâce à ses yeux sont en fait « ceux qui sont restés fonctionnaires ». Certains ne sont pas connus, tel le sous-préfet d'origine tchèque Vladimir Brauner, décédé quelques semaines plus tôt. Il doit son amour de la préfectorale à cet ami d'enfance de Walrafen, rencontré dans sa propriété de Bernos, qui lui a fait passer plusieurs oraux blancs. Sans oublier Thierry lui-même, évidemment, à l'époque directeur des affaires internationales de la Caisse des dépôts, un « père spirituel » qui lui a « appris à penser ». Un « type qui mûrit beaucoup ses réflexions, assez lent, mais aux intuitions fulgurantes. Je suis fasciné par ça », assène-t-il en cette fin d'année 1993. Il cite quand même deux modèles célèbres, deux « grands serviteurs de l'État » : Jean-Claude Trichet nommé trois mois plus tôt gouverneur de la Banque de France, et Marceau Long, vice-président du Conseil d'État. Sa définition d'un énarque ? « C'est une grosse

1. *Ibid.*

capacité de travail, de la rectitude dans le comportement, notamment la ponctualité et la politesse, un grand souci du formalisme, le respect des normes et des règles. Toutes ces valeurs enseignées à Sciences Po. » Et ses défauts ? « Le côté superficiel, oublier trop vite ce concours et, pour certains, avoir la tête qui commence à enfler[1]. »

Mais revenons à l'insouciance de la veille des résultats. Ou, pour certains, au stress qui refait surface. Soirée d'ivresse à Sciences Po. Jérôme Guedj, mort de trouille, ne se couche pas de la nuit. Ce 16 décembre 1993, à l'heure du verdict, Édouard le superstitieux fait quant à lui de nombreux détours en allant consulter les listes d'admis. Il tient à arriver par le côté gauche de la rue de l'Université. L'an dernier, il était passé par le côté droit et n'avait même pas pu passer l'oral. Son œil inquiet descend l'ordre alphabétique jusqu'à la lettre « P ». Il est 17 h 05. Il repère son nom et éclate de rire. Un fou rire de vingt minutes. Le temps de trouver un téléphone, le premier coup de fil est pour Thierry Walrafen, le « père spirituel », absolument pas surpris.

— Bravo, je n'en doutais pas, le félicite-t-il.

Édouard rit encore lorsqu'il appelle ses parents. Pour la première fois de son existence, il ressent la fierté de son père. « C'est l'une des très rares fois où je l'ai vu me dire quelque chose qui n'était pas bémolisé, me dit-il. Ce jour-là, il a dit : “C'est bien, je suis fier.” En général, il disait : “C'est pas mal.” »

Le jeune Édouard tombe dans les bras de Jérôme et Manu. Tous trois sont admis. Sans doute éprouvent-ils au même instant cette fierté républicaine qu'il invoquera aussi devant Guy Jacquemelle. « Pour un fils de prof, l'Ena représente la consécration républicaine. Un bon

1. *Ibid.*

élève peut ainsi rejoindre l'élite par les diplômes. L'Ena permet aussi de se faire regarder de moins haut par ceux qui sont bien nés ou par ceux qui croient que cela veut dire quelque chose. C'est vrai que le capital social et culturel, ça compte. Merci Bourdieu[1] ! »

Frayeur rétrospective. En consultant le dossier du candidat Philippe aux archives de l'Ena après obtention d'une dérogation, j'ai compris que, comme pour Sciences Po, son admission s'était jouée à rien. Classement des écrits : centième ex-aequo ! Le Sioux est certes admissible, mais dernier avant d'attaquer les oraux. Aucune catastrophe majeure à l'écrit, hormis un 9/20 en composition de droit public. Il recueille un 12 en note juridique, un 10 en éco, un 11 en évolution générale du monde, ainsi qu'en questions sociales, et 10,5 en histoire contemporaine. Quant aux épreuves d'admission, le Grand Oral n'a pas été exceptionnel : 11,5, avec le plus fort coefficient. Outre le sport qui lui vaut un 17,67 en course de fond/saut en hauteur/natation, le vrai carton est à chercher du côté des questions internationales, où il récolte un 16/20. 13 en finances publiques, 10 en anglais. Résultat : de la centième place, Édouard Philippe remonte à la vingt-troisième. Il est donc déclaré reçu.

Ce soir-là, il y a du champagne, du karaoké – il interprète « Mexico » comme personne – et beaucoup d'éclats de rire. Rebelote quelques jours plus tard, avec les parents Guedj qui régalent le trio gagnant dans un restaurant parisien. Édouard savoure la compagnie de cette troupe folklorique et tactile, cette « famille pataouète de juifs pieds-noirs », comme la décrit Jérôme, si éloignée de la culture plus austère et pudique dans laquelle il a grandi.

1. *Ibid.*

Une vie nouvelle commence pour les uns et les autres. Les uns sans les autres. « Une nouvelle vie », répète le directeur de l'Ena ce lundi 20 décembre 1993 lors de la première réunion, rue de l'Université. Tout est si différent. L'esprit de corps, déjà… On se serre la main : « Salut, comment vas-tu ? », alors qu'à Sciences Po on s'ignorait parfois depuis trois ans.

Réformé pour grande myopie, Jérôme zappe le service militaire et file directement en stage à Nouméa. Pour Édouard, c'est encore une autre aventure qui commence. Le 27, il reçoit son affectation pour l'armée. Départ début janvier, direction Saumur, puis Draguignan. Le Cadre noir l'attend, puis le Var. La cavalerie, puis l'artillerie. Nouveau changement de décor ! Avec des pieds de plomb.

5

Carquois et sabre

La neige de la veille n'a pas complètement fondu à l'intérieur de certaines rangers alignées sous la toile de tente. Le bivouac s'éveille blanchi en ce mois de février 1994. C'est l'heure du footing, par – 5 °C. Chaussures mouillées et rasage obligatoire à l'eau froide. Au sein de la brigade du commandant Lardans, l'élève Philippe n'en mène pas large. En temps normal, déjà, il n'est pas du matin. Voilà quelques semaines qu'il a débarqué à l'école d'artillerie de Draguignan, après un mois au peloton préparatoire de la cavalerie à Saumur. Là-bas, l'entraînement fut rude. Parcours du combattant, au besoin dans la boue, pompes, saut à la corde, marches en cadence de plus en plus longues. Le tout dans le froid. Pour qui sort comme lui d'un placard à révision, le défi physique est de taille. Son instructeur le trouve plutôt tonique et dur au mal, mais il est taillé comme une ablette, les pectoraux plats comme un trottoir de rue. L'École militaire est une école d'endurance, répètent les différents profs. L'un ou l'autre peut avoir des ampoules, pas question de retarder le groupe. Travail d'équipe, de cohésion, où l'on se débrouille toujours pour se sortir des galères et retrouver un chemin perdu. À la fin de la formation EOR (École des officiers de réserve), en mai, un raid de quatre-vingts kilomètres est d'ores et déjà annoncé. Départ de Saint Raphaël, arrivée à Canjuers, mille mètres de dénivelé à travers vignes et sentiers.

À la caserne comme sur le terrain, les journées se succèdent à un rythme soutenu. Cours théoriques – transmission, infanterie, artillerie – et pratiques – marche au pas, montage de tente, maniement des armes, tir au fusil ou au canon. Sans GPS, évidemment ! Pour déterminer le positionnement exact de la cible, on sort les jumelles, la carte, les boussoles, la trigonométrie. Qualités requises : rigueur, précision, méthode, leur répète le commandant Leblanc. À longueur de journée, c'est une ritournelle de valeurs qu'on leur inculque et auxquelles Édouard n'est manifestement pas insensible.

Ce qu'il aime par-dessus tout, c'est le chant. Le carnet des légionnaires a été distribué à chacun. Les messages sont martelés jusque dans l'introduction du livret. Moyen d'exprimer la cohésion, la fierté et la détermination d'une troupe. Apprentissage de la langue française. Enfin, le chant réchauffe le cœur et soude les hommes, surtout lorsque pourrait poindre le cafard, éternel ennemi du légionnaire. Bien chanter nécessite le respect de certains principes d'expression, de respiration, d'attitude. Avant de pouvoir chanter en marchant, on marque le pas, dans la salle de répétition, en apprenant les airs. Au début de l'instruction, le chef détecte vite ceux qui chantent faux, car trop fort. Ou parce qu'ils n'écoutent pas les autres. De l'avis même de ses instructeurs, Édouard, lui, chante juste. Il faut imaginer ce groupe d'hommes, cheveux courts et treillis, s'égosillant sur « Eugénie », un chant que la première mission de la Légion étrangère, envoyée au Mexique, avait imaginé pour dire au revoir à l'impératrice. Ces « chants de popote » surgissent souvent après le repas du soir. Édouard aime notamment « Marie-Dominique ». Trois, quatre :

J'étais un soldat de marine,
J'venais m'engager pour cinq ans ;
J'avais vingt ans, belle poitrine ;
Comme dans l'refrain du régiment ;
Dans les bistrots près de Lourcine[1]*,*
Les anciens m'en faisaient un plat ;
Tu verras c'que c'est qu'l'Indochine ;
Écout' la chanson d'un soldat.

Le tout dernier, avant le coucher, est presque toujours le même. « Opium », l'un des plus apaisants, chanté dans le noir à la lueur des briquets… Et pas forcément avec la pipe à eau, jurent les élèves officiers :

Opium, poison de rêve,
Fumée qui monte au ciel,
C'est toi qui nous élèves
Au paradis artificiel.
Je vois le doux visage
Les yeux de mon aimée,
Parfois j'ai son image
Dans un nuage de fumée.

La chanson, composée en 1931, n'a rien de militaire à l'origine. Révélé au grand public par Jacques Dutronc et Bambou en 1987, cet air de café-concert écrit pour un dénommé Marcel's aidait surtout les troupes de marine à évacuer leur nostalgie de la métropole pendant la

---

1. Ancienne caserne militaire, rue de Lourcine, dans le XIIIe arrondissement de Paris.

guerre d'Indochine. Ce genre de poésie a happé Édouard Philippe, dès son arrivée à l'armée en janvier 1994. Ces voix d'hommes parfois rudes, chantant ce qui pourrait être une berceuse, le bouleversent. Ces moments de « camaraderie », de « compagnonnage », comme il les appelle, entrent alors à jamais dans son vocabulaire et dans son existence. Jamais il n'aurait imaginé ça. Dans cette famille de taiseux, où les pères ne transmettent pas l'histoire familiale à leurs fils, sans doute ignore-t-il où ses quatre arrière-grands-pères ont combattu dans la boucherie de 14-18. En épluchant leurs carnets militaires, j'ai notamment relevé les cinq ans de guerre fort héroïques de Louis, le père du grand-père Charles. Mobilisé à vingt-neuf ans, six ans après son service, Louis Philippe est blessé à Maricourt, dans la Somme, hospitalisé un an, puis de nouveau à Château-Chinon en octobre 1915, avant d'être fait prisonnier et interné à Golzen, puis Gstaad. Il n'est rapatrié qu'en juillet 1918 et démobilisé le 21 mars 1919. Louis a alors vingt-quatre ans et, s'il n'avait survécu, Charles ne serait pas né dix-sept mois plus tard à Octeville-sur-Mer.

À Draguignan, certains soirs, les gradés racontent eux aussi leurs batailles. On refait le monde autour du feu. Les échanges ne sont pas les mêmes selon qu'on s'installe avec Lo Sardo, le montagnard pyrénéen un peu brut de décoffrage, Glot le fort en gueule et généreux ch'timi, ou Lacour le méticuleux concepteur de la plaquette de promo. Édouard observe et savoure ce brassage de bidasses qu'il n'aurait sans doute pas rencontrés sans l'armée, certains n'étant jamais sortis de leur département.

Le commandant Henri Leblanc – qui deviendra son parrain – a repéré, lui, la longue silhouette du Parisien d'origine rouennaise dès le premier jour. Sur le terrain, il aime l'entendre les surprendre avec ses bons mots.

Le jeune commandant de trente-sept ans est aussi doctorant en sciences politiques, gaulliste de gauche, tendance Mendès. Ils partagent une même admiration pour le réformiste Michel Rocard. Le même respect pour ceux qui se mettent au service de la France. Ils reprennent en chœur le discours d'investiture de Kennedy, en 1961 : « Ne demande pas ce que ton pays peut faire pour toi, demande-toi ce que tu peux faire pour ton pays. » Leblanc est sous le charme de ce jeune énarque qu'il décrit comme « lumineux », « humble » et qui fait l'unanimité. Contournant les règles de l'orthodoxie militaire, il s'autorise très vite à l'inviter chez lui, hors de la caserne. Facile d'accès, sans chichi, Édouard fait même le barbecue, s'émerveille Henri.

Leblanc ne contredit donc pas l'instructeur Lardans lorsque celui-ci, fin mars, propose de désigner Édouard président de promo. Rien à voir avec leurs origines rouennaises communes. Le capitaine est surtout bluffé par son état d'esprit positif, toujours partant, curieux de tout ce qui touche au militaire. En tant que président des cent vingt EOR, c'est à lui qu'il reviendra de rédiger et prononcer, deux mois plus tard, le discours officiel à la cérémonie de remise des galons. L'énarque le bichonne, le cisèle, trouvant même la citation idoine pour une attaque dans le plus pur style « sciencepiste » :

— Mon général, mon colonel, mesdames, messieurs... Le duc de Wellington remarquait avec mélancolie, au lendemain de Waterloo, qu'il n'y a qu'une chose pire que de gagner une bataille, c'est de la perdre. Nous commençons à comprendre ce qu'il voulait dire. Car, si je devais faire le bilan de ces quatre mois de formation, je dirais qu'il n'y a qu'une chose pire que de commencer ses EOR, c'est de les terminer.

En ce vendredi 27 mai 1994, la nostalgie étreint Édouard Philippe, qui reçoit ses galons d'aspirant au musée de l'École d'application de l'artillerie de Draguignan. C'est déjà la fin de l'instruction. L'énarque s'apprête à devenir officier et lui-même instructeur d'artillerie à Draguignan, puisque tel est son choix. Cent vingt familles se pressent dans la cour baignée de soleil. Anne-Marie et Patrick Philippe ont bien sûr fait le voyage, sa sœur Anne-Claire également, pour cette cérémonie qui marque la toute première affectation des élèves officiers. Eux-mêmes n'en reviennent pas. Qui eût cru que, cinq mois après avoir gagné, à la force du poignet, sa place au sein de l'élite germanopratine, le fils de prof, cheveu rasé et pectoraux sensiblement regonflés, aurait à ce point basculé dans la chose militaire ? « Le truc mili », diront ses copains de Sciences Po.

Plus que tout autre, Édouard savoure cette cérémonie millimétrée. Le général de corps d'armée Billot, qui dirige le corps d'artillerie de Draguignan, passe en revue les troupes rassemblées en « U ». Une à une, chaque brigade s'avance au pas cadencé. Genou à terre, ceinture du fourreau à gauche, le jeune soldat voit s'approcher son parrain. Faute de militaire dans sa famille, il a choisi le commandant Leblanc, le patron du « cours canon ». Celui-ci tire le sabre, se met au « présentez arme » devant son filleul et le baptise, la lame sur une épaule, puis sur l'autre. Le temps de retourner le Velcro pour faire apparaître le galon, d'obéir à un tout premier « aspirants, présentez armes » et de monter le sabre à hauteur du visage, et voilà la promo d'élèves devenue promo d'officiers.

Après cinq mois d'armée, l'aspirant Philippe n'a rien perdu de ses fondamentaux. Son discours est construit, érudit, parfaitement dosé, entre profondeur et légèreté, sans crainte d'aborder le sujet des cheveux, qu'il a encore abondants à l'époque :

— Il y a quatre mois, beaucoup d'entre nous redoutaient l'incorporation et, sans essayer d'échapper au devoir national, nombreux pensaient tout bas qu'en perdant leurs cheveux ils perdraient leur indépendance, leur tranquillité, leur liberté, leur jeunesse même… Eh bien, mon général, mon colonel, mesdames, messieurs, j'ai le plaisir de vous annoncer que ni les élèves officiers de réserve que nous fûmes, ni les aspirants que nous sommes, ne sommes des Samson désespérés.

Le jeune homme « qui ne veut toujours pas faire de politique » n'oublie pas pour autant de l'être un peu. Depuis deux ans déjà, la loi Joxe de 1992 a raccourci le service national à dix mois. En cette fin mai 1994, Marceau Long, Édouard Balladur et François Léotard s'apprêtent à remettre au président Chirac leur Livre blanc sur la Défense qui débouchera sur la suppression du service obligatoire. À vingt-trois ans, Édouard Philippe a manifestement son opinion sur la question. Il subodore que son auditoire a la même.

— Nous avons pu constater au cours de ces quatre mois que le vieux moule républicain qu'est le service national conserve son utilité. La rencontre de jeunes gens d'horizons différents, la mise au premier plan d'impératifs de la vie en groupe, tels que la cohésion, le service des autres, la défense des valeurs qui sont celles de la France républicaine, sont autant d'éléments qui ont pour nous pris un sens plus précis pendant notre passage à l'École.

Avec application, il égrène encore les patronymes de sa brigade, trouve un bon mot pour chacun, saluant ici un défi potache relevé vaillamment, là un geste de bon camarade. Il est question de Bidard, « qui excelle dans l'élément liquide : une minute deux secondes au cent mètres brasse, autant que pour vingt-six bières », de « Marty qui a découpé, raboté, poncé l'insigne, et qui a aussi crobardé et soufflé dans le clairon. Marty, il ne s'use que quand on ne s'en sert pas. Remarquez, vous ne pouvez pas l'oublier, il n'arrête pas de parler ». Le président de promo n'oublie pas de remercier « le commandant Leblanc qui distribue des louches dès que l'EOR prend le VOA[1] pour un hamac et qui, sous des dehors bourrus, cache une joie de vivre, une sensibilité et une intelligence qui [le] rendent fier d'être son filleul ». Ni, bien sûr, « le capitaine Lardans et sa façon exigeante mais décontractée de mener ses hommes ». Et il précise : « J'ai eu avec le capitaine les rapports intellectuels et livresques que j'ai pu avoir avec de grands professeurs universitaires, à ceci près que tout se passe encore mieux quand ces rapports se développent autour d'un feu ou pendant une marche. »

À quoi pense-t-il en prononçant ce qui est probablement l'un de ses tout premiers discours officiel ? Repense-t-il à ce prof de théâtre de seconde, Jacques Gaudier, qui lui recommandait de se tenir droit, de respirer, de penser à ce qu'il dit, ne pas se précipiter ? A-t-il à l'esprit le formidable réseau que représente, potentiellement, cette promotion de cent vingt officiers ? Certains resteront des amis. D'autres recroiseront sa route.

Édouard fait un triomphe. Et jamais, de mémoire d'instructeur à Draguignan, on n'avait entendu le général rebondir de la sorte :

— Je voudrais d'abord m'excuser auprès des familles qui ont fait le déplacement pour ce grand jour et auprès de tous les cadres, dit-il. C'est la première fois que je prends la parole derrière un discours aussi brillant.

1. Véhicule d'observation avancée.

Un brouhaha admiratif traverse l'assistance. Édouard est si fier de présenter sa famille à ses camarades et à son parrain ! Anne-Marie est impressionnée. Même Patrick, que ses convictions et sa santé fragile ont tenu à distance du monde militaire, ne reste pas insensible. En échangeant avec lui, Henri Leblanc comprend un peu mieux encore les « dispositions militaristes » de son filleul. « Les valeurs de fidélité, de loyauté, de rigueur sont profondément ancrées dans la famille, » se dit-il, loin des clichés soixante-huitards qu'il redoutait.

Édouard poursuit son année de service comme officier instructeur à Draguignan. Il encadre les élèves. Garde-à-vous, repos, salut, marche au pas… « Quel dommage quand même qu'il ne poursuive pas dans le commandement, se dit Olivier Lardans. Il aurait fait un très beau chef. Il sait piloter une équipe, amener tout le monde dans la même direction, des militaires en tout cas, car eux comprennent qu'il faut se taire. Qu'en serait-il s'il avait un jour à mener des politiques ? », s'interroge-t-il.

À Paris, la métamorphose sidère ses copains. Le physique, le ton, le placement de la voix, du regard, de l'attitude : tout a changé. « Lui qui ne faisait pas de sport s'est retrouvé aspirant officier, à commander des gars de dix-huit ans plus baraqués que lui, se souvient Luc Walrafen. Pour asseoir l'autorité, il a appris le charisme. Quand il rentrait en perm, il se singeait en permanence. Quand on disait “bonjour”, il nous reprenait : “Bonjour… mon lieutenant !” Il se mettait en scène. C'est là qu'il a découvert que le pouvoir a quelque chose de théâtral… et doit être incarné. »

Au sein de la promo 1995-1997 de l'Ena plusieurs camarades se sont débrouillés pour éviter l'uniforme. Soit via une coopération, autrement dit un stage dans une grande entreprise à l'étranger, soit en grugeant l'armée à l'aide de motifs médicaux douteux. Parmi ceux qui s'y sont collés, tous vantent le creuset républicain. Benoît Ribadeau-Dumas évoque un réjouissant « brassage social ». Le futur « meilleur ami » d'Édouard n'est pas près d'oublier son chauffeur « repris de justice, deux balles dans la peau, sorti de prison[1] ». Un certain nombre reviennent avec de grandes réflexions sur le commandement. Rémy Rioux, le futur patron de l'Agence française du développement, qui termine son service au même moment chez les gendarmes, retient surtout le risque qu'il y a à ne pas être commandé. « À l'armée, vous allez dans la campagne, vous tombez dans une embuscade, les gens vous tirent dessus. Chaque jour, c'est un autre qui commande. Et vous voyez la différence : si vous êtes bien ou mal commandé, vous êtes vivant ou mort à la fin. À l'armée, j'ai aussi appris qu'on vit dans un monde où l'on se dit que c'est chiant l'autorité, la hiérarchie… mais quand c'est une question de vie ou de mort, c'est une responsabilité. Le gars qu'on a mis là, on l'a mis pour gouverner, pour vous protéger. »

Officier de réserve, Édouard Philippe sait qu'il s'offrira régulièrement une piqûre de rappel. Il saisira toutes les occasions de croiser l'uniforme. Jeune conseiller d'État, il formera notamment un binôme avec un jeune officier de l'armée de Terre, Jean-Pierre Metz, qui commandera le 11e régiment d'artillerie de marine. Le général Thorette, parti diriger l'armée de Terre à la réélection de Chirac, lancera cette idée de constituer des duos hauts fonctionnaires/militaires, afin de dépoussiérer l'image de l'armée dans le monde politique. Le futur Premier ministre n'est

1. Luc Le Vaillant, « Benoît Ribadeau-Dumas, l'État, ça sera lui », *Libération*, 1997.

pas près d'oublier la semaine passée avec lui à Mostar et Sarajevo, en 2005, au cœur du commandement allié.

Pour l'heure, il quitte Draguignan à la fin de l'année 1994, la tête pleine « des charmes, des difficultés et des contradictions » de cette armée, comme il l'expliquera vingt-cinq ans plus tard sur Europe 1. Il emporte aussi son précieux carnet de chants, sa plaquette de promo, mais hélas pas le sabre. Celui remis le jour de la cérémonie des galons a regagné les étagères de l'artillerie. Il n'aura toutefois pas longtemps à attendre avant que son grand-père maternel lui en offre un, gravé à son nom cette fois. Celui-là le suit, depuis, sur tous ses bureaux successifs. Symbole, pour lui, « de combat, d'autorité, de service et d'une forme de devoir ».

Place désormais à l'Ena. Affecté initialement à Honolulu, il profite semble-t-il de l'indisponibilité d'un autre étudiant et hérite finalement, pour son premier stage, du très convoité poste de New York !

6

Viser la botte

Les moments de grâce ont ceci de reconnaissable qu'ils font ressurgir le même plaisir de midinette chaque fois qu'on les raconte. La brève rencontre du stagiaire de l'Ena avec le président Jacques Chirac, en juin 1995 à New York, est incontestablement de ceux-là. « J'ai senti qu'il se passait quelque chose entre nous[1] », dira, en 2019, le futur Premier ministre, rendant hommage à l'ancien chef de l'État décédé.

Son stage à la représentation permanente de la France à l'Onu est commencé depuis cinq mois lorsque le président fraîchement élu est annoncé. C'est le Chirac des débuts, resté un peu bulldozer, qui vient de provoquer une onde de choc en annonçant la reprise des essais nucléaires à Mururoa. Il arrive du G7 d'Halifax, au Canada, où il a pulvérisé l'ordre du jour pour adresser une mise en garde aux belligérants bosniaques. Arrivé au dîner officiel avec un brouillon dans sa poche, il a réussi à faire adopter sa version, presque au mot près[2].

1. Invité d'Alba Ventura sur RTL, le 27 septembre 2019.

2. La déclaration du G7 est une mise en garde adressée à tous les belligérants, exigeant un « moratoire sur les opérations militaires »

Le temps d'une amicale pression sur les Américains, le voilà qui débarque à New York où le Conseil de sécurité vote finalement la création de la Force de réaction rapide franco-britannique. Et, bien sûr, il s'agit de l'accueillir au mieux.

Un peu fébrile, soucieux de bien faire, Édouard Philippe collabore à l'organisation. Et, en deux poignées de mains à l'arrivée et au départ du président, prend une véritable leçon de « poloche » (de politique, dans son jargon) qu'il relate ainsi, à cinquante ans : « Il m'a totalement bluffé. En trois minutes, il fait la différence. Il ne me dit rien de particulier, si ce n'est à propos de mon prochain stage : "Ah, l'Aude ! Formidable ! Carcassonne ! Très bien !" Aucune phrase historique, pas de passage de témoin au jeune homme que je suis. Mais je suis impressionné par la chaleur qu'il arrive à mettre en très peu de temps avec son interlocuteur. Et je vois pour la première fois – ce que tous ne comprennent pas toujours, même quand ils en font depuis longtemps – que la "poloche" c'est aimer les gens. Pas au sens chrétien ! Mais quand on a quelqu'un en face de soi, on a quelqu'un en face de soi. Une somme d'aspirations, de complexité, de dévouement, de méchanceté potentielle. Celui-là, si on se connecte à lui, on ne perd jamais son temps. La politique, c'est fondamentalement un métier empathique. Toute personne est intéressante. Quand vous avez quelqu'un en face de vous pendant une minute, il peut se passer un monde. Et Chirac, ce jour-là, m'apprend ça. »

Édouard Philippe marque aussi des points en ne négligeant aucun détail. Il devance les envies du président. « Ah, une bière ! Formidable ! » À vingt-quatre ans, le

---

et la reprise des négociations « sur la base des propositions du groupe de contact ».

Sioux sait déjà se trouver au bon endroit, au bon moment, prêt à surgir avec la réponse adéquate. Jérôme Bonnafont, alors numéro deux de la représentation permanente et qu'il appellera à Matignon, est admiratif.

Le futur Premier ministre découvre la lenteur et la grandeur de la machine onusienne, les réunions du Conseil de sécurité, parfois en pleine nuit, au côté de la conseillère Sylvie Bermann, en charge d'une douzaine d'opérations de maintien de la paix en Afrique, qui gère en particulier la crise rwandaise. Comme à tout stagiaire de l'Ena, le dossier des sanctions lui est confié. Il couvre aussi le Liberia et la Sierra Leone. « Je suis ces affaires en direct avec M. Mérimée [l'ambassadeur] ou son adjoint, M. Ladsous, écrit-il dans la lettre traditionnelle au directeur des études le 8 février 1995. Le cas de la Sierra Leone en particulier est passionnant : jamais ce pays n'a fait l'objet de travaux de la part du Conseil de sécurité et la volonté de faire accéder son peuple à la démocratie, alors même que la situation politique intérieure se dégrade et que les effets du conflit libérien tout proche se font durement sentir, promet à l'Onu une tâche peu aisée mais exaltante. » Édouard aime s'emparer du sujet, faire le compte rendu à Paris, remonter les instructions à New York et préparer l'intervention de l'ambassadeur. La chose internationale l'intéresse, l'Histoire aussi. Il est bosseur et surtout il a « le doigté », constatent les diplomates. Ils découvrent toutefois un autre Édouard, le jour où le directeur des études de l'Ena débarque pour établir la note du stagiaire. « Lui qui était d'habitude si drôle et détendu, je l'ai vu faire les cent pas, assez inquiet, raconte Sylvie Bermann, devenue par la suite ambassadrice en Chine, au Royaume-Uni et en Russie. Le responsable recueillait les impressions de l'ambassadeur, puis des conseillers. À la fin, Édouard est allé demander à tous ce qu'ils avaient dit de lui. » Il sait l'importance de cette note pour le classement final. L'entrée au Conseil d'État se joue un peu ici, dans ces stages qui précèdent l'arrivée effective à l'école. Sous ses airs détendus, il ne perd jamais de vue l'objectif.

L'expérience onusienne aurait pu faire naître une vocation de diplomate, mais « le jeune Édouard n'est pas homme à parcourir le monde sac au dos », dira l'un de ses responsables de stage à New York. Il en repart toutefois « enchanté et morose », lit-on dans son rapport, et pas seulement pour le moment chiraquien ou la saveur de cette ville de littérature et de cinéma qui l'éblouit. Il s'applique – empruntant même au *Contre Sainte-Beuve* de Marcel Proust, qu'il n'a pourtant pas lu, pour se dire « certain que les instants passés ici conserveront toujours quelque chose comme la "substance transparente de nos minutes les meilleures" ». Il quitte New York avec une réflexion qu'on l'entendra répéter vingt ans plus tard, dans l'exercice du pouvoir à Matignon : la difficulté de « l'urgence quotidienne », où « la réflexion laisse souvent la place au réflexe, l'activité est surabondante et l'impression qui domine est celle d'un vase clos ». Il pointe le nécessaire effort constant « pour continuer à nourrir son esprit des réalités du monde ».

Après les heures passées près des rives de l'East River à Brooklyn, des matchs de basket aux soirées dans les bars de blues et de jazz, le deuxième stage – six mois à Carcassonne, préfecture de l'Aude – pourrait sembler pénible. Manifestement pas ! Le côté opérationnel lui plaît. Le studio du stagiaire est à deux rues de la préfecture, elle-même installée dans l'ancien siège épiscopal. Les secrétaires, toutes plus âgées, raffolent de ce grand échalas sympa et poli à houppette, cheveu légèrement ondulé et chemise à carreaux vichy bleus. « On jouait les Charlie's

Angels avec lui, se souvient Claudine Wohrel, l'assistante du préfet. Quand il arrivait, on disait : "Bonjour, Charlie !" Et quand il partait avec M. Bellion, on le taquinait : "Couvre-toi et ne bois pas trop avec le préfet." » La légende – qui n'en est pas une – veut que les fêtes de Dominique Bellion venaient d'épuiser un stagiaire polonais de l'Ena. Édouard le suit avec plaisir de Carcassonne à Leucate, où la construction du front de mer est en cours suite à l'élection du nouveau maire, Michel Py. Le préfet Bellion le confie, pour trois semaines, à ce jeune élu RPR de vingt-cinq ans, qui entame son premier mandat et lui colle un dossier « indémerdable », selon ses mots : l'aménagement de Port Leucate. L'État est à la manœuvre dans le cadre de la Mission Racine[1], du nom du directeur de l'État nommé par de Gaulle pour construire huit stations de tourisme de masse sur la Côte d'Azur. À charge pour Édouard de clore administrativement ce dossier ouvert depuis… 1963 ! Le rapport satisfera visiblement monsieur le maire.

Avec le préfet, il touche à tout : plan d'urgence pour l'emploi, grâces présidentielles, inauguration d'un bureau de poste. Il passe une nuit avec la BAC de Narbonne, commande depuis un hélicoptère le largage d'avions bombardiers d'eau et ne boude pas deux jours de manœuvres avec le 3e RPIMa, régiment d'élite qui s'illustra en Indochine. Au pied levé, il remplace aussi le directeur de cabinet, indisponible pendant un mois. Le voilà, à

1. La Mission interministérielle d'aménagement touristique du littoral du Languedoc-Roussillon, dite Mission Racine, a été créée en juin 1963 sous l'impulsion du général de Gaulle pour doter la côte méditerranéenne française d'un pôle touristique susceptible d'attirer et de fixer les touristes en provenance du Nord de l'Europe et de la France entière. L'Espagne et la Côte d'Azur sont alors les destinations phares de ces clientèles.

vingt-quatre ans, en charge de la sécurité du département, de la police aux frontières et en ville. Chaque vendredi matin, avec le préfet, ils reçoivent le colonel de gendarmerie, le directeur départemental de la Sécurité publique, le représentant de la PAF. En pleine grogne de viticulteurs, puis d'éleveurs, la collaboratrice du préfet tremble de le savoir seul dans le bureau avec un leader syndical passablement énervé. Le 3 août, le ton de son deuxième courrier à la direction de l'Ena laisse transparaître son humour un peu provoc, presque condescendant :

Monsieur le directeur,

Après New York et l'Onu, le monde policé de la diplomatie multilatérale a été remplacé par celui, plus discret mais tout aussi délicat pour le novice, de la notabilité provinciale. Je vous écris d'ailleurs alors que flotte encore sur la préfecture le parfum rare des revendications agricoles.

De Carcassonne, l'apprenti énarque garde surtout le souvenir d'un « déclic poloche », lors d'une réunion très tendue avec des maires où le préfet l'envoie au côté du directeur départemental des services de l'Éducation nationale. Le gouvernement travaille alors sur un changement des rythmes scolaires. « Je me retrouve sur l'estrade, ça se passe mal, raconte Édouard Philippe. Et à un moment, je me souviens que je retourne la salle. Non pas qu'ils soient tous d'accord à la fin, mais ils acceptent d'entendre. J'ai dû leur dire assez frontalement : “Écoutez, je ne suis pas maire, je suis tout jeune, mais voilà ce que je pense…” J'ai vu que je chignolais un truc dans la salle. En sortant, je me suis dit : “Ça, Dédé, c'est encore plus rigolo que d'être applaudi sur une scène quand tu es un artiste. Prendre une salle et la faire travailler pour qu'elle change d'avis.” Ce jour-là, je me suis dit qu'il fallait que je fasse de la politique. » Au directeur adjoint des stages qui le visite à Carcassonne, il décrit d'ailleurs cette jouissance : « Il s'est passé un truc. »

Mais pas à son préfet. En partant, il explique qu'il ne se voit pas plus dans la préfectorale que dans la diplomatie à New York. Non que ça ne lui plaise pas, mais à cause de la famille qu'il aura un jour et qu'il faudra déménager à chaque affectation. « Si tu sors dans les dix, je te vois bien choisir le Conseil d'État », prédit Bellion, dithyrambique. « L'Inspection des finances, les gens y vont souvent avec l'idée de basculer dans le privé, de faire des carrières. Lui non, il avait un vrai sens de la justice et du droit. » Et d'ajouter : « Je ne vous cache pas que j'ai été assez surpris quand je l'ai vu s'engager en politique en 2002. » À Leucate aussi, Michel Py a bien retenu qu'Édouard ne ferait pas de politique.

Son pot de départ hante encore les couloirs de la préfecture, avec musique à fond sur sa petite chaîne hi-fi, cadeau – un stylo ! – et discours : « Il avait rédigé une tirade assez longue, géniale, avec des mots… des mots… », s'émerveille Claudine Wohrel. Michel Bellion, quant à lui, a conservé le « formidable » éditorial rédigé par Édouard Philippe pour la *Lettre du préfet de l'Aude* d'octobre 1995. Le jeune homme vient alors d'achever une tournée des nouveaux maires, cette fois pour leur présenter les services déconcentrés de l'État, missions et moyens. Force est de constater qu'à vingt-quatre ans il a déjà une fâcheuse tendance au recyclage :

Le duc de Wellington remarquait avec mélancolie, aux lendemains de Waterloo, qu'il n'y avait qu'une chose pire que de gagner une bataille, c'était de la perdre.

Les nouveaux maires de l'arrondissement de Carcassonne ont sans doute constaté que le sombre soldat britannique avait un peu raison alors qu'ils écoutaient le 11 septembre 1995, attentifs et sérieux, M. Michel Henry, secrétaire général de la préfecture de l'Aude et sous-préfet de l'arrondissement et tous les chefs de service de l'État réunis pour l'occasion. [...]

La conclusion, elle, est inédite :

Après deux heures d'une réunion menée tambour battant, sans doute faudra-t-il revenir sur certains points, continuer à apprendre en confrontant les expériences de chacun. Là n'est pas l'essentiel. Ce qui importe en réalité c'est que se nouent, entre les élus municipaux et l'administration d'État, des relations de confiance constructive. Un bon coup de fil vaut décidément mieux qu'une mauvaise procédure...

E. Philippe. Stagiaire de l'Ena
à la préfecture de l'Aude.

Quand Édouard Philippe fait sa rentrée dans les murs de l'Ena, en janvier 1996, une partie du tri est fait. Exit la diplomatie, exit la préfectorale. Restent les grands corps : Conseil d'État, Cour des comptes, Inspection des finances. Cela suppose de bien « sortir » de l'école. Il a quatorze mois pour y arriver.

La mise en jambes semble taillée sur mesure pour lui : le week-end d'intégration au Ventron et sa traditionnelle nuit de baptême de la promo. Pur folklore, ironisent certains après coup. Et pourtant ! On attaque à 19 heures, sans loi ni maître. Des personnalités émergent, notamment lui, avec son humour caustique et ses saillies de corps de garde – à mon commandement ! – « que seuls les garçons qui ont fait le service peuvent comprendre », me dit-on. La nuit sera d'autant plus drôle qu'elle sera compliquée et potache. On passe des heures sur les motions de procédure : « Est-ce que les étrangers peuvent voter ? Combien de signatures faut-il pour proposer un nom ? » Viennent ensuite les noms farfelus : Philippe Mareine, futur bras droit de Thierry Breton chez Atos, déclenche l'hilarité en proposant « promo Bob Denard ». Et Bonaparte ? Les étudiants étrangers hurlent au monstre. François Mitterrand, alors, mort quinze jours plus tôt ? Enterré sans précaution par les plus jeunes, qui n'ont connu que ses côtés troubles : « Un homme qui a bien vécu du pouvoir », entend-on. « Clemenceau », lancé sans conviction par Benoît Ribadeau-Dumas, futur directeur de cabinet d'Édouard Philippe à Matignon, ne passe pas la rampe non plus. Vers 3 ou 4 heures du matin, le choix se resserre sur un trio : Konrad Adenauer, Nicolas Machiavel et Marc Bloch. Puis entre les deux derniers. Machiavel apparaît trop pédant – « il n'est pas celui que vous croyez », s'offusquent ses partisans. Édouard pousse depuis le début son idée de Marc Bloch, l'historien entré en résistance et fusillé par la Gestapo en 1944. Un choix à contrepied, intello et érudit. Les historiens sont en soutien, en particulier Thierry Le Goff, futur DG de la fonction publique. Preuve qu'on n'est pas totalement là pour la rigolade, Rémy Rioux, absent, lui a même envoyé un épais argumentaire sur Bloch. Sur les coups de 6 h 30, Édouard emporte le morceau. Pour sa toute première télé, œil vitreux mais verbe clair, le voici face à la caméra du JT Alsace.

— Marc Bloch, expose-t-il en évitant le regard de la journaliste, a réussi, dans un ouvrage qui s'appelle *L'Étrange Défaite*, à analyser les raisons de la défaite française en mettant en évidence le fait que, quand les élites renonçaient à leurs responsabilités, quand elles démissionnaient, un grand pays comme la France pouvait s'écraser, s'effondrer. Le message pour des gens qui veulent devenir fonctionnaires a été très important, je crois que c'est ça qui a joué.

Et de conclure, sourire charmeur et fatigué :

— Pour moi, c'est un excellent choix, j'en suis très fier.

Au passage, la promo Marc Bloch venge, symboliquement du moins, le résistant juif alsacien, au cœur d'une polémique aux forts relents d'antisémitisme à l'université voisine de Strasbourg. Pas très politiquement correct, donc, ce nom de promo tranche avec l'air juvénile d'Édouard Philippe, cheveux sagement plaqués dégageant son grand front. À vingt-cinq ans, s'engager dans la haute fonction publique sous le haut patronage d'un résistant fusillé par les Allemands, avec comme horizon le risque d'effondrement de la nation si les élites ne tiennent pas, n'a rien d'anodin.

La « Marc Bloch » est d'ailleurs une promo assez sérieuse, pas rebelle pour deux sous. Rien à voir avec le romantisme d'une promo Voltaire qui, dix-sept ans auparavant, s'était enflammée pour la reconquête du pouvoir par la gauche, derrière François Mitterrand. Elle comptait notamment dans ses rangs François Hollande, Michel Sapin, Ségolène Royal, Frédérique Bredin, mais aussi à droite Dominique de Villepin ou Renaud Donnedieu de Vabres, ainsi que les deux secrétaires généraux de l'Élysée de François Hollande, Pierre-René Lemas et Jean-Pierre Jouyet. Le contingent Marc Bloch est bien plus « dans le moule ». Cela tient sans doute à l'époque, plutôt désenchantée, et à la situation politique particulière. La plupart ont passé le concours en 1993. La gauche vient d'être balayée, les balladuriens tiennent Matignon, mais se déchirent avec les chiraquiens au gouvernement. En 1995, Jacques Chirac est élu alors que tout le monde entreprend ses deux semestres de stages. Deux ans plus tard, à la sortie de l'Ena en 1997, l'Assemblée sera dissoute, Alain Juppé cèdera la place à Lionel Jospin pour cinq ans de cohabitation. C'est une période de forte croissance et de réformes sociétales controversées, comme les 35 heures ou les emplois-jeunes.

Au bout du compte, c'est une promo très peu politisée. À quelques exceptions près. Olivier Ferrand, notamment, issu d'une vieille famille de Marseille, rêve de politique. Sa mère est aux commandes d'un journal local. Très implanté, il mettra pourtant quinze ans à se faire élire député et décèdera dix jours plus tard en faisant son jogging sur la corniche. Philippe Mazet, d'origine très modeste, est, lui, engagé à droite. Tout le monde s'attend à le voir faire une carrière et tout le monde se trompe, puisqu'il s'installera durablement comme administrateur du Sénat.

En dépit du « déclic » de Carcassonne, Édouard Philippe ne rêve toujours pas de politique active. Personne ne l'y voit, d'ailleurs. Si certains l'imaginent à Matignon, c'est plutôt comme directeur de cabinet. Mais tout dépendra du classement final. Tout le monde a compris que Ribadeau, le polytechnicien, serait « dans la botte » – il sera major. *Idem* pour Julien Carmona, futur inspecteur des finances, sorti deuxième. Quant à lui, personne ne sait vraiment. Peut-être parce qu'il n'étale ni affres ni ambitions. Un certain charisme et cet air dandy achèvent de tromper son monde. « Sans être un amuseur public, Édouard a cette aisance, cet humour qui le distinguent un peu, se souvient Rémy Rioux, sorti onzième, direction la Cour des comptes. C'est aussi pour ça que les gens ne le voient pas venir dans le classement final. Parce qu'il est drôle et a une forme de distance. De certains qui sont totalement polars, on se dit : "Il va être très fort"… Il a toujours eu ce petit côté "l'air de ne pas y toucher".

Mais à la fin, il n'y a qu'un Premier ministre dans la promo, c'est lui ! »

Plusieurs amitiés très fortes naissent durant ces années où sept garçons vivent quasiment ensemble, entre deux colocs. Édouard Philippe, ce n'est pas une nouveauté, se déplace en bande. Elle est désormais de droite. Parmi les sept, « la » rencontre s'appelle Benoît Ribadeau-Dumas. On joue au tennis, on part en week-end au ski ou à Grasse, dans l'appartement des parents Philippe. « BRD », c'est en apparence l'anti-Édouard. Le jeune Benoît a grandi dans la partie très catholique du bourgeois VIIe arrondissement de Paris, nourri au « trop de charges, trop de grèves » de son père avocat. Benoît enchaîne le bac, la prépa scientifique au lycée Louis-Le-Grand, puis l'X, avec le côté militaire qui lui plaît et qui, pour le coup, le rapproche d'Édouard. Ne se voyant ni ingénieur ni financier à la City de Londres, il se jette sur l'Ena, séduit par un prof « très Croisé de l'État[1] ». Lui-même est désormais plutôt à droite, même si, dans son vocabulaire de catholique pratiquant, la politique consiste surtout à servir le « bien commun ». Lors de son premier stage, le fils de bourgeois du VIIe découvre avec bonheur le quotidien de la préfecture de Cayenne, avant de filer à Lagos, au Nigeria. Plutôt recueils de poésie que biographies de Jean Lacouture, il aime cet Édouard qu'il trouve drôle, cultivé et fiable. Le type sur qui vous comptez pour passer la soirée lorsque vos grands-parents viennent de décéder ou que votre petite copine vous a plaqué.

À Strasbourg, où l'Ena accueille désormais les étudiants, Benoît Ribadeau-Dumas a vite senti que l'atmosphère serait pesante. Il s'est trouvé une coloc dans la campagne, à Lipsheim. Le casting fleure déjà bon le cabinet

1. Luc Le Vaillant, art. cit.

de Matignon 2017. Sous ce toit, vivent également ses deux futurs conseillers diplomatiques, Emmanuel Lenain et Bertrand Lortholary, ainsi que Philippe Mareine, *alias* « Bob Denard ». Lipsheim devient aussi le refuge d'Édouard et de ses colocs, basés, eux, à Strasbourg. Le premier, Sébastien Boitreaud, deviendra responsable financier à la Banque mondiale. Le deuxième, Alexandre Joly, l'autre grande amitié de ces années d'Ena, est un intellectuel un peu hors-sol : mère notaire, père avocat d'affaires, scolarité à Henri-IV – mais pas catho comme « BRD ». Très sûr de lui, il détone dans la promo Marc Bloch. C'est l'ultra-libéral de la bande. À Sciences Po, déjà, son T-shirt « Explosons la dette publique » avait marqué les esprits. Édouard lui-même est devenu très libéral, au sens large du terme. Marre de la bien-pensance de gauche. Il est si attaché à l'émancipation individuelle qu'il s'engueule un jour avec Benoît, soutenant que le port de la ceinture obligatoire en voiture est un scandale…

De retour à Paris pour le dernier semestre, la troupe des intimes d'Édouard s'élargit encore lorsqu'il récupère la chambre de David Abiker dans la « coloc de la rue Bourdaloue », QG des fêtes de la bande de Sciences Po et des retransmissions enflammées des matchs de rugby. Il y passera cinq ans avec Damien Loras, futur consul de France à São Paulo. À vingt-quatre ou vingt-cinq ans, les soirées des apprentis énarques laissent quelques souvenirs de camarderie impérissables. Les veilles de classement, en particulier, peuvent donner lieu à des tours de Paris arrosés. L'année précédant sa sortie, on a pu voir Édouard Philippe, soutenant Jérôme Guedj stressé par l'attente, lever son verre un peu ivre mort devant la grille du Conseil d'État à 5 heures du matin. On imagine son petit sourire certains jours, lorsque, finalement sorti dans la botte, le jeune auditeur deuxième classe montera solennellement le grand escalier du Conseil pour y travailler.

Qu'a-t-il appris à l'Ena ? Pas grand-chose, à l'entendre. La bande de Lipsheim a été refroidie dès le discours inaugural. Tandis qu'à Polytechnique on commence en vous parlant de la nation, à l'Ena, se souvient l'un d'eux, c'est : « Faites attention avec la femme de votre préfet, c'est elle qui décide de votre carrière. » Apprendre à faire des « notes au ministre » à partir d'une documentation de cent cinquante pages en cinq heures prépare-t-il au management de l'administration ? La réponse est dans la question. « L'Ena n'est pas inutile, tempère Édouard Philippe quand nous l'évoquons. Les stages ont été une expérience inouïe. Disons que l'Ena a été moins intéressante que Sciences Po, sans projet pédagogique. On vous formate pour vous trier. On n'est pas là pour vous apprendre des choses. Je me suis vite rendu compte que la masse de travail fournie à l'école ne disait quasi-rien de la note finale. Moi, si l'*input* n'a pas un quelconque rapport avec l'*output*, je laisse tomber. Et donc j'ai lu, j'ai fait du sport, j'ai bu des bières, je me suis marré… Et j'ai eu des bonnes notes. »

Au sein de la promo Marc Bloch, Rémy Rioux résume ainsi le bagage idéologique : « À l'Ena on nous apprend la conviction que "la légitimité c'est nous, la haute administration". Et l'idée que, si ce pouvoir s'affaiblit, le pays va se défaire. Tout cela remonte à Saint Louis et au fait que c'est l'État qui a fait ce pays. L'histoire politique de la France étant d'une violence extrême, si ça tient, c'est parce que les administrations d'État tiennent ce pays. »

Le 31 mars 1997, Édouard sort cinquième et choisit le Conseil d'État, l'aristocratie du droit, comme Benoît[1].

---

1. En 1997, les cinq nouveaux conseillers d'État figurent parmi les six premiers de la promo Marc Bloch : Benoît Ribadeau-Dumas,

« Comme Stendhal aussi, et comme Blum ! », souligne-t-il, « hyper fier ». Il le répète trois fois ! « J'y voyais aussi la valorisation de la liberté individuelle. Et puis, c'était au centre de Paris. » Le dilemme n'en était pas vraiment un. « C'était ça ou l'Inspection des finances, avec un prisme financier qui n'était pas le mien », poursuit-il aujourd'hui.

Cette cinquième place demeure un mystère dans la promo 1995-1997. Et même au-delà. Son pote de révision, Jérôme Guedj, sorti un an plus tôt inspecteur des Affaires sociales, l'avoue crûment : « J'avais les grosses boulasses. J'étais évidemment ravi pour lui, mais il a bien caché son jeu. » Tout s'éclaire lorsqu'on exhume son dossier scolaire aux Archives nationales : le Sioux fait carton plein sur cette note de stage qui l'angoissait tant : 9/10. Affectée d'un coefficient 20, elle pèse pour un cinquième du classement final. « Amplement mérité », a approuvé Jean-Bernard Mérimée, l'ambassadeur français à l'Onu. « Avec beaucoup de certitude et après y avoir murement réfléchi », le préfet Bellion a même plaidé le 9,5/10, « eu égard aux qualités exceptionnelles de ce stagiaire », « conscient que ça le plaçait dans les cinq meilleurs ».

À cinquante ans, l'intéressé trouve dans ce parcours sa cohérence. « Moi, dans ma scolarité, plus ça avançait, plus j'étais bon. Ç'a été une maturation peut-être un peu plus lente. J'étais meilleur à la sortie de Sciences Po qu'au début, meilleur à la sortie de l'Ena qu'à l'entrée. Meilleur par rapport aux autres. Probablement parce que j'étais plus lent à mûrir et à comprendre ce qu'il fallait faire que ceux qui comprenaient immédiatement. » Ce serait

---

Julien Carmona, Pierre Collin, Édouard Philippe et Jean Maïa. Seul Alexandre Joly, classé quatrième, choisit l'Inspection des finances.

donc ça. Un diesel. Encore un argument de Sioux. Si ça se trouve, un jour, il sera Premier ministre. Personne n'aura rien vu venir.

En attendant, l'homme qui s'attable en avril 1997 dans la longue salle Parody, avec vue sur les colonnes de Buren au rez-de-chaussée du Conseil d'État, n'a plus grand-chose à voir avec le bachelier mal dégrossi arrivé à Paris neuf ans plus tôt. Il a vingt-six ans et tous les codes. Il pense à Napoléon qui, depuis son exil de Sainte-Hélène, écrivait en 1815 : « Ma vraie gloire n'est pas d'avoir gagné quarante batailles. Waterloo effacera le souvenir de tant de victoires. Ce que rien n'effacera, ce qui vivra éternellement, c'est mon Code civil ! » Ici, on écrit le droit, on apprend à choisir le « mot juste » et on rencontre les bonnes personnes. Arrivé avec Benoît, le major de sa promo, Édouard a pour voisin de table un autre crack, major de la promo précédente (1994-1996). Frédéric Mion, d'un an son aîné, vient de Montpellier. Ce dingue de littérature a trouvé le temps de boucler Normale Sup en même temps que Sciences Po, la même année qu'Édouard, avant de faire un saut à l'université de Princeton, puis de passer le concours de l'Ena. Lui aussi était un enfant sage, fils de grands lecteurs, mais avec ce double fond très caustique. Ils deviennent vite inséparables. Édouard retrouve aussi avec bonheur Jean-Philippe Thiellay, son grand pote de Sciences Po.

Au contentieux, il est affecté à la septième sous-section, celle des marchés publics.

— *I am the king of the market*, répète-t-il, toujours potache et bon élève.

Entre une bataille de pistolet à billes et une imitation de VGE, il s'attèle aux « cotes grises », ces dossiers de contentieux administratifs qu'il faut éplucher pour en faire le rapport devant la plus haute juridiction du droit administratif. Le tout premier est un dossier militaire, une histoire de nouvelles bonifications qu'un plaignant voudrait faire annuler. Il n'y comprend rien. Mais son président, qui est aussi son ancien prof de droit public de Sciences Po, le voit très appliqué. « De simple auditeur, en une année, il devient un rapporteur très solide », me raconte Bernard Stirn, qui observe ce « jeune homme longiligne, plein d'énergie et assez charmeur dans son allure devant la cour ». Le frère d'Olivier Stirn, futur président de la section du contentieux, futur numéro deux du Conseil d'État, le prend sous son aile.

Dans la ruche de la salle Parody, la « salle des jeunes » – par opposition à la bibliothèque Napoléon, où parade le Goncourt Orsenna, comme autrefois Stendhal –, quelques « anciens » se mêlent volontiers au groupe. Dès son arrivée, Marie-Laure Denis, future patronne de la Cnil, est sous le charme. Un soir, elle dit à son mari Jean-Pierre, secrétaire général adjoint de l'Élysée : « Cet Édouard va plaire au Conseil d'État... Il mange du cochon coupé directement. » Traduction : il aime les ambiances populaires et détonne dans ce décor Second Empire. Édouard et Jean-Pierre assistent ensemble à des matchs de rugby au Stade de France. Celui qui, au Havre, passe parfois pour un coincé apparaît, au Conseil d'État, iconoclaste.

Au bout de deux ans, Benoît Ribadeau-Dumas, qui a à l'évidence épuisé les charmes de l'exercice, lâche les dossiers et devient secrétaire général adjoint du Conseil. Édouard Philippe, lui, poursuit un temps l'examen des « cotes grises ». Objectif : trente-deux par trimestre. Les primes « au dossier » sont motivantes. Un auditeur de deuxième classe qui sort de l'Ena gagne 11 500 francs nets par mois, soit à peu près 2 300 euros en ajoutant les primes. Un rapporteur, un peu plus. Édouard travaille d'arrache-pied et conquiert sa légitimité. Ce qui ne l'empêche pas, avec Jean-Philippe, d'être parfois décontenancé par le côté dérisoire de certains pinaillages juridiques. « Pour lui comme pour moi, argumente Jean-Philippe, le droit est un outil et non une fin en soi, comme pour certains qui font toute leur carrière au Conseil. » L'intérêt du Conseil d'État, c'est que l'on y gère ses dossiers en toute liberté, sans y passer toutes ses journées. En dehors d'une séance de travail collectif par semaine et d'une ou deux séances de jugement, chacun peut s'occuper ailleurs, donner des cours de droit à Sciences Po, par exemple. Depuis les origines, l'école de la rue Saint-Guillaume reste sous la coupe du Conseil d'État. Et l'on peut y enseigner un droit en lien avec le quotidien : comment met-on en place des lignes de bus dans une ville ? comment prend-on des mesures de police ? Édouard gère les étudiants de la section « service public ». Bon camarade, il embarque Marie-Claire, qui cherche à enseigner. De fil en aiguille, les « ménages » se multiplient également : Édouard jette un œil de juriste sur le dossier de tel ou tel ministre, conseille deux heures par semaine le musée du Louvre, assure une mission pour le Centre spatial guyanais, met sa touche à la négociation d'un traité avec la Russie. Autant de contacts peut-être utiles par la suite.

De son aveu même, c'est durant ces années au Conseil d'État qu'il apprend véritablement le droit, les contrats publics, les marchés, la normalisation des contrats. Il se revoit arrivant à son cours avec le « Long, Weil et Braibant », ouvrage qui regroupe les cent grands arrêts incontournables en droit administratif depuis 1873. Aussi invraisemblable que cela paraîtra aux non-juristes, il pourrait parler des heures du romanesque de ces références de droit. Cette petite fille blessée dans un accident de wagonnet d'une manufacture de tabac donne naissance à l'arrêt Blanco qui, en 1873, institue la responsabilité de la puissance publique. Et que dire de ces « filles de joie pendant la Première Guerre mondiale », ou encore des « sonneries de cloches » qui établissent toute la jurisprudence sur la laïcité ? Il se pâme devant la poétique précision de ce Code civil qu'il saluera, quelques années plus tard, dans un discours prononcé pour les dix ans de l'École de droit de Sciences Po.

— « Tout fait quelconque de l'homme qui cause à autrui un dommage oblige celui par la faute duquel il est arrivé à le réparer. » C'est l'article 1240, mais on se croirait dans *Les Trois Mousquetaires*, en pleine conversation avec Athos dont les paroles, nous dit Dumas, « étaient brèves et expressives, disant toujours ce qu'elles voulaient dire, rien de plus ; pas d'enjolivements, pas de broderies, pas d'arabesques. Sa conversation était un fait sans aucun épisode ». La beauté de la simplicité pourrait donner le sentiment que tout cela est facile. Il n'en est rien et vous le savez bien. Nous vivons une époque où l'on confond trop souvent la simplicité, qui est la marque du génie et de la maîtrise, et la facilité, qui est le propre de la paresse et de l'approximation[1].

« C'est profondément un juriste du Conseil d'État, un spécialiste de droit administratif, conclut Christophe Jamin, qui dirigea l'École de droit de Sciences Po. Très attentif à la manière de construire l'État. C'est le droit comme école de rigueur. Il l'intègre dans ses modes de raisonnement, pas uniquement comme une contrainte, mais comme une opportunité. » Des années plus tard, il observera le Premier ministre cheminer sur la question de la PMA à l'aide de ce prisme juridique. « Il avait

1. Discours pour les dix ans de l'École de droit de Sciences Po, 11 juillet 2019.

compris que le débat était : “Est-ce qu’on s’intègre dans le régime juridique de la filiation charnelle tel qu’il est, ou est-ce qu’on le bouleverse ?” On a finalement créé une nouvelle catégorie de filiation. »

L’homme du « possible/pas possible » est né. Tel qu’on le retrouvera plus tard à Matignon.

7

Grands chefs à plumes

Édouard a trente ans, pas de famille, pas d'enfants, pas même de fiancée et se cherche un horizon. Au même âge, le conseiller d'État Richard Descoings s'était tourné vers Sciences Po, son passage rue Saint-Guillaume restant la période de sa vie où il s'était senti le plus aligné avec lui-même. L'évidence s'était vite confirmée. Très vite, il était devenu maître de conférences, s'était rendu indispensable auprès du directeur Alain Lancelot, pour devenir son adjoint… et finalement son successeur, huit ans plus tard, en 1996.

Comme « Richie », celui qu'on ne nomme pas encore « Doudou » cherche la bonne porte vers la suite. Question à la fois simple et compliquée : qui peut bien être le Lancelot d'Édouard Philippe en cette année 2000 ? Après trois ans parmi les sages du Palais-Royal, le maître des requêtes a des fourmis dans les jambes. L'envie de politique le rattrape au galop. Au Conseil d'État, il en parle à différents ténors. À Patrick Stefanini, notamment. L'ancien dircab adjoint d'Alain Juppé à Matignon a rejoint le Palais-Royal après la dissolution de l'Assemblée. La campagne présidentielle de Chirac approchant, Édouard donne un coup de main pour rédiger quelques notes. Mais tout cela a un goût de trop peu. L'échéance à saisir, ne serait-ce pas plutôt les élections municipales de mars ?

C'est précisément de Chiraquie que surgit la bonne perche. À la fin de l'année 2000, Édouard déjeune avec Jean-Pierre Denis, le mari de sa collègue du Conseil. À quarante ans, l'énarque, inspecteur des Finances, a fini par quitter l'Élysée, mais il connaît bien le clan Chirac. Dès 1991, sous la houlette de Nicolas Sarkozy, il animait la « cellule du boulevard Saint-Germain » qui cogitait en vue de la présidentielle de 1995. Il produisait des notes, apportait de la matière au futur candidat Chirac. Le « départ » de Sarkozy chez les balladuriens, en 1993, n'y avait rien changé. Denis était resté la plume du « Grand ». Et, à l'heure de la victoire, le président élu l'avait emmené, nommé adjoint de Dominique de Villepin au secrétariat général de l'Élysée, en charge des questions économiques et des relations avec les grands patrons. Le tournant de la rigueur, en octobre 1995, puis la dissolution de l'Assemblée et la cohabitation, mais surtout les relations volcaniques avec Villepin l'avaient finalement conduit dans le privé au bout de deux ans.

Lorsqu'il déjeune avec son ami trentenaire du côté de Saint-Lazare, le désormais DG de Dalkia, filiale énergétique de Vivendi, arrive avec une proposition alléchante : un poste de secrétaire général.

— Viens bosser avec nous. J'ai besoin d'un jeune, énarque, vif.

Édouard décline. « Il me propose un salaire incroyable, comparé au Conseil d'État ! Je n'étais pas marié. C'était tentant. Mais je lui dis : “J'ai envie de politique.” »

De ses années Chirac, Jean-Pierre Denis a conservé quelques solides amitiés. Il passe encore de temps en temps discuter avec le président. Et surtout, il voit régulièrement Antoine Rufenacht, le maire RPR du Havre.

— Tiens je le vois demain. Tu le connais ? demande-t-il à son jeune interlocuteur. Tu devrais le rencontrer…

— Avec plaisir !

Antoine Rufenacht. Le Havre. Évidemment ! Certes, il est plutôt de Rouen, Grand-Quevilly. Mais le grand-père havrais, quand même… en voilà, un ancrage ! Deux semaines plus tard, coup de fil de Rufenacht.

— Vous êtes havrais ? Vous voulez faire de la politique ? Venez me voir !

Rendez-vous est pris le samedi suivant. Une heure d'échange. Le chiraquien, soixante et un ans, est sous le charme. « Ça va vite, c'est intelligent. Et en plus, il est drôle ! », pense l'énarque du Havre. Antoine Rufenacht avait d'abord misé sur un autre poulain, Tristan Lecoq, normalien celui-là, mais il vient de décrocher de la politique pour des raisons familiales. Alors il adopte Édouard et l'embarque sur sa liste. Lui aussi est séduit. Il subodore le pygmalion, l'homme pétri de valeurs, un peu aristo et droit. Une barre de fer libre, un peu cassante et austère, à qui la fortune personnelle a toujours permis de dire merde à qui bon lui semblait. Du même tonneau qu'un Alain Richard, plus à gauche, ou qu'un Jean Royer, l'emblématique maire de Tours, plus à droite. Le type, c'est sûr, va lui apprendre le métier.

Dans l'entourage parisien d'Édouard, certains tentent de le freiner. Ribadeau comprend ce qui le séduit mais le met en garde :

— Tu vas t'enterrer au Havre !

Jean-Philippe Thiellay, le pote de Sciences Po, est sceptique lui aussi. S'implanter alors qu'il vit à 200 kilomètres de là ? Il rêve !

— Tu perds ton temps.

À moins que le pari soit de devenir maire du Havre ? Dans ce cas, il faut se le dire clairement et tracer sa route. Quand ? Peu importe. Mais l'objectif est clair : il lui faut l'écharpe.

L'arrivée « officielle » au Havre a lieu un soir de vœux du maire. Édouard Philippe tombe sur Benoît Dubosc, touche-à-tout aux côtés de l'édile, de la com à la direction de campagne. Antoine Rufenacht l'envoie renifler le nouveau venu.

— Ce n'est pas compliqué, il fait la même taille que toi, dit-il à son communicant. Va le voir et dis-moi ce que tu en penses.

Patrick Philippe est là aussi avec sa fille aînée, Anne-Claire, la sœur d'Édouard. Il ne peut refréner une vacherie :

— Intéressez-vous plutôt à sa sœur, elle est plus belle et plus brillante !

Benoît se marre. Ça n'arrive plus si souvent. Lui qui vient de perdre sa femme est séduit par ce grand échalas. Il lui change les idées. Ses potes du Havre ne savaient plus comment lui parler. Avec son air juvénile sous son costume d'énarque, Édouard est nouveau, marrant et sérieux à la fois. Les deux garçons passent une très longue fin de soirée au bistrot. En apparence, tout les oppose. C'est précisément ce qui sera précieux à Édouard. Benoît a quinze ans de plus, un parcours entièrement privé, il a monté plusieurs sociétés. International de hockey sur glace à Lille, à la fin des années 1960, quand il était en maths sup-maths spé, il se voyait déjà hockeyeur pro ou même navigateur. Et en politique, il a l'expérience de toutes les campagnes de Rufenacht depuis 1985.

L'accueil au Havre est plus que bienveillant. Édouard est une petite coqueluche. Même s'il n'a pas grandi là, son ancrage normand ne fait pas de doute. Rien à voir avec un parachutage parisien ! Depuis son retour de Bonn après une escale à Ormesson, en région parisienne, puis à Sancerre, son père est désormais principal de collège au Havre. Sa mère enseigne à Caucriauville, quartier populaire de la ville. Tout le monde comprend que « c'est le poulain ». Antoine Rufenacht a certes de bons adjoints, Agathe Cahierre notamment, mais son réseau reste local. Avec Philippe, on change de calibre. Le maire lui confie les affaires juridiques et, au bout de quelques mois, le poste de premier adjoint.

Au conseil municipal, le Sioux la joue discret et détaché, comme autrefois le collégien de sixième qui fuyait le statut de bon élève et de fils du directeur. Assis à côté de lui dès la première séance, Stan Sobczyk se marre. Le recordman du monde de vitesse en planche à voile s'est laissé embarquer par Antoine Rufenacht comme conseiller municipal aux sports. Il ne manque pas d'idées pour canaliser les gamins des quartiers difficiles de cette ville côtière qui ne savent pourtant pas nager. « Quand on a les pieds dans l'eau, on décharge l'électricité statique », a-t-il expliqué au maire. Mais là, près de l'énarque, l'autodidacte n'en croit pas ses yeux. Ni ses oreilles. Édouard Philippe, en apparence un peu largué, multiplie les blagues de potache, les bruits de gaz avec la bouche. « J'étais gêné », rigole l'ancien champion, devenu vendeur de matériel nautique.

Édouard n'est pas là à temps plein. Il garde son appartement à Paris et arrive en fin de semaine, pour le week-end, jusqu'au conseil d'adjoints du lundi soir – sans oublier le conseil municipal une fois par mois. Benoit Dubosc accueille régulièrement ses conquêtes de passage. Mais le Rouennais d'origine le sait, cette ville doit devenir la sienne. Rufenacht poursuit d'ailleurs son initiation.

Il lui laisse le temps de se marier en avril[1] – tout s'est décidé très vite –, de tenter en juin une circonscription ingagnable en Seine-Maritime – Édouard la perdra – et souffle enfin son nom à Alain Juppé, qui cherche quelqu'un pour monter l'UMP. Les deux hommes se sont déjà croisés. L'ancien Premier ministre l'a oublié mais, peu de temps après la dissolution de 1997, ils ont partagé un repas rue de Bièvre chez sa copine de Hossegor, Danièle Burguburu, la présidente du Conseil supérieur de la magistrature. Édouard est un ami de ses filles juristes. Il n'avait pas ouvert la bouche, comme souvent en pareil cas. « Je ne connais pas d'assemblée ou de cercles où j'aie parlé la première fois, m'explique-t-il. Je regarde, j'essaie de comprendre. S'il avait dit un truc qui me choquait, j'aurais pris la parole. Mais si vous n'avez pas un truc malin à dire, pourquoi donner le sentiment que ce que vous pensez est malin ? »

Pour l'après-présidentielle de 2002, en cas de victoire de Chirac, les rôles ont été répartis très tôt entre les plus malins au Tapis rouge, le quartier général du candidat : Jean-Pierre Raffarin à Matignon – ou peut-être Philippe Douste-Blazy, voire Antoine Rufenacht. Et, pour le parti dont ils ont rêvé pendant la cohabitation, ce sera Juppé. Pour cette formation censée rassembler gaullistes, giscardiens et centristes selon l'idée de Jérôme Monod, Juppé l'audacieux a en tête de recruter un directeur général. Le RPR a toujours eu un secrétaire général – lui, en l'occurrence –, un adjoint, Jean-Louis Debré, et un directeur de cabinet, Yves Cabana. Mais un DG, quelle révolution ! Le signe aussi d'une professionnalisation. Instruit par ses déboires à la mairie de Paris, il veut absolument du sang neuf, un homme totalement vierge et à l'abri de ce genre

1. Voir chapitre 8, p. 125.

d'embarras. Ce n'est d'ailleurs pas une première pour Juppé. Dans un tout autre contexte, en 1986, à peine nommé secrétaire général du RPR, il avait fait le coup à Patrick Stefanini, sorti de nulle part, même pas encarté, lui proposant de venir diriger son cabinet.

Le coup de fil claque comme du Juppé.

— Bonjour, c'est Alain Juppé.

— Ah, bonjour, monsieur le Premier ministre, répond Édouard Philippe.

— Voilà, je veux construire un nouveau parti. Est-ce que ça vous intéresserait ? Je sais que les partis n'ont pas bonne réputation. Si ça vous intéresse, dites-le-moi. Si vous voulez réfléchir, prenez quelques jours.

L'adjoint au maire du Havre, assez peu porté sur les partis depuis ses aventures rocardiennes, réfléchit. Il consulte notamment plusieurs jeunes du Conseil d'État passionnés de politique. Laurent Wauquiez, qui vient d'arriver, est catégorique :

— Oh là là, ne t'y risque pas. Tu vas prendre des coups tout le temps ! Si j'étais toi, je refuserais.

À vingt-sept ans, celui qui est déjà suppléant de Jacques Barrot a peu de souci à se faire : son député a toutes les chances d'être ministre tôt ou tard et lui-même d'entrer à l'Assemblée[1]. Aux dires d'Édouard Philippe, « ça ne l'empêchait pas d'écrire des courriers à Alain Juppé pour aller travailler avec lui au parti… Mais ça, il ne me le disait pas… », raconte-t-il, amer. La hiérarchie ne montre guère plus d'enthousiasme. Renaud Denoix de Saint-Marc et Bernard Stirn le verraient bien commissaire du gouvernement dans les six mois. « C'est le seul moment

1. Jacques Barrot est finalement nommé vice-président de la Commission européenne, cédant son siège de député, en juillet 2004, à Laurent Wauquiez, alors âgé de vingt-neuf ans.

où ç'a été compliqué de quitter le Conseil d'État, raconte Édouard Philippe. À l'époque, j'ai à peine cinq ans de boutique. Mais surtout, ce qui est inconcevable pour eux, c'est de partir pour diriger un parti politique. "C'est sale !" On m'a dit : "Comment peux-tu faire ça ?" Et encore, c'était avec Juppé qui n'a pas la pire des cotes. »

Édouard sonde aussi les Walrafen. Thierry se revoit conversant avec lui dans les rues de Paris – déjà ! – et invoquant la Constitution :

— Rappelle-toi : « Les partis concourent à l'expression de la volonté populaire. » De Gaulle, 1958. Être membre d'un parti, ce n'est pas avoir l'esprit partisan.

Édouard a envie de faire de la politique. Il a de l'estime pour Alain Juppé, même s'il ne le connaît pas. « Pour moi, Juppé, c'est un type loyal à Chirac, intelligent, qui a eu la mauvaise idée de dissoudre l'Assemblée, raconte-t-il aujourd'hui. Je ne sais pas, à l'époque, que ce n'était pas sa décision, mais celle de Villepin. » Il se dit que faire un grand parti est utile en politique et qu'après tout il y a peut-être des choses à apprendre. Il décide donc d'aller voir Juppé.

L'invitation à midi et demie pour recruter un bras droit fleure bon le déjeuner. Il s'organise et se présente donc rue La Boétie. Dans un petit bureau, la plume de Juppé, Michel Sironneau, le dévisage, l'air narquois.

— Vous venez voir le patron pour être recruté comme DG ?

— Oui, oui, répond Philippe, c'est l'objectif.

Sironneau marque une pause, le regarde puis assène :

— Sachez qu'Alain Juppé n'a pas de bras droit.

« Qui sont ces dingues ? », pense Édouard, déstabilisé.

Le prétendant entre et s'assied. Juppé le félicite.

— On m'a dit que vous aviez fait une très belle campagne.

Un mot aimable sur Le Havre, « ville magnifique », et il attaque.

— Nous allons créer un parti.

En huit minutes, il détaille un scénario limpide, tel Mark Zuckerberg présentant son projet Facebook au début de *The Social Network* ! « Vous avez vu ce film ? interroge Édouard Philippe quand il rapporte la scène. Les trois premières minutes, c'est exactement ça. Quand j'ai vu le film, je me suis dit : "J'ai déjà vécu ça avec Juppé !" Il m'explique le parti qu'il veut, le fonctionnement qu'il veut, le calendrier... Il me dit : "On vous dira que je suis très dur, mais demandez aux gens qui ont travaillé avec moi, en général ils ne s'en plaignent pas. Je vous ai tout dit. Vous avez trois jours. Vous me dites si ça vous intéresse ou pas. Merci, au revoir." »

Édouard sort, il appelle Édith, sa femme, et lui dit :

— Il est dingue ! Il est dingue ! Tu te rends compte, il veut recruter un bras droit, il m'a tout détaillé. Je n'ai pas pu en placer une.

Comme souvent, Édith prend le contrepied :

— C'est toi qui es dingue. Il fait de la politique. Il croit que tu en fais aussi. Si tu penses qu'il ne se dit pas qu'en une demi-heure tu l'embobinerais en lui expliquant qu'il est formidable et tout ça, c'est que tu le prends pour une quiche. Il n'a pas besoin que tu essaies de l'embobiner. Il te dit ce qu'il veut te dire. Soit tu sais faire et tu dis oui, soit tu ne sais pas et tu dis non. Mais à mon avis, c'est assez cash.

Pour quelqu'un qui n'a jamais fait de politique, elle a du flair ! « Je me dis : putain, elle n'est pas con, quand même. On était jeunes mariés à l'époque, j'étais encore impressionné. » Au bout de trois jours, c'est oui. L'adjoint au maire du Havre formule quand même trois souhaits. Continuer d'aller au Havre le lundi après-midi et le vendredi. Pas question de renoncer à sa vie politique. Accordé ! Il obtient aussi de ne pas gagner moins qu'au Conseil d'État – il vient de se marier et d'acheter un appartement. Il s'engage pour deux ans avec possibilité – c'est sa troisième « condition » – de se retirer en 2004 s'il le souhaite.

Alain Juppé, peu connu pour ses compliments, est lui aussi séduit par ce garçon. « J'ai aimé sa vivacité d'esprit, son intelligence, sa rapidité de réaction, mais aussi son caractère sympathique, souriant et ouvert… et ça compte, explique le premier président de l'UMP. Il n'avait aucun poids politique à l'époque. C'était un élu local. Il comptait peu par rapport à tous les crocodiles qui m'entouraient, mais on parlait d'un défi assez considérable… » Pour le dire encore plus clairement, le poste, très organisationnel, était « casse-gueule », reconnaît Alain Juppé, « avec des perspectives pas évidentes ». Preuve, selon lui, qu'Édouard Philippe avait vraiment envie de faire de la politique.

C'est un quintette qu'il va devoir orchestrer, composé de lui-même et de Jérôme Peyrat pour le RPR, élu en Dordogne, Franck Dhersin pour Démocratie libérale, maire de Téteghem dans le Nord, Régis Lefebvre pour l'UDF, qui a accepté de remettre ça pour un an avant de quitter la vie politique, et Vincent Leroux, un pur apparatchik du RPR, fidèle d'Alain Juppé et Patrick Stefanini, qui travaillera au côté d'Édouard à la direction générale.

— Édouard Philippe ? Jamais entendu ce nom-là, dit Régis Lefebvre quand Alain Juppé les convoque dans son bureau de l'Assemblée nationale pour faire les présentations.

Le gars sort de nulle part, n'a même pas fait la campagne de 2002 : tous les ingrédients sont réunis pour que ça se passe mal. La question qu'il lui pose à leur deuxième rencontre achève de le convaincre que cet Édouard est un type à part.

— Mais toi, tu veux faire quoi ?

— Je veux être maire du Havre ! répond le nouveau DG du parti.

— Non, Édouard, tu déconnes. En politique, on ne se raconte pas la bonne aventure entre gitans, ironise Régis.

Il se trouve qu'il connaît Le Havre pour y avoir eu sa cabine de plage et avoir sillonné le port sur son vélo d'enfant. Les deux hommes croisent leurs souvenirs de mômes. La sœur de la grand-mère Lefebvre a même dû travailler avec le grand-père Philippe comme assistante de direction de la Bourse du coton. « C'est là que je vois que ça n'est pas du tout pipeau, raconte Régis Lefebvre. Sur le papier, le conseiller d'État, énarque, DG de l'UMP, devrait être autre chose que ça. Je me souvenais du Havre, ville communiste dirigée par André Duroméa : c'est une partie de mon histoire perso. En réalité, il était amoureux de cette ville et n'envisageait pas autre chose. Il partait le vendredi et revenait le lundi soir. »

Le reste du temps, rue La Boétie, les journées d'Édouard s'étirent dans quatre mètres carrés auprès de Vincent Leroux, son adjoint. La carpe et le lapin, pense ce dernier. L'un est grand, l'autre petit. L'un a fait les grandes écoles, l'autre non. L'un est juriste, l'autre surtout pas. L'un est fulgurant, l'autre besogneux. À eux deux, ils ont deux mois pour monter un parti en en fusionnant trois avant le 17 novembre, jour du congrès fondateur qui doit introniser Alain Juppé, façon rock star. Édouard est aux manettes. Juppé a la réputation de déléguer quand il a confiance, et c'est le cas. Ça épate le DG, d'autant qu'en cas d'erreur, il couvre ! Encore plus classe, se dit Édouard, qui l'entend assumer, en bureau politique, une erreur dont il est pourtant responsable.

Au début, il s'emmêle en effet les pinceaux dans un processus trop complexe pour l'envoi des cartes d'adhérent. Les systèmes informatiques, gérés par cinq boîtes différentes, n'arrivent pas à s'entendre, ni les fichiers à fusionner. « N'oubliez pas, rappelle Vincent Leroux, qu'on essayait de marier des DL, genre bandes de geeks, punchy et bordéliques, avec des RPR davantage proches du PC côté organisation et avec des giscardiens qui bénéficiaient d'élus locaux pas très clairement identifiés. » Résultat, certains reçoivent cinq cartes et d'autres… aucune. « Je lui ai mis une grosse pression parce que je me faisais engueuler à chaque fois que j'allais à la réunion du groupe parlementaire, confirme Juppé, élégant dans sa réaction, trente ans après. On me disait : “Qu'est-ce que vous fichez à Paris, ça ne marche pas !” C'était très compliqué, mais Édouard a fait merveille. »

La carte numéro 1 sera évidemment pour le patron. Le conseiller d'État s'attèle aussi à créer l'enveloppe juridique de la nouvelle UMP en tenant compte des différentes philosophies politiques de ses composantes. Il faut également construire une organisation, avec un responsable dans chaque département, respectant les trois sensibilités.

Dans l'immeuble de la rue La Boétie, Édouard ne fait toutefois pas l'unanimité. Son ambition transpire un peu trop aux yeux de certains. « Il avait une très haute opinion de lui-même, avec une tête de premier de la classe, se souvient Franck Dhersin, délégué général du mouvement à sa création. Il était frais émoulu de l'Ena, bien dans le moule. J'ai le souvenir d'un homme carré, technique, pas drôle ni très humain. Depuis sa sortie de grande maternelle, il avait toujours été le meilleur et il savait nous le faire sentir[1]. »

1. *La Voix du Nord*, 15 mai 2017.

Ce côté hautain n'est pas la seule cause des inimitiés également perceptibles dans le camp sarkozyste. Au sein de la majorité, Nicolas Sarkozy, ministre de l'Intérieur depuis la présidentielle de mai 2002, à défaut d'avoir été nommé Premier ministre, est en pole position des opposants. Il vomit cette UMP qu'il voit comme la machine de guerre d'Alain Juppé et Jacques Chirac. Édouard, il l'appelle le « sous-délégué », tout juste capable d'apporter les cafés. Et c'est sur lui que va retomber la foudre lors du congrès fondateur au Bourget, le 17 novembre 2002, jour d'intronisation du trio Juppé-Gaudin-Douste.

La grande halle du Bourget est bondée : plusieurs dizaines de milliers de personnes, la totalité du gouvernement, la moitié du corps diplomatique. Le chef du gouvernement espagnol, José María Aznar, et le président de la Commission européenne, José Manuel Barroso, sont là également. Et même Angela Merkel, patronne de la CDU – pas encore chancelière. Édouard Philippe n'est pas avare de détails pour relater cette journée dont il est si fier. « On a bossé comme des chiens ! On ne dormait plus ! Vincent était à fond sur l'organisation, moi je ne savais pas très bien faire à l'époque. Je m'occupais surtout de la poloche. Mais c'était une tension de maboul. Si on se ratait, on se ratait. Et Sarko, qui n'avait pas très envie de ce parti, ne nous aidait pas. Assez vite, alors que tout était minuté, on a compris qu'il ne nous dirait pas son heure d'arrivée. »

Édouard Philippe remue nerveusement une épaule et poursuit son récit en imitant l'ex-président : « Moi, j'suis ministre de l'Intérieur, j'ai tellement de choses à faire. » Puis, retrouvant sa propre voix. « Avec Vincent, j'ai une espèce de sixième sens. On se dit : “Il va nous la faire à l'envers, il va vouloir tirer la couverture à lui.” C'est normal, c'est le jeu politique, en tout cas c'est sa carte.

Donc Vincent, assez malin, met des sonnettes sur le trajet, des gens qui, quand ils voient passer le convoi du ministre de l'Intérieur, nous disent : "Ils sont en route." On comprend qu'il va arriver pendant un discours – je crois que c'était celui de Jean-Pierre Raffarin – pour faire une entrée en fond de salle, interrompre tout le monde, montrer que c'est lui la star. Et donc, quand j'apprends qu'il arrive dans trois minutes, je vais chercher mon Juppé au premier rang et je lui dis : "Venez avec moi." Il ne comprend pas… Je l'emmène au fond, juste quand Sarko arrive. "Ah, salut !" Et ils remontent la salle ensemble. Lumière sur les deux, applaudissements pour les deux. On ne saura jamais lequel est le plus applaudi… J'ai gagné, Sarko a perdu. Je suis très content de moi. C'est con, hein… vous êtes d'accord avec moi ? Mais bon, je me suis fait avoir plein de fois… Et là, c'est moi qui l'ai eu. Je suis content. Je pavoise. »

Arrive le déjeuner. La cohue des grands jours. Des officiers de sécurité dans tous les coins. Quatre loges sont prévues pour le président du parti, le Premier ministre, le ministre de l'Intérieur et celui de la Défense. Organisation parfaite. Mais, à la fin du déjeuner, un membre de l'équipe Sarko cherche le D.G. :

— Le ministre de l'Intérieur veut te voir dans sa loge.

Nicolas Sarkozy, veste à carreaux jaunes et noirs, fait sortir Cécilia, sa femme, et Brice Hortefeux, alors député européen. « Il ferme la porte, raconte Édouard Philippe, et il commence à me taper sur la poitrine. Plusieurs fois. Assez fort. "Toi, ce que tu as fait, je n'oublierai jamais !" Il est plus petit que moi. J'ai trente ans. Je suis maître des requêtes du Conseil d'État et il y a le ministre de l'Intérieur qui est en train de me taper. Je vous assure que je ne suis pas dans ma sphère de confort. Je n'ai vraiment pas appris ça dans les livres. Le mec est en train de me dire qu'il va me "réduire en cendres" ! "Ce qu'on m'a fait, jamais je ne l'oublierai !" Il se déchaîne. Je dois être livide, tellement je n'ai pas les clés. Tellement je ne sais pas quoi faire. Donc je ne fais rien. Je ne bouge pas, je reste calme. Je dis : "Monsieur le ministre, ce n'est pas du tout ce que vous pensez. Votre équipe ne nous a pas dit quand vous deviez arriver." À un moment, il me tape tellement fort qu'il me fait mal. Je lui pousse un peu le bras. Je ne suis pas là pour me laisser taper dessus non plus… Sauf qu'à ce moment-là on prend conscience, lui et moi, qu'on va vraiment se mettre sur la gueule. Et donc, il reprend le contrôle de lui-même. Il fulmine. Il m'agonit d'insultes. Mais il ne bouge plus, parce qu'il a compris que ça pourrait faire une mauvaise dépêche. »

De l'extérieur, manifestement, personne n'a rien entendu. Quand il rouvre la porte, Édouard Philippe, livide, voit passer Alain Juppé qui vient d'accueillir Bernadette Chirac. Juppé ne dit rien. Édouard, lui, file en régie et raconte tout à Vincent, ainsi qu'à Régis Lefebvre. Dans son discours, le président élu aura ces mots :

— Je voudrais remercier deux personnes que vous ne connaissez pas, Édouard Philippe et Vincent Leroux.

« Je sais pourquoi il le fait, conclut Édouard Philippe. Il dit : "C'est mon gars. Si vous avez un problème avec lui, vous avez un problème avec moi." Et il le fait devant quinze mille personnes. Et moi je me dis : "Toi, mon pote, t'es mon patron, y'a pas de problème. On va aller en enfer ensemble, mais on va y aller." On n'en a jamais parlé avec Alain. Mais il ne l'a pas fait par hasard. Je pense qu'il a vu qu'il y avait eu quelque chose de violent. »

Dans son discours, naturellement, Alain Juppé n'oublie pas de saluer Nicolas Sarkozy, « dont l'énergie, dans le domaine clé de la sécurité, fait notre admiration ». Et quand on s'étonne que lui, président du mouvement, ne soit pas parvenu à l'écarter plus franchement, il éclate de rire : « Si vous avez le mode d'emploi, vous me direz. On lui demande de sortir par la porte, il revient par la fenêtre. Mais en plus, c'est un élément important du dispositif. Il est ministre de l'Intérieur. Il ne s'agit pas de l'écarter. Moi, j'essaie surtout de rassembler. »

Peu de temps après ce meeting, le directeur général a les honneurs de la page 2 du *Canard enchaîné* – sans doute un coup des sarkozystes, se dit Édouard. L'entrefilet s'intitule « Le clone de Juppé » et le portrait n'est pas flatteur : « Un des conseillers de Sarkozy jure qu'il a trouvé "plus raide, plus borné, plus maladroit que Juppé". Cet oiseau rare s'appelle Édouard Philippe. [...] "Il n'a pas trente-cinq ans, ajoute ce sarkozyste, et il est technocrate jusqu'au bout des ongles. Il a l'air d'avoir avalé un parapluie et les conneries style Hortefeux et Christian Blanc, il en est pour une bonne part responsable." » Le ministre de l'Intérieur ne digère pas que Brice Hortefeux ait été écarté de l'équipe dirigeante. Quant à l'UDF Christian Blanc, c'est son concurrent Philippe Brillault, candidat UMP, qu'Alain Juppé est venu soutenir dans la législative partielle des Yvelines, trois semaines après Le Bourget. Brillault battu par Blanc, Juppé avait dû avaler sa casquette et changer de candidat pour le second tour.

Entre Philippe et Sarkozy, la tension ne retombera jamais durant ces deux années. Une pluie de décibels. « Une fois, on s'est engueulés au téléphone pendant une heure, parce qu'il voulait que je vire la dircom à qui il reprochait de lui avoir fait un petit coup. Il menaçait de ne pas venir le lendemain. » Quatre fois par an, les participations du ministre de l'Intérieur au conseil national de l'UMP sont volcaniques. Les investitures donnent lieu à prises de bec. Pour les régionales de 2004, Alain

Juppé propose à Vincent Leroux, l'adjoint d'Édouard, d'être candidat en Île-de-France, sur la liste Copé. Drame absolu ! Leroux est trop proche de Juppé. Drame de préséance, surtout. Sarko aurait voulu donner son accord lui-même. Les sarkozystes de la commission d'investiture mettent leur veto. Finalement sur la liste, Leroux sera battu.

Outre ces épisodes volcaniques, ces deux années UMP restent celles d'une rencontre qui va compter : Alain et Édouard. Le premier oublie régulièrement le prénom du second – il faudra bien s'y faire. Mais « en deux ans il a respecté tous les deals qu'on avait passés, admire Philippe. Il ne m'a dérangé qu'une seule fois, un vendredi, quand j'étais au Havre. Et encore, en s'excusant ». Alain et Édouard, deux hommes gagas devant les bébés – si, si ! Surtout Juppé, plusieurs proches me l'ont confirmé. « Quand je lui ai dit qu'Édith était enceinte, raconte encore Édouard Philippe, il a été parfait ! On était à Lille, dans une réunion ennuyeuse. Elle m'avait appelé là-bas. Et sur la route du retour, je me marrais… Il me dit : “Qu'est-ce qui vous arrive ?” – Ben, je viens d'apprendre que je vais être papa.” Et là, toute la chape de plomb saute ! Juppé me dit : “C'est merveilleux, vous allez voir, vous serez sans doute plusieurs fois papa, mais vous ne serez qu'une seule fois papa-pour-la-première-fois. Allez célébrer ça !” » En 2003, quand Anatole arrive enfin, le patron convoque tout le monde pour boire un verre de champagne dans son bureau :

— Maintenant, c'est très simple, je veux que pendant une semaine personne n'appelle Édouard. Édouard, si dans une semaine vous êtes prêt à revenir, vous revenez. Mais vous profitez !

L'UMP est aussi le théâtre d'une autre rencontre qui va compter : Gilles Boyer, son cadet d'un an – il en a trente et un en 2002. Même humour *british*. Encore un apparatchik du RPR. Ce Parisien, chargé de la cellule juridique de la campagne de Chirac en 2002, aurait même pu travailler au côté d'Édouard s'il avait accepté le poste de directeur administratif et financier de la nouvelle UMP. Mais les partis, il en a soupé. Il n'a pas réussi à intégrer un cabinet ministériel. Pour ça, il faut être soit très proche d'un néoministre, soit expert. N'étant ni l'un ni l'autre, il préfère tenter la première option, explique-t-il dans *Rase campagne*[1]. D'où la suite de sa carrière au plus près de Juppé… puis d'Édouard Philippe. En 2002, pris d'un excès d'audace, il propose finalement au maire de Bordeaux de remplacer son directeur de cabinet, Vincent Leroux, en partance pour l'UMP. Juppé le trouve un peu jeune, mais il accepte. Gilles à Bordeaux et Édouard à Paris se parlent souvent pendant ces deux années. Les ennuis judiciaires du patron les rapprocheront définitivement.

— Vous avez trompé le peuple français, tonne la présidente en condamnant Alain Juppé à dix-huit mois de prison avec sursis pour prise illégale d'intérêts dans l'affaire des emplois fictifs de la mairie de Paris.

L'inscription au casier judiciaire entraîne une décennie d'inéligibilité. Édouard n'est pas au tribunal, ce 30 janvier 2004. Gilles, si. Vincent également, comme durant tout le procès. Il sous-entend qu'ils se sont réparti les rôles, ils tenaient à être présents, mais pas "en masse". Sur la façade de l'UMP, Vincent et les permanents ont écrit sur une affiche : « Sans Juppé, on est à poil. » Pendant ce temps, l'intéressé s'est volatilisé, enfui pour le week-end à Honfleur avec sa femme, Isabelle, dans un scénario un peu surréaliste où Édouard organise un changement de

1. JC Lattès, 2017.

voiture à la barrière de péage, levée pour qu'il échappe aux véhicules de presse.

Sans attendre que la cour d'appel de Versailles allège la peine à quatorze mois et un an d'inéligibilité, Alain Juppé abandonne la présidence dès le 16 juillet. « Quand je suis parti, il y a eu une césure très importante, raconte-t-il. Nos relations avec Édouard se sont forcément distendues, parce que je suis resté plus d'un an à Montréal… Pendant cette période, on a assez peu correspondu. On s'envoyait parfois des messages. Gilles était très présent et a joué un rôle important pour maintenir des liens entre nous. » Fidèle, mais pas si proche, donc. Édouard n'ira jamais à Montréal. Très peu feront d'ailleurs le voyage : Bernard Accoyer, deux ou trois autres et quelques Bordelais.

Pour Édouard, la gamelle du patron a quand même des répercussions directes. La veille, on saluait le DG de l'UMP, Jean-Claude Gaudin lui souhaitait son anniversaire. Brusquement, tout s'arrête. Le jour de la prise de pouvoir de Nicolas Sarkozy, en novembre 2004, Laurent Cibien, son pote d'hypokhâgne qui l'a retrouvé grâce à la brève dans le *Canard*, tourne avec lui une séquence pour un documentaire. L'ancien juquiniste a fait une école de journalisme et filme, comme une curiosité, celui qui, en dix ans, est devenu son « pote de droite ». Qui sait, si Édouard perce, ça finira peut-être par faire un film[1] ? Au Bourget, à quelques jours de quitter l'UMP, Édouard pointe le doigt, face caméra :

— Tu vois, lui, là, avant il me disait bonjour. Maintenant, plus.

1. Laurent Cibien a finalement sorti trois documentaires, sous le titre *Édouard, mon pote de droite* : en 2014, suite à son élection à la mairie du Havre ; en 2017, suite à la primaire de la droite ; et en 2021, sur ses trois ans à Matignon.

Il crâne un peu, mais ça l'affecte. La séquence ne sera jamais utilisée, pas plus que la toute première, tournée au Bureau politique, au lendemain de la rouste des européennes en juin de la même année. Autour de la table, entre autres, François Baroin, Valérie Pécresse, Luc Chatel. Quand même, se sont dit plusieurs figures du parti, il est gonflé, le jeune loup, d'amener une caméra dans un moment pareil, sans demander l'accord de quiconque. De se faire filmer par son pote, alors qu'il n'est personne. Pour qui se prend-il ?

Pour quelqu'un qui, en quatre ans, s'est retrouvé auprès de grands chefs à plumes : Alain Juppé, Antoine Rufenacht, Nicolas Sarkozy. L'épilogue revient, seize ans plus tard, à un Édouard Philippe toujours un poil arrogant : « J'ai démissionné de l'UMP un mois avant l'élection de Sarko, me dit-il. Pour ne pas qu'il me vire. Je suis allé lui dire : "Je reste au Havre." Il m'a fait un numéro pour me charmer… Mais il s'y est mal pris – il y avait un ou deux pièges trop visibles. »

8

Le pacte avec Édith

Je crois pouvoir dire que j'ai failli rencontrer Édith. Depuis le 6 avril 2002, elle est la femme d'Édouard. Et, depuis cette date, un pacte Édith-Édouard sépare les sphères privée et publique de leur existence. À se demander si ça n'est pas gravé dans le contrat de mariage signé le 20 février de la même année, chez le notaire de la rue du Pré-aux-Clercs, en bas de la nouvelle coloc d'Édouard. Une chose est sûre, c'est verrouillé à triple tour.

« Votre message a déclenché une tempête sous un crâne », a-t-elle quand même répondu au mail dans lequel je lui proposais une rencontre, un café, une déambulation, même un coup de fil. Pas une « interview » à proprement parler, disons une « conversation ». Elle a toutefois pris la peine de se plonger dans mon livre sur les conjoints de femmes politiques[1]. « Je peux vous assurer que vous l'avez emmenée très, très loin dans sa réflexion », m'a aussi laissé miroiter son mari. Aucune raison de ne pas le croire. J'ai même eu temporairement le sentiment de toucher au but, alors qu'au début de

1. Bérengère Bonte, *Hommes de*, Éditions du Moment, 2015.

mon enquête un « proche de l'ancien Premier ministre » m'avait dit, l'index pointé vers mon visage :

— Édith, tu ne la verras… ja-mais ! Sa mère non plus, d'ailleurs. Ni sa sœur.

Hélas pour moi, la tempête n'a pas ouvert les vannes. « Tout cela m'amène à conclure que je ne souhaite pas, pour l'instant en tout cas, modifier l'équilibre que nous avons choisi depuis longtemps déjà, m'a finalement annoncé Édith. Mais je suis très heureuse d'avoir eu l'occasion de faire votre rencontre par livre interposé (et je lirai évidemment le prochain avec grand intérêt :-). »

Je lui donne acte, ainsi qu'à lui, de n'avoir jamais cédé aux unes de la presse people, ni fait aucune apparition commune dont ils savaient qu'elle serait médiatisée. La cloison est si étanche que la plupart des collègues ou collaborateurs d'Édouard, même proches, la connaissent à peine. Beaucoup ne l'ont d'ailleurs jamais vue.

Je fais cette mise au point à ce stade du récit car c'est là, au printemps 2002, qu'Édith Chabre surgit dans la vie du Sioux. Elle surgit sans prévenir, presque façon Juppé. Depuis son arrivée à la mairie du Havre au tout début 2001, Édouard Philippe a encore présenté plusieurs conquêtes à ses amis havrais, des rencontres parisiennes, jamais de « locales ». En mairie, tout le monde sait qu'il est un cœur à prendre. Il rêve d'avoir des enfants, de fonder une famille. Mais à trente ans, il n'a manifestement pas trouvé avec qui.

Tout bascule en très peu de temps. Édith surprend et réjouit l'entourage d'Édouard. Les parents Walrafen, en particulier Florence, adorent cette grande et belle femme, cheveux châtains légèrement ondulés, qui en impose et qui tient tête à leur protégé. « Pétillante », « intelligente », « drôle », voire « solaire », Édith a juste un an de plus. Elle est avocate, vient de Grenoble, a intégré une petite école de commerce (ESLSCA) et un master de droit à Lille. Rien à voir avec la haute société parisienne qui faisait rêver le jeune provincial dix ans plus tôt. Plutôt plus grunge que les précédentes, d'après le copain Luc qui la rencontre chez ses parents, rue de Sèvres, peu de temps avant le mariage. Certainement pas le beau parti qui va favoriser son ascension. Preuve, à ses yeux, qu'Édouard a évolué sur le sujet.

Un mystère entoure leur rencontre. Les rares amis qui acceptent de parler d'elle disent ne pas savoir. La « sphère Sciences Po », suppose-t-on en général. Ça aussi, ça leur appartient. Une certitude quand même : elle n'aime pas la politique. Elle en a soupé avec sa mère, élue municipale « qui a détesté ça », d'après son gendre, dans une mairie socialiste, près de Lyon. Cela n'empêche pas Édith d'avoir des idées assez arrêtées et pas vraiment à droite. On peut même dire qu'elle est plutôt de gauche, un poil féministe, tendance écolo et très *gay friendly*. Ses copains aussi. Une bande de joyeux drilles, très « gens de culture », des « originaux, genre étudiants aux Beaux-Arts », dans le souvenir de plusieurs amis d'Édouard invités à la noce. « Édith trouve que mes copains politiques sont des cons », dit régulièrement Édouard Philippe à ses amis, avec son sens parfois déroutant de l'autodérision.

Ce 6 avril, Antoine Rufenacht, écharpe tricolore, célèbre le mariage civil au Havre. L'hôtel de ville ressemble à une annexe du Conseil d'État, pleine de grands commis, énarques et « sciencepistes » aux destins variés. Outre ses parents, sa sœur, les oncles, tantes et grands-parents, un imposant bataillon parisien a fait le déplacement pour lui. Sans surprise, Benoît Ribadeau-Dumas et Frédéric Mion sont les témoins du marié. La petite salle mitoyenne du bureau du maire est bondée. L'église, à l'extérieur de la ville, aussi. Il y a du monde jusque sur le parvis. La fête se poursuit, au pied du pont de Tancarville, par une soirée qui restera dans beaucoup d'esprits comme l'une des plus drôles de leur existence. Il y a du Raymond Queneau – né au Havre –, façon *Exercices de style*, dans les sketches préparés par les colocs, avec des parodies de demande en mariage – romantique, injurieuse ou olfactive – d'Édouard à Édith. Antoine « Roufenach » se fait chambrer. À deux semaines du premier tour de la présidentielle, le directeur de campagne de Jacques Chirac prend son air faussement interloqué lorsque Édouard se lance, mâchoire démantibulée, dans une imitation du président-candidat.

Un an après son arrivée à l'embouchure de la Seine, ce mariage est aussi celui du dauphin. Assis à la table des crocodiles havrais, Jean-Philippe Thiellay remarque quelques visages inquiets. Celui du sénateur Patrice Gélard, notamment. Le petit film préparé par la bande d'Édouard l'imagine déjà maire du Havre. On rit, on chante, on danse. Ceux qui en doutaient prennent conscience ce jour-là de l'ambition du marié. Après coup, ça ronchonnera d'ailleurs en mairie : le malotru n'aurait pas remercié les adjoints pour les cadeaux. Antoine Rufenacht lui-même, particulièrement à cheval sur ce genre de principes, s'en serait ému auprès de certains.

Édith épouse un homme politique en devenir. Elle le sait dès le premier jour. Ce n'est pas ce qui la réjouit le plus, mais cela explique son envie de cloisonner leurs vies publique et perso. Au fil des années et des nouveaux mandats, elle répètera comme un mantra : « On ne change rien. » « Ce n'est pas par hasard qu'Édouard épouse une femme si peu impressionnée par ce monde dans lequel il évolue », dit encore un ami. Indépendante et libre, elle est même plus anticonformiste que lui, qui balance toujours entre norme et disruption, sérieux et folie douce. Combien de proches d'Édouard m'ont dit, comme si cela témoignait d'un esprit fantasque : « Édith est très bohême, elle finit les soirées pieds nus. » Pour la famille d'Édouard, il y a plus choquant. La grand-mère manque ainsi de s'étrangler lorsqu'elle apprend que les jeunes mariés vont garder chacun leur appartement en coloc. Au début, en tout cas. Ils sont en train d'en acheter un ensemble et ça prend un peu de temps.

Par la suite, quel que soit l'avenir politique d'Édouard au Havre, Édith, c'est clair, restera parisienne. Ils s'y tiendront contre vents journalistiques et marées électorales. Pour le jeune Normand monté à Paris, cela résout une fois pour toutes une problématique : savoir où il se sent chez lui. « J'ai réglé cette question le jour où j'ai fait exactement ce que j'ai voulu : travailler à Paris et faire de la politique au Havre. J'ai une vie au Havre et une vie à Paris. Elles se touchent, elles se complètent, et elles complètent les deux parties de moi-même. Je n'ai absolument pas ce sentiment-là [*de n'être chez lui ni d'un côté, ni de l'autre*]. Au début, je m'inquiétais, quand j'étais au Havre, de louper des opportunités professionnelles à Paris et, quand j'étais à Paris, de louper des trucs politiquement au Havre. J'ai vraiment flippé en me disant : je suis peut-être en train de rater les deux… Je ne faisais pas trop le malin. Et puis, quand ça a commencé à marcher, ça a été l'inverse. Donc, pardon de le dire, mais j'ai la chance d'avoir le meilleur des deux mondes… » On appelle ça un couple libre.

En 2003, peu après leur mariage, Édouard occupé à l'UMP et au Havre, Édith laisse le temps d'arriver à Anatole, leur premier fils, puis elle reprend le boulot. Droit du travail en cabinet, puis Sciences Po. Depuis plusieurs années, à la demande de Richard Descoings, l'emblématique patron de l'école, Marie-Anne Frison-Roche, papesse de la régulation, développe l'enseignement du droit rue Saint-Guillaume. Édith va faire tourner la boutique, gérer les relations profs-administration. En 2008, elle est nommée directrice exécutive de ce qui est sur le point de devenir l'École de droit de Sciences Po sous la responsabilité de Christophe Jamin, qui se dépeint lui-même en « iconoclaste farfelu, mais pas autant qu'elle ». Édith est recommandée par Laurent Bigorgne, l'adjoint de Descoings, qui traite avec Édouard pour ouvrir une antenne « Asie » délocalisée au Havre. Nadia Marik est aussi dans le coup. Camarade de promo d'Édouard à l'Ena et épouse de Descoings, elle arrive à convaincre celui-ci de sauter dans un train jusqu'à l'embouchure de la Seine. Les deux hommes se connaissent depuis plus de dix ans, même s'ils ne sont pas proches. Ils obtiennent le soutien d'Antoine Rufenacht, ainsi que le vice-président socialiste du conseil régional de Haute-Normandie, Marc-Antoine Jamet – qui fut, lui aussi, son prof à Sciences Po. On est décidément en famille. Le président de la région, Alain Le Vern, traîne les pieds mais se laisse finalement embarquer dans le projet Sciences Po-Le Havre. Tope là ! Avec la communauté d'agglomération et la ville, les trois collectivités prennent en charge 500 000 euros annuels de fonctionnement, à quoi s'ajoutent le terrain mis à disposition par la commune et la construction du site pour une ouverture en 2007. Bonne nouvelle pour les collectivités et pour Sciences Po, très mauvaise pour Édith qui sera nécessairement taxée d'être une monnaie d'échange lorsqu'elle accepte le poste à la direction de l'École de droit. « Procès d'intention disgracieux », selon le mot de Christophe Jamin, ou réel conflit d'intérêts ? Qu'elle le veuille ou non, l'épouse est désormais liée à la politique de son mari.

Sans tomber dans les querelles de chapelle internes à Sciences Po, on peut dire que ceux qui ont travaillé avec elle la disent majoritairement à l'écoute. « Une femme qui lève les barrières », pour la journaliste de France 2 Anne-Claire Poignard. Étudiante en 2009, cette dernière voulait échapper au carcan du droit et recherchait quelqu'un pour valider un stage de journaliste hors des « cases » de Sciences Po. Édith fut ce quelqu'un, avec en plus « une allure folle, une grande douceur, beaucoup de simplicité. Et cette voix très posée ». À la fois chic et sobre, veste noire et pantalon décontracté, elle se préserve du « je suis épuisée » ou du « je suis sous l'eau ». Une pointure du droit avec qui elle a travaillé sur les prépas aux concours de magistrats la décrit comme jamais submergée et donc toujours pimpante. Sa philosophie : ne pas se laisser crucifier par le boulot. Ses équipes administratives l'adorent pour ça. Quelques profs gardent toutefois le souvenir inverse, celui d'un perpétuel « ce n'est pas possible ». On ne peut pas plaire à tout le monde…

Telle est, en tout cas, la femme qui entre dans la vie d'Édouard Philippe en 2002 – plus exactement l'une de ses « deux vies », dira-t-il lui-même : la parisienne. Elle aussi a sa bande de copines, distincte de celle des potes d'Édouard. Dans les fêtes, les deux sphères se mélangeront peu. Une fois par an, elle partira d'ailleurs en vacances, seule, avec plusieurs d'entre elles.

Auprès du Sioux, elle sera son Jiminy Cricket, sa vigie de gauche, celle qui lui dira : « Tu ne peux pas soutenir le parti qui vote contre le mariage pour tous. Ce mariage ne va t'enlever aucun droit à toi, pourquoi le refuserais-tu à d'autres ? » Édith le ramènera au réel, le fera atterrir, lui rappellera de descendre les poubelles. Et gérera les enfants au quotidien. Il les adorera, pas de doute là-dessus, mais il ne sera pas souvent là. Pour les dix ans de chacun, il instituera quand même un voyage lointain, en tête à tête. Chacun des trois aura droit à ce bonheur. Pour Sarah, la dernière, en Italie, dans les années Matignon. Ça doit être dans les gènes : à la même période, Anne-Marie, la mère d'Édouard, emmènera l'aîné en Écosse. Elle louera même un appartement pour lui faire vivre un trimestre de lycée à l'étranger. La maman prof devenue mamie prof !

Une proche aura cette formule qui semble appropriée : « faire famille ». « C'est quelque chose de fondamental chez Édouard, m'expliquera-t-elle. Édith lui a offert ça. » Alors oui, elle le trouve macho. Oui, elle le sait séducteur. Elle sera même capable d'appeler Anne-Marie pour mettre les pieds dans le plat : « Ne vous inquiétez pas. Ce ne sont que des rumeurs. Tout va bien. » Après vingt ans, ils seront toujours ensemble, avec beaucoup de liberté de part et d'autre. Et cette vie-là continuera de lui plaire.

9

Avocat et lobbyiste

Édouard veut gagner de l'argent. Contrairement au grand bourgeois Rufenacht et à ses copains bien nés, Ribadeau-Dumas ou Joly, il se dit qu'il va devoir aller le chercher. Fin 2004, quand la claque judiciaire d'Alain Juppé le renvoie au Conseil d'État, il est approché, entre autres, par le cabinet de Jean-Louis Borloo, ministre du Logement. Mais il fait le calcul. Il a trente-quatre ans, un fils, bientôt deux. La politique au Havre nécessite d'avoir un deuxième appartement, puisqu'il veut garder son domicile parisien. Ça coûte ! Certes, il est premier adjoint au maire et vient d'être élu conseiller régional de Haute-Normandie pour quatre ans. Mais la fenêtre de tir ne sera peut-être pas longue avant d'autres échéances politiques. Alors il fonce. Coup de chance, pour devenir avocat, le simple fait d'être conseiller d'État vaut admission au barreau sans concours ni stage[1]. Point de question

1. Article 97 du décret du 27 novembre 1991 : « Sont dispensés de la condition de diplôme prévue à l'article 11 (2°) de la loi du 31 décembre 1971 précitée, de la formation théorique et pratique, du certificat d'aptitude à la profession d'avocat et du stage : les

déontologique à ce stade. Le vice-président du Conseil d'État, Renaud Denoix de Saint-Marc, lui donne son bon de sortie.

Il débarque donc dans un gros cabinet d'affaires américain, Debevoise & Plimpton, quarante avocats, place de l'Opéra à Paris. Antoine Kirry, *managing partner* depuis huit ans déjà, mari d'une collègue de la salle Parody au Conseil d'État, a convaincu l'ensemble du *management comittee* à New York. Pas simple ! C'est une première, pour eux aussi, de faire entrer un juge administratif qui va découvrir le droit des obligations, des sociétés, des marchés financiers, la procédure civile, commerciale et arbitrale. Bref, rien à voir avec ce qu'il a fait jusque-là, à ceci près qu'il leur apporte la jurisprudence du Conseil d'État, ses méthodes de travail et de prise de décisions. Voilà qui est potentiellement instructif. Kirry est quand même obligé de déployer un peu de manœuvres pour faire accepter ce recrutement, d'autant que tout le monde a bien compris que le nouveau venu ne comptait pas s'éterniser. Mais le type a l'air intelligent, ils se disent qu'il va vite se mettre dans leur roue. Et puis il est sympa, on l'aidera à s'intégrer. Édouard, lui, se réjouit de défricher. Outre le fait que les Américains paient très bien, il découvre la puissance d'un cabinet international, qui brasse des affaires dans le monde entier, ce qu'il n'a jamais vu « en vrai ».

En qualité de « *counsel* », sorte de free-lance, il est censé amener des clients, tout en profitant des contacts du cabinet et moyennant une rétrocession d'honoraires fixe par mois. Il doit simplement veiller à ce que

---

membres et anciens membres du Conseil d'État et les membres et anciens membres du corps des tribunaux administratifs et des cours administratives d'appel. »

ses clients personnels n'aient pas de conflit d'intérêts avec les clients du cabinet. Pour se faire une idée, un avocat en rétrocession d'honoraires à l'embauche chez Debevoise & Plimpton gagne aujourd'hui 90 000 euros par an, plus les bonus de fin d'année, entre 10 000 et 20 000 euros[1]. « Et Édouard n'était pas du tout en première année », précise Antoine Kirry, dix-sept ans plus tard. Sans compter qu'il n'est pas vraiment à temps plein, passant *a minima* le lundi et le vendredi au Havre. Même à ce prix, la démarche commerciale ne va pas de soi quand on arrive de l'administration.

Comme d'ordinaire, Édouard Philippe assure qu'au début il commence par paniquer. Il apprend à débusquer les contrats. Les gens qui l'ont connu haut fonctionnaire ne se laissent pas immédiatement convaincre par le nouvel avocat. Les clients habituels du cabinet eux-mêmes n'identifient pas les terrains de jeu du nouveau, notamment les secteurs régulés de l'énergie ou des médias. Ceux dont les contentieux aboutissent de toute façon au Conseil d'État. Mais le réseau finit quand même par fonctionner. « On a courtisé ensemble des boîtes comme Thales, se réjouit *a posteriori* Antoine Kirry. C'était intéressant pour nous car c'était un mélange d'activités qui nous correspondait. Il nous a aussi amené la fraction de l'offre publique de Mittal sur Arcelor concernant la protection des dirigeants d'Arcelor. » Côté énergie, plusieurs clients, mais il est formel : Édouard Philippe n'a pas travaillé pour Areva chez Debevoise & Plimpton.

Issu du réseau plus personnel, son copain Luc Walrafen, qui travaille dans une société informatique sur les bracelets électroniques pour le ministère de la Justice, le sollicite également. Suite à un rapport parlementaire d'un

1. Chiffres 2021.

député de la majorité, des questions de droit public assez complexes se posent. En cas de bug, si le détenu s'évade et égorge un enfant, le patron de la boîte informatique peut-il être tenu pour responsable ?

Mais le gros contrat apporté par Édouard Philippe vient du Louvre qui, manifestement content de ses services juridiques comme conseiller d'État, lui soumet son projet de musée délocalisé à Abu Dhabi. Énorme polémique dans les milieux culturels ! L'administrateur du musée, Henri Loyrette, est hostile à ce que l'ancien DG de l'UMP appelle le « coup de génie de Chirac ». Me Philippe, au nom de son cabinet américain, représente France Muséums. Face à lui, un Australien et un Libanais défendent Abu Dhabi. « C'est vraiment lui qui prend la plume, explique le *partner* Kirry. Il est complètement à la manœuvre dans la négociation d'un accord gouvernemental entre la France et les Émirats arabes unis. Préparation, négociation, rédaction sur le principe de l'établissement d'un musée : c'est Édouard qui construit la position française. Il faut imaginer un nombre d'acteurs très divers – culture, finance, etc. C'est du droit public pur, avec une intense composante patrimoniale et économique. Il ne s'agit pas seulement de mettre en musique un accord économiquement déjà fait, il faut aussi veiller à ce que le Louvre soit traité comme une marque, ce qui n'était pas le cas jusque-là. C'est une première implantation à l'étranger, un projet intellectuellement fascinant. Édouard s'est régalé pendant des mois, même s'il dirigeait un orchestre où tout le monde n'était pas forcément bien accordé. »

Édouard « l'iconoclaste », comme dit Michèle Kirry, l'épouse d'Antoine, épate par ce qu'il appelle son « empathie ». Il s'adapte à tout, aux circonstances, à l'interlocuteur. Un jour, le Sioux livre même sa méthode secrète :

« Moi, quand je rencontre quelqu'un, la première chose que je me demande, c'est : "Que veut le gars en face de moi ?" » Une fois qu'il a pigé, il trace. La touche Philippe selon Me Kirry ? Son coup d'œil et sa capacité à créer un consensus. Le Louvre est un dossier dans lequel il faut se poser, se demander qui cherche quoi, quels sont les objectifs avoués ou non de la partie adverse. « Un des écueils largement commentés à l'époque, outre "le mot Louvre n'est pas à vendre", c'est : "Imaginez qu'ils créent un cube en béton obscène sur lequel ils mettent le mot Louvre." Ça aurait posé un problème. Plus compliqué, imaginez à l'intérieur de ce cube en béton obscène trois œuvres sans intérêt, mal disposées… » Il s'agit de protéger ce que votre cocontractant va faire… mais aussi de construire un consensus côté français ! « Édouard a eu des conversations à n'en plus finir avec le Quai d'Orsay, avec le Louvre, avec les Finances, avec la Culture, pour recueillir leur point de vue sur la façon dont ils voyaient les choses… et leur suggérer la bonne parole. Là, sa connaissance de l'administration a dû être un élément essentiel. Chaque département ministériel a son point de vue, le défend, c'est normal, et il faut les amener à les dépasser et trouver des solutions, des montages juridiques inédits. »

L'avocat novice n'ira pas au bout du projet. Il quitte Debevoise & Plimpton pour un cabinet ministériel en juin 2007. Juste au moment d'imaginer des accords commerciaux avec l'agence France Muséums pour la mise en œuvre de l'ensemble : aide française à la construction du musée, maîtrise d'ouvrage, formation des personnels, constitution des collections. Le contrat d'exécution, géré par un autre cabinet, sera contesté des années plus tard.

Chez Debevoise & Plimpton, on se réjouit plutôt de l'expérience, même si elle ne sera jamais vraiment renouvelée avec d'autres. Édouard a coûté trop cher. Sur un plan plus personnel, l'énarque a aussi oublié de mettre les formes. Conscient des limites du bonhomme, Antoine Kirry a cette expression : « *He doesn't stand fools easily* », qu'il traduit par : « Je ne suis pas sûr que ce soit la personne la plus patiente avec les imbéciles. » Dans une réunion, quand deux personnes ne pigent pas, ça le fait rire, mais c'est… « acide » ! « Je pense qu'à l'époque il a dû froisser quelques plumes chez certains de mes associés, notamment américains, qui ont dû se dire : "Mais c'est qui ? Il n'est pas de notre monde, il arrive et il ne nous manifeste pas la déférence qu'on pourrait attendre." » Vous avez dit empathie ?

Six semaines après son départ de chez Debevoise & Plimpton, le nouveau « crash Juppé » des législatives le renvoie une fois encore sur le marché. De part et d'autre, on se dit qu'il est préférable d'en rester là. « J'ai senti qu'il était tenté par la proposition Areva », analyse élégamment Kirry. « Je n'y suis pas retourné, sans doute par orgueil, confesse de son côté Édouard Philippe. Et puis je ne connaissais pas bien l'industrie, la com, le nucléaire, donc ça me tentait. » D'autant plus que les six semaines d'intervalle, boulevard Saint-Germain, le rendent particulièrement *bankable* chez Areva. Six semaines en cabinet ministériel, en prise directe avec l'activité du groupe. Six semaines à jeter les bases du Grenelle de l'environnement promis à Nicolas Hulot. Six semaines à nouer des contacts avec toute l'administration dédiée. Lors de la présidentielle de mai 2007, Nicolas Sarkozy, le candidat de l'UMP, a signé le « Pacte écologique » de l'écolo préféré des Français qui l'engage à mettre tous les sujets environnementaux sur la table et à créer un giga-ministère, confié à Alain Juppé. « Le ministre prépare et met en œuvre la politique du gouvernement dans les domaines du développement durable et de l'environnement, de l'énergie et des matières premières, de la sécurité industrielle, des transports et de leurs infrastructures, de l'équipement, de l'aménagement foncier et rural, de l'urbanisme, de l'aménagement et du développement du territoire et de la mer, à l'exception de la pêche, des cultures marines et de la construction et de la réparation navales », détaille le communiqué du conseil des ministres. Alain Juppé se réjouit de la présence et de la fidélité de son poulain. « Quand je lui ai demandé de me rejoindre comme conseiller spécial, il n'a pas hésité trente secondes », raconte le « moins durable des ministres du Développement durable », selon sa propre expression. « Là encore, j'ai retrouvé l'Édouard Philippe fonceur, organisateur. C'est lui qui a mis en place, en un mois, tout le dispositif du Grenelle que Jean-Louis Borloo a récupéré après. » Mais Juppé s'est engagé à partir s'il est battu aux législatives ; il part donc, très amer toutefois. « Il faudrait faire une petite enquête, tacle-t-il. Je ne suis pas sûr que tous les ministres battus aient suivi la même ligne. En fait, si, j'ai une idée de la réponse. »

Édouard, fort de ses précieux contacts au sein de l'administration Borloo, repart donc « pantoufler » comme directeur des affaires publiques d'Areva et directeur adjoint de la communication. Une fois encore, le Conseil d'État valide cette destination sans difficulté. Un vrai pantouflage, cette fois. Ces lucratifs allers-retours public-privé, sur des sujets potentiellement communs aux deux sphères, ne semblent poser aucun dilemme déontologique à Édouard Philippe. Son copain socialiste Jérôme Guedj lui concède même une forme de cohérence. Lui qui « patiente » comme vice-président de conseil général, après avoir « raté la municipale de 2001 » à Massy, y voit une « façon assez pratique d'être cohérent avec ses idées », de dire : « Je vais voir le monde de l'entreprise. »

Le voilà en tout cas lobbyiste en chef du géant du nucléaire. Poste éminemment politique et régalien. À l'époque, Areva n'a plus d'équivalent dans ses effectifs depuis le départ non remplacé de Christine Gallot. Jacques-Emmanuel Saulnier, le dircom, dit « JES », a besoin d'un bon connaisseur de la droite qui ne soit pas un « Sarko boy ». Depuis la présidentielle, les relations avec l'Élysée sont exécrables. Sous Chirac, Anne Lauvergeon et Nicolas Sarkozy s'entendaient pourtant comme larrons en foire. Même génération, même peps, des parcours politiques divergents, mais on buvait des verres, on discutait politique, nucléaire. On préparait aussi l'ouverture de capital du groupe, ce qui n'empêchait pas la patronne de redouter, en cas d'élection de Sarkozy, l'arrivée de son ami Martin Bouygues dans ce capital, voire une fusion avec Siemens. Mais voilà, Nicolas Sarkozy élu, Anne Lauvergeon refuse d'entrer au gouvernement. Malheur à elle ! Il tente de lui forcer la main, la reçoit dans un hôtel particulier, presque en direct à la télévision, confie à Claude Guéant qu'« elle a presque dit oui ». Mais c'est non ! La situation se complique encore, durant l'été, lorsque le nouveau président fait libérer les infirmières bulgares prisonnières de Kadhafi, laissant, dans le panier de la mariée, la vente d'un réacteur nucléaire à la Libye. « Chez Areva, c'est tous aux abris », me raconte Saulnier, qui dit à l'époque à sa patronne :

— On ne va pas s'en sortir avec la droite, il nous faut quelqu'un.

Charles Hufnagel, qui dirige le service de presse, entend parler d'Édouard Philippe par un ami de Sciences Po, Alexandre de Palmas, lui-même ami montpelliérain de Frédéric Mion et copain de promo de Damien Cazé à l'Ena. Inutile de présenter le premier, parrain du petit Léonard Philippe qui vient de naître. Le second, lui, a été conseiller technique d'Hervé Gaymard à l'Agriculture, en pleine constitution de l'UMP.

— Tu verras, c'est un cador, il sort du cabinet de Juppé et il est drôle, dit Alexandre à Charles. Il a la connaissance des arcanes administratifs, avec un toucher de balle humain incroyable. Et si vous le laissez aller au Havre, tout ira bien.

Pour Charles Hufnagel, la dimension juppéiste d'Édouard est surtout un gage de confiance. S'y ajoute le combo boulettes de papier, bonbecs et blagues qui fait merveille dans l'*open space*. Sans oublier les imitations. Anne Lauvergeon, qui voyage souvent avec lui, est fan également.

Le lobbyiste a prévenu dès le premier jour : dès l'instant où Antoine Rufenacht lui transmettra l'écharpe, il filera sans préavis. En attendant, trois ans durant, Édouard Philippe partage son temps entre Areva et Le Havre. Ça fait parfois jaser dans les six étages du 33, rue Lafayette. Un ancien cadre de la direction juridique continue de s'étonner de la présence de ces « politiques payés par la boîte sans trop qu'on sache ce qu'ils font ». À la même époque, Fodé Sylla, ancien président de SOS Racisme et ancien député européen, enchaîne les missions « pour la diversité » ou « pour le développement économique et social de l'Afrique ». « Au siège, on voyait plus Anne Lauvergeon, toute présidente qu'elle était, qu'Édouard Philippe, y compris aux incontournables fêtes de la Sainte-Barbe », poursuit ce responsable. La sainte patronne des mineurs est l'occasion de « bamboches » mémorables où l'on se bouscule pour voir la PDG se trémousser sous la grande verrière sur une *playlist* années 1980. Dieu sait pourtant qu'il aime les fiestas, Édouard. « Je les organisais toujours un vendredi soir pour éviter les lendemains difficiles et Édouard était effectivement au Havre », précise Jacques-Emmanuel Saulnier, qui a réponse à tout.

De fait, pendant ses heures de lobbying, Philippe dirige une équipe de trois personnes, mais passe son temps à l'extérieur avec les élus locaux et les parlementaires des « zones nucléaires ». La quasi-totalité est favorable à l'atome, en particulier aux emplois qu'il génère. Et pas seulement à droite. Il nourrit d'argumentaires ses différents relais : l'UMP Ladislas Poniatowski, Claude Gatignol et le socialiste Bernard Cazeneuve, surnommé par les associations « le député Cogema », pour le site de La Hague, dans le Cotentin ; François Brottes, député PS de l'Isère, qui sera conseiller énergie de François Hollande, pour le bassin du Tricastin, près de l'unité Georges-Besse d'enrichissement de l'uranium ; le sénateur PS François Patriat du côté du Creusot, site historique de Framatome, qui construit les chaudières des réacteurs nucléaires. Toute la bande d'aficionados, Jean-Pierre Raffarin « le Chinois » en plus, aura même droit à un voyage sur le chantier du premier EPR chinois à Taishan. Édouard alimente aussi Anne Lauvergeon qui fait sa part de lobbying, à l'étranger bien sûr, mais aussi au niveau très local. Pour contrer la fusion avec Alstom, qui revient sans cesse dans les projets de l'Élysée, elle soigne particulièrement les adversaires du projet, tel Arnaud Montebourg, élu proche du Creusot, qui affirme en revanche n'avoir jamais vu Édouard Philippe sur ces dossiers.

Son sujet principal a beau être l'acceptabilité de l'atome, le lobbyiste Philippe s'essaie aussi à la com de crise. Le 8 juillet 2008, aux aurores, une fuite d'uranium est révélée à la Socatri, filiale d'Areva, à côté de la centrale du Tricastin. 240 kg d'uranium dilués dans 30 mètres cubes d'effluents se sont déversés sur le sol et dans les eaux de la Gaffière et de l'Auzon. Coupure d'eau potable, arrêt de l'irrigation des cultures : les scientifiques ne sont pas alarmistes, mais l'incertitude est dévastatrice pour l'image d'Areva. « La gendarmerie faisait sortir les baigneurs du lac en leur disant qu'il fallait aller à l'hôpital », raconte Anne Lauvergeon à la presse. Charles Hufnagel, parti prendre de nouvelles fonctions à Abu Dhabi, est rappelé en renfort. Édouard et ses troupes, installés en task force près de la cantine, à Paris, arrosent tous les élus d'éléments de langage. L'Autorité de sûreté nucléaire s'interrogera surtout sur la réaction tardive des autorités, elles-mêmes tardivement prévenues par l'opérateur. La première alarme, considérée à tort comme une fausse alerte, a en effet été déclenchée le lundi à 19 heures, le début de fuite à 22 heures. Il a fallu attendre 4 heures du matin, le lendemain, pour que la Socatri repère le déversement vers les eaux pluviales, et 5 h 30 pour que soit déclenché le plan d'urgence interne. Heureusement pour Philippe, la communication est des plus fluides avec le ministère. Jean-Louis Borloo a gardé une bonne partie du cabinet d'Alain Juppé, notamment à la communication : précieux, surtout en temps de crise. Le lobbyiste se sent chez lui boulevard Saint-Germain.

Ces trois années chez Areva renforcent des convictions déjà fortes en faveur du nucléaire. En plus de la sécurité d'approvisionnement, Édouard Philippe s'est emparé de l'argument « climat » qui commence à infuser dans l'opinion et dans la classe politique. Au gouvernement, Jean-Louis Borloo, le ministre de l'Écologie, n'a de cesse de rappeler la nécessité d'une énergie sans carbone. De l'avis des communicants, Édouard contribue largement à charpenter le discours d'Anne Lauvergeon sur le sujet. Triturer intellectuellement ces dossiers techniques l'amuse – sans doute l'expérience du port industriel du Havre. Comprendre les enjeux du géant du nucléaire le passionne également. Mais les relations difficiles avec les autorités nigériennes ? Et le fiasco du rachat d'Uramin ? Promis-juré, le lobbyiste n'y a pas touché, hurlera-t-on en chœur à son arrivée à Matignon, dix ans plus tard, lorsque l'association Sortir du nucléaire se rappellera à son bon souvenir. Tout au plus aurait-il écrit un argumentaire sur l'importance d'acquérir l'uranium et sur le concept du « premier arrivé, premier servi », jure-t-on. Très difficile à dire après-coup. De fait, le rachat a été annoncé le 15 juin 2007, soit avant son arrivée chez Areva en octobre. Mais l'affaire s'obscurcit au fil des mois. Après avoir acheté pour 1,8 milliard d'euros en 2007 la société canadienne propriétaire de trois gisements africains d'uranium qui en valait presque zéro, le groupe nucléaire criera au coup monté, « l'État ayant, selon Anne Lauvergeon[1], validé le rachat en parfaite connaissance de cause ».

Après avoir été prof, juge, avocat et lobbyiste, Édouard Philippe se frotte encore à un autre métier dans ces années-là, plus inattendu : romancier ! Nettement moins rémunérateur, moins risqué aussi en termes de conflits d'intérêts. Et plus drôle. L'enjeu intime, lui, est colossal. Écrire… comme papa qui, chaque matin, s'asseyait à sa table, sans jamais avoir été lu ni publié. L'idée aurait pu tourner court après un déjeuner avec Gilles Boyer à l'Alma, en 2005. L'exil québécois d'Alain Juppé les a rapprochés, mais ils ne sont pas encore frères.

— Tu penses qu'on peut écrire des livres à deux ? interroge l'adjoint au maire du Havre, qui a toujours vu son père rédiger seul.

1. Deux informations judiciaires sont en cours depuis 2015, l'une pour des soupçons d'escroquerie et de corruption dans laquelle Anne Lauvergeon est témoin assisté, l'autre pour les provisions inscrites en 2010 et 2011 qui auraient été sous-évaluées dans les comptes pour masquer le fiasco et dans laquelle elle est mise en examen.

— Impossible, répond le dircab de la mairie de Bordeaux, qui trouve quand même « deux ou trois écrits de jeunesse » à lui faire lire.

Ça les titille. Mais sont-ils compatibles ? Arriveront-ils au bout ? Le premier a peur, le second n'en doute pas. Publier ? Édouard y croit. Sans se prendre pour Tom Clancy, leur référence absolue en matière de « polars documentés », ils veulent parler « poloche », s'amuser avec quelques mistoufles et coups fourrés, mais sans s'exposer, bien planqués derrière une intrigue policière. Et, miracle, l'écriture à quatre mains semble produire des fruits. Gilles se sait un peu « sec dans l'expression, mais plus rigoureux pour gérer trois cents pages ». Édouard, « plus créatif » – et pas seulement en orthographe ! –, récupère les chapitres amorcés pour les faire avancer. Au bout de neuf mois d'allers-retours quotidiens, *L'Heure de vérité* surgit. Un député de droite, Alexandre Caligny, grand espoir de son camp, disparaît en mer à trois semaines d'un scrutin important. C'est cynique à souhait, notamment dans la description du Parlement. Au passage, ils froissent le député Besselat, dont Philippe vient tout juste de devenir le suppléant, en évoquant cette « bonne circonscription » de Caligny, lui aussi suppléant, qui mériterait une « vraie personnalité ». La presse locale s'en émouvra.

Avec le recul, les deux auteurs jugeront sans indulgence ce premier roman. « Pas trop construit, avec beaucoup trop de personnages : soixante », de l'aveu même du « rigoureux » Boyer. « Œuvre de jeunesse », juge de son côté le « créatif » Philippe, très fier néanmoins, à l'époque, de le déposer sur le bureau de JES chez Areva. Trois éditeurs offrent de publier le livre, pariant sur ce duo improbable d'un dircab de Juppé et d'un ancien DG de l'UMP. Le résultat est d'ailleurs plus qu'honorable pour un premier polar : trois mille deux cents exemplaires vendus selon l'institut GFK, qui fait autorité. L'édition de poche, à l'été 2020, doublera la mise. Pas de quoi faire fortune pour autant. Mais, pour Édouard, le plaisir est ailleurs : « Écrire pour un lecteur, c'est comme avoir l'occasion de faire la cuisine pour un gourmet […]. C'est aimer lire encore un peu plus[1]. »

1. *Des hommes qui lisent*, *op. cit.*

10

L'interminable quête du Havre

— T'es sûr que t'en as vraiment envie, du Havre ? Tu vas poireauter combien de temps comme ça ? Regarde comment il te traite…

Comme chaque fois qu'il est de passage en France, entre deux aéroports, Benoît Ribadeau-Dumas secoue son pote. Vu de son tarmac, Édouard lui donne le sentiment de faire du surplace. Depuis son entrée au conseil municipal en mars 2001, le premier adjoint de Rufenacht ronge un peu son frein. En 2007, plusieurs copains de sa génération deviennent ministres. Xavier Bertrand au Travail, Valérie Pécresse à l'Enseignement supérieur, avec qui il a monté l'UMP. Certains se font remarquer par des saillies sur les plateaux de télé, la petite phrase qui claque. Lui refuse de tomber là-dedans. C'est son orgueil, sa posture, une forme de stratégie aussi : il veut être le type qui parle quand il a quelque chose à dire, un homme de fond, pas tapageur, le gars loyal en qui tout le monde a confiance. Ses modèles ont réussi ainsi, les Juppé, Rufenacht ou, dans un autre genre, Walrafen. À trente-six ans, il continue donc d'attendre sagement l'écharpe, il espère, il doute parfois. Mais Rufenacht a promis.

Il s'épanche si peu que, hormis les très proches, rares sont ceux qui ont vraiment perçu sa grande détermination. Moi aussi, j'ai failli passer à côté. Vu de loin, Le Havre semblait lui être tombé tout cru dans le bec, comme à un enfant gâté. Lui-même préférait d'ailleurs cette version des faits. « Dans une compétition, c'est toujours mieux que l'adversaire n'ait pas conscience de vos forces, m'a-t-il avoué à la fin de nos échanges. J'aime autant qu'on pense que je l'ai eue sans combattre. » Ne jamais oublier que le Sioux est aussi fan d'histoire militaire et boxeur.

À l'époque, Rufenacht aussi s'impatiente. Édouard est là sans être là. Pas assez impliqué à ses yeux. Pas comme il l'entend, lui. Que sa famille vive à Paris a du mal à passer.

— Dis-lui au moins de rester dîner le lundi après le conseil d'adjoints, souffle Antoine à sa complice Chantal Ernoult, l'élue en charge de la Culture, qui semble s'entendre avec l'héritier présumé.

Le cabinet du maire sait à peine qui il est. Régulièrement, la rumeur envisage un autre successeur. Comme un amoureux délaissé, Antoine regarde ailleurs. Le nom de Catherine Pégard circule d'abord. Proche de Rufenacht, longtemps journaliste au *Quotidien de Paris*, puis au *Point*, elle est devenue la conseillère politique de Nicolas Sarkozy à l'Élysée. « Journaliste à usage privé », comme elle aime à se présenter à l'époque. Son père Michel guidait les navires aux abords du port en fonction des marées.

Mais le danger le plus sérieux s'appelle Christine Lagarde. La juriste à l'œil bleu pétillant a été la première femme à diriger l'un des plus grands cabinets d'avocats d'affaires américains, Baker & McKenzie. Cinquième femme d'affaires européenne en 2002 selon le *Wall Street*

Journal Europe, elle a fait son entrée dans le gouvernement Villepin au Commerce extérieur. En 2007, désormais ministre star de l'Économie du duo Sarkozy-Fillon, elle a aussi de solides attaches havraises à faire valoir. Ses camarades du lycée Claude-Monet se souviennent forcément de cette grande et athlétique fille de profs (de lettres et d'anglais), comme Édouard. Sa mère enseignait le latin… à Catherine Pégard, justement. Son père, Robert Lallouette, décédé quand elle avait dix-sept ans, avait dirigé la maison de la Culture du Havre et participé aux premiers clubs de réflexion de Jacques Delors. Peut-être l'origine de son appétit politique, entretenu aux États-Unis côté républicain, puisqu'elle était devenue, pendant ses études, l'assistante parlementaire de William Cohen, futur secrétaire à la Défense de Bill Clinton.

Lagarde, maire du Havre ? En 2005, lorsqu'elle adhère à l'UMP, les commentaires machos et dédaigneux y voient son horizon politique maximal. Elle-même n'exclut rien. « On revient toujours au pays de son enfance », insinue la ministre, entre malice et vantardise. Le véliplanchiste Stan Sboczyk, conseiller municipal, se rappelle avoir dîné et fait le show avec elle comme avec tous les people du réseau Rufenacht. « Elle avait demandé à échanger avec des Havrais, Antoine m'avait demandé de venir. Elle tâtait clairement le pouls de la ville. » Chantal Ernoult, là encore, alerte Édouard sur le danger Lagarde.

— Pas de souci, je contrôle ! lui répond-il, feignant de ne pas s'en inquiéter.

Jusqu'au jour où Rufenacht prononce son nom devant lui, pour voir. C'est tout vu ! Une première fois, puis une deuxième.

— J'ai proposé à Christine Lagarde de la mettre sur la liste.

Comme pour enfoncer le clou, il ajoute :

— Et si elle veut venir, ce sera difficilement résistible.

Il faut voir Édouard Philippe s'animer, lorsqu'il évoque la scène plus d'une dizaine d'années après. La piqûre d'orgueil, manifestement, n'a pas disparu. Il est si fier de la réponse qu'il lui a faite, les yeux dans les yeux, qu'il la rapporte probablement au mot près :

— Antoine, tant que vous serez là, je vous dois tout et je vous serai toujours loyal. Mais le jour où vous partez, je vous préviens, je la bats au conseil.

« Je crois que ça a plu à Antoine Rufenacht. Il avait envie qu'on lui montre de l'envie. » Rufenacht a souri. Et conclu : « Très bien. On verra lequel des deux gagne ».

La future patronne du FMI et de la Banque centrale européenne finit par renoncer. Aujourd'hui, Édouard Philippe se dit qu'elle a dû trouver Le Havre trop petit. « Elle n'avait sans doute pas très envie de redescendre dans ces quartiers. Et puis elle a commis des erreurs. Demander à la première adjointe de lui faire une photocopie n'était pas une bonne idée. En tout cas, ça n'est pas passé… Après ça, je peux vous dire qu'Agathe [Cahierre] m'a adoré ! », crâne l'ancien Premier ministre. Il répète la phrase plusieurs fois, un peu cabotin. « Ça, je vous assure qu'elle m'adorait ! »

« On en a parlé un moment, confirmera de son côté la patronne du FMI[1]. On l'a envisagé tous les deux [avec Antoine Rufenacht]. Mais c'était quelques mois avant la crise des *subprimes*, j'étais ministre de l'Économie. Je n'aurais pas pu m'investir comme il l'aurait souhaité dans la campagne. J'ai décliné. » Candidate à Paris sur la liste de Jean-Marie Cavada, elle est finalement battue par la gauche et en parle aujourd'hui comme d'un « tournant

1. « La part havraise de Christine Lagarde », *Paris-Normandie*, 22 juillet 2017.

de vie ». Elle aurait pu être maire du Havre. « C'est vrai que c'est le scénario qu'Antoine [avait] mis en place avec Édouard. »

Ce dernier retient la leçon. « À partir de ce moment-là, se souvient-il, j'ai commencé à organiser des déjeuners tous les quinze jours. Avec des gens que je ne connaissais pas. » Cette détermination force l'admiration des plus proches. À Paris, « BRD » comprend que ce type, dont il connaissait la colonne vertébrale, est déterminé au-delà du raisonnable. Pour ne pas dire dingue ! Dans ce monde changeant, il fait le pari de la constance. « C'est à la fois de la résilience, de l'orgueil personnel et de la tactique, analyse son ami de vingt-cinq ans. C'est un choix tactique qui consiste à se dire que les gens ont beaucoup plus de bon sens que BFMTV et que l'enracinement et la constance finiront par payer. »

En 2008, Édouard entrevoit enfin le bout du tunnel. En un pacte resté secret, Rufenacht réélu lui fixe enfin une échéance : l'automne 2009. Cette fois, c'est sûr, il lui passera le témoin pour ses soixante-dix ans. Mais le 29 avril, patatras ! Le président Sarkozy détaille son projet de Grand Paris. « “Paris, Rouen, Le Havre, une seule ville dont la Seine est la grande rue”, disait déjà Napoléon Bonaparte en 1802 ! » Depuis le temps que le maire du Havre plaide pour cette grande métropole qui descendrait la Seine jusqu'à la mer, il vit un rêve éveillé. Impossible de partir maintenant. Face à Édouard, il habille sa volte-face d'un « en plus, je ne suis pas tout à fait sûr que vous soyez prêt ». En bon soldat, loyal et droit, Édouard encaisse à nouveau : « Je comprends. »

Il tend quand même l'oreille à l'hypothèse Bordeaux. Avec Gilles Boyer, son directeur de cabinet, Alain Juppé, soixante-deux ans, réfléchit également à sa succession. « Je n'avais personne dans mon équipe qui s'imposait, m'explique-t-il. Donc on a évoqué le nom d'Édouard.

Benoist Apparu a aussi été sur la liste, et finalement ça ne s'est pas fait. C'était une idée de Gilles, que je n'ai pas écartée, mais pas poussée plus loin. » Juppé marque un silence et conclut d'un sourire : « Quand il s'agit de partir, on a toujours la peur du vide. Je parle de Rufenacht, bien sûr. » Édouard, lui, affirme que la proposition était très claire. « Et j'ai dit non à Juppé, s'autorise-t-il à lâcher aujourd'hui, un brin hardi. Pour moi, c'était Le Havre ou rien. Quand je dis que je l'ai dans les tripes, c'est vraiment le cas ! »

Entre doute et impatience, il prend quand même deux avis à l'UMP. Xavier Bertrand d'abord. Le secrétaire général du parti, entend sa frustration et lui suggère de s'émanciper. Il suivra pourtant l'avis contraire de Jean-François Copé. « S'émanciper ou non, c'est vraiment du cas par cas, argumente le président du groupe UMP à l'Assemblée. Ça dépend du profil de celui qui t'a accueilli. Et honnêtement, s'émanciper vis-à-vis d'Antoine, ça n'a pas beaucoup de sens, tu ne gagneras pas. » Édouard se laisse convaincre et patiente. Encore ! « Ce n'est pas ce que je voulais entendre, mais tu avais raison », avouera-t-il à Copé à sa sortie de Matignon.

Outre ses déjeuners tous azimuts, Édouard travaille aussi ses liens avec l'opposition. En 2009, il fait ainsi une rencontre étonnante au dîner républicain de fin d'année. Dans le grand salon de la mairie, le hasard le place à la table du communiste Pascal Cramoisan.

— Vous travaillez où ? demande le premier adjoint.

Le vouvoiement en dit long sur la distance qui les sépare.

— À la centrale thermique du Havre, je fais les trois-huit, répond Cramoisan.

— Ah ! mon grand-père a été le premier directeur de l'usine, M. Lahousse.

Ah tiens ? On cause, on refait l'histoire. Ça ne va pas plus loin. Jusqu'au jour où Pascal Cramoisan, devenu chargé de mission environnement chez EDF, « dans les bureaux », est interrogé par sa collègue de la com qui publie un livre sur la centrale :

— Connais-tu des gens qui ont travaillé sur le site aux origines ?

Le conseiller municipal pense aussitôt au grand-père d'Édouard et l'appelle. D'emblée, il le tutoie, le rapport humain s'installe. Hélas, le grand-père vient de mourir, mais la grand-mère témoignera volontiers. La relation fait grand bruit dans les étages d'EDF : « Rendez-vous compte, un UMP et un communiste ! » Chez les Cramoisan, Rufenacht demeure le diable, symbole de la haute bourgeoisie. Le père, chaudronnier-tuyauteur aux ACH (Ateliers et Chantiers du Havre), a pris sa carte au PCF en 1968. Gamin, Pascal a fréquenté André Duroméa, l'emblématique maire communiste de la ville. Alors devenir l'ami de l'adjoint du diable ? Trahison ? Schizophrénie ? Opportunisme ? Cramoisan n'en a cure et assume. « Moi, le sectarisme, c'est ce que je refuse par-dessus tout. » Un poil opportuniste, Édouard Philippe, de son côté, entretient cette relation. Un jour que ça frotte un peu plus violemment que d'habitude au conseil municipal, il prend l'élu communiste à part et lui glisse :

— Tu sais, si j'avais été à la place d'Antoine, jamais je ne t'aurais coupé le micro.

Il faut dire que Cramoisan a poussé le bouchon assez loin. Agacé par un élu UMP passé par le PC et le PS, il a entonné « L'Opportuniste », la chanson de Lanzmann et Dutronc : « Je retourne ma veste, toujours du bon côté… » Rufenacht, malin, n'en avait rien dit aux membres de sa propre majorité.

De même aura-t-il entretenu le mystère jusqu'au bout concernant sa succession. Un parfum d'euphorie flotte sur le port au matin du 12 juillet 2010. Le plus grand porte-conteneurs sous pavillon français doit être baptisé en grande pompe. Son nom ? *Christophe Colomb*. Sa marraine ? Christine Lagarde ! Le navire de 365 mètres collectionne les statistiques vertigineuses. Capacité : 13 800 conteneurs, dont huit cents réfrigérés. Coût : 170 millions de dollars. Autant dire que la CMA CGM, dont la dette devrait dépasser les 5 milliards de dollars en fin d'année, mise beaucoup sur ce nouveau joyau entré en service l'hiver précédent sur les liaisons Asie-Europe, en attendant, qui plus est, sept petits frères. Devant le prêtre en aube blanche, Antoine Rufenacht, costume comme toujours impeccable, est tout sourire aux côtés de son amie la ministre des Finances. Grande fierté aussi pour l'armateur Jacques Saadé et toutes les huiles présentes. Mais c'est pour une autre raison que la date va marquer les esprits. Les festivités achevées, monsieur le maire s'attable aux Régates, son repaire bourgeois à deux pas des clubs nautiques, et lâche le morceau :

— J'ai décidé de passer la main.

Autour de la table, les trois plus hauts fonctionnaires de la ville, son directeur de cabinet et les directeurs généraux des services du Havre et de l'agglomération sont sonnés. Deux ans à peine après sa réélection, nul ne l'imaginait lâcher cette mairie conquise en 1995 après vingt ans de lutte. Est-il malade ?

— Je suis déjà vieux, concède-t-il. Mais surtout, je ne veux pas faire le mandat de trop.

À soixante et onze ans, Rufenacht est hanté par le syndrome Lecanuet. Son voisin centriste de Rouen, le Kennedy français, est mort en fonction en 1993 sans avoir désigné de dauphin. Sa ville a basculé à gauche deux ans plus tard, après vingt-cinq années de règne centriste. « Tout sauf ça », rumine Antoine Rufenacht depuis le premier jour.

Sans surprise, l'heureux élu s'appelle Édouard Philippe.

— Il est prêt, il a le CV, il réfléchit vite et bien, il a dirigé l'UMP et il a de fortes attaches havraises, égrène-t-il. Il aura le temps de trouver ses marques avant les municipales dans trois ans, que je vous demande de l'aider à gagner.

Bien entendu, Édouard est au courant, mais personne d'autre ne doit savoir. Son calendrier n'est pas encore arrêté : ce sera début septembre ou fin octobre.

Sûr de son fait, Antoine Rufenacht part en vacances sur ses terres, près de Caudebec-en-Caux. Courant août, il y reçoit Agathe Cahierre. Il lui doit bien ça, elle qui a assuré l'intérim lorsqu'il dirigea la campagne de Chirac en 1995. Combien de fois se sont-ils retrouvés, dans cette maison de Maulévrier-Sainte-Gertrude, pour des réunions informelles ?

— J'aurais volontiers continué un peu, concède-t-il, préoccupé, mais Édouard regarde un peu trop du côté de Juppé. Il faut que j'accélère, sinon il va filer à Bordeaux.

La dircom et les secrétaires seront dans la confidence quelques semaines plus tard. Pendant des semaines, le secret tient. Preuve d'une belle cohésion d'équipe, se réjouit-il. Mi-octobre, le méthodique Rufenacht prévient ses adjoints un à un. Il sait que son poulain ne fait pas l'unanimité, qu'il ne remercie pas beaucoup, qu'il est parfois cassant. Il connaît son déficit de notoriété. Jamais pourtant ce protestant pudique n'avait formulé aussi clairement toutes ses qualités. « Il pourrait être mon fils », va-t-il jusqu'à dire à certains. À trente-neuf ans, Édouard a l'âge des deux garçons Rufenacht… qui ne font pas de politique, au grand dam de leur père. Il pourrait aussi être le fils de Chantal Ernoult.

— Toi, tu l'aimes bien, tu vas être contente ! explique le maire à son adjointe, effondrée par cette démission annoncée précipitamment sur la route de l'aéroport d'où elle doit décoller pour le Japon. Il a du réseau à Paris, tu verras, ce sera bien pour Le Havre.

Malgré ses sales manières, c'est vrai qu'elle le trouve drôle. Et attentionné avec sa mère, Anne-Marie Philippe, qui est une amie. Il y a des années, le frère jumeau de Patrick Philippe, l'oncle paternel d'Édouard, était l'interne de son mari à l'hôpital. À peine posée au Japon, Chantal prête allégeance au nouveau patron et le met à l'aise par SMS : « Bravo ! Super contente pour toi. Compte tenu de mon âge, je peux démissionner. » La réponse ne tarde pas : « Rentre vite de chez les Nippons, j'ai besoin de toi pour la Culture. »

L'un des rares à qui Édouard l'annonce en personne est Jean-Baptiste Gastinne. Mais il le fait « façon Sioux », sans paraître le dire. Le premier adjoint et le conseiller en charge du sport terminent une partie de squash. Au moment de régler la séance, Édouard stoppe le bras de son partenaire :

— Laisse, c'est pour moi. Pour quelques jours encore, c'est le grand capital qui paie.

Sous-entendu : demain j'aurai pris le manche, fini le salaire d'Areva. Un ange passe au bar de la salle de sport. Il enchaîne sur autre chose.

L'annonce au reste de l'équipe a lieu le samedi matin. Antoine Rufenacht leur a donné rendez-vous à l'hôtel Mercure, lieu emblématique de la majorité municipale. Une annonce à la Rufenacht, simple et chaleureuse. Mais la voix porte.

— Je vous ai réunis parce que j'ai décidé de passer la main.

La surprise est totale. Des larmes s'invitent.

— On a beaucoup travaillé, on a fait beaucoup pour le renouveau de cette ville. Je veux que ça continue et j'ai la hantise qu'il n'en soit pas ainsi… C'est le bon *timing*. La dynamique est bien en place. Édouard est prêt, il fera des erreurs, il fera des maladresses. C'est normal, j'en ai fait quand j'ai été élu… Mais c'est un bon choix pour Le Havre.

Tout le week-end, l'équipe de com esquive les appels de journalistes. La rumeur enfle. Quel est ce « mystère Rufenacht » qui se répand jusqu'à Paris ? Le lundi matin, le journaliste de *Paris-Normandie*, qui a flairé le coup, prend le risque d'envisager la succession et s'interroge dans ses colonnes : « Édouard Philippe, bientôt quarante ans, tête bien faite et esprit vif, arrivé dans l'équipe municipale en 2001, fait figure de "dauphin", même s'il souffre – encore – d'un problème de notoriété. Au Havre ! mais pas à Paris, où son carnet d'adresses pourrait faire pâlir », croit savoir Stéphane Siret qui se risque, en parallèle, à imaginer un « recours Rufenacht » pour Matignon : « Manière de siffler la fin de la partie et des querelles fratricides dans la majorité. » La sérénité de la majorité passerait-elle par Le Havre, avec un juppéiste en mairie et un sarkozyste à Matignon ?

Le suspense prend fin à l'issue du conseil municipal, ce lundi 18 octobre… Rufenacht annonce qu'il « met un terme à [ses] fonctions de maire du Havre » et que des convocations pour le dimanche suivant sont en route pour le domicile de chacun. Une conférence de presse suit.

Clin d'œil de l'Histoire, un certain Jean Moulin préside la séance ce dimanche 24 octobre 2010. En qualité de doyen d'âge, c'est à cet adjoint aux finances, homonyme de l'icône de la Résistance, que revient la mission symbolique de procéder à l'élection du nouveau maire. Une pure formalité sur le papier, une épreuve en réalité. Dans son propos liminaire, Jean Moulin salue son « cher Antoine » :

— Si votre départ nous attriste, c'est aussi un appel à nous dépasser. C'était confortable de vous savoir là, de savoir que, quoi qu'il arrive, vous trouveriez toujours une solution. [...] Merci, Antoine !

Les uns applaudissent. Les autres pleurent. Agathe Cahierre annonce le nom du candidat de la majorité.

— Monsieur le président, au nom du groupe de la majorité municipale « Soyons fiers d'être Havrais », je présente la candidature d'Édouard Philippe.

En face, Patricia Mutel annonce sa championne :

— Au nom du groupe « Le Havre à gauche, communiste, républicain et citoyen », nous présentons la candidature de Nathalie Nail.

Cette dernière demande la parole :

— Le pouvoir que votre majorité s'apprête à transférer n'est pas qu'une simple opération technique, entame-t-elle, mais au contraire le signe clair d'une vraie politique de droite que vous voulez poursuivre au Havre, voire aggraver. Cette politique, nous n'avons eu de cesse de lui résister et de la dénoncer.

Jean Moulin l'interrompt :

— Non, madame Nail, pas de discours politicien.

— Je présente ma candidature !

— Je vous retire la parole, si vous continuez.

— Que la gauche au Havre soit candidate aujourd'hui est donc dans la ligne de notre position constante. L'heure n'est ni à la trêve ni au profil bas, encore moins à l'état de grâce, bien au contraire. Elle est à la résistance et à l'opposition à toutes ces mesures, qu'elles soient locales ou nationales (*brouhaha, huées*)... qui frappent douloureusement les Havrais. Alors, avant comme après cette élection, votre majorité soutient le gouvernement.

Jean Moulin sent que la situation lui échappe.

— Madame Nail, si vous voulez bien redonner le micro.

— Pour engager Le Havre vers un avenir meilleur pour tous...

— Ça suffit, madame Nail !

— ... pour inventer la vie qui va avec...

— Madame Nail, je vous retire la parole (*brouhaha, huées*).

Jean Moulin tente de lancer le vote.

— Il y a deux candidatures : Édouard Philippe et Nathalie Nail.

Laurent Logiou, conseiller PS, demande à son tour la parole.

— L'explication de vote sera très brève. Même si notre groupe a décidé de ne pas prendre part au vote, je ne trouve pas très sport de ne pas avoir laissé Nathalie Nail terminer son propos (*brouhaha, huées*). Parce que je pense qu'en bonne démocratie, lorsqu'il y a des candidats, c'est bien qu'ils s'expriment. Cela peut éventuellement ne pas plaire, mais je pense que cela aurait été bien de le faire. C'est tout, je vous remercie.

— On m'avait demandé de laisser la parole à Nathalie Nail pour qu'elle puisse exposer les raisons de sa candidature. Il ne s'agissait pas de faire un discours politicien, comme celui que j'ai entendu, rétorque le président de séance.

La majorité applaudit.

— Vous avez des bulletins portant la mention « Élection du maire » sur votre table. Je vous invite à les déposer dans l'urne. Pour les conseillers ayant reçu mandat d'un de leurs collègues, vous êtes naturellement invités à déposer dans l'urne un bulletin en ses lieu et place. Le scrutin est ouvert.

Jean Moulin pense en avoir terminé. À l'appel de son nom, chaque conseiller dépose son bulletin plié dans l'urne présentée par l'huissier. Mais au moment de compter les bulletins, surprise : cinquante-cinq ! Pour seulement cinquante-quatre votants.

— Mes chers collègues, nous avons un bulletin en trop, dit en blêmissant Jean Moulin. Comme ils ont été présentés deux par deux la plupart du temps, peut-être que l'un d'entre nous en a mis deux dans l'urne par erreur. Donc, pour assurer la sécurité juridique de l'opération, nous allons la recommencer.

Consterné, Antoine Rufenacht reprend la main.

— Monsieur le président, des bulletins ont été distribués à tous. Deux bulletins pour chacun des candidats. Les conseillers municipaux qui ont des pouvoirs doivent avoir la possibilité d'écrire de manière manuscrite le nom. Il faudrait que l'on distribue des papiers blancs pour que cela soit possible.

On s'agite, l'huissier renouvelle la distribution. Le vote reprend. L'issue est sans surprise. Édouard Philippe : quarante-six voix, Nathalie Nail : huit. Le doyen regagne sa place avec sérénité. À trente-neuf ans, Édouard Philippe devient le plus jeune maire d'une ville de plus de cent mille habitants et, sans attendre, s'assied dans le fauteuil pour la suite du conseil. Tous les adjoints sont réélus : Agathe Cahierre en tête, Jean Moulin ensuite, Brigitte Dufour, Agnès Firmin-Le Bodo et même Bertrand Binctin, le cinquième adjoint, qui deviendra vite sa bête noire. Mais, pour l'heure, on se congratule. Puis vient la conclusion du nouveau maire. L'homme

« qui ne devait pas faire de politique » a vite appris. Solennel, visiblement ému, Édouard Philippe déploie sa grande silhouette longiligne. Il remercie ses collègues pour leur confiance. Mais pas seulement :

— À titre personnel, je tiens également à remercier tous ceux qui m'ont encouragé ces derniers jours. Ceux qui siègent dans cette assemblée, y compris ceux qui ne partagent pas mes convictions politiques. Ceux qui sont assis au-delà des barrières qui nous séparent du public et qui sont parfois venus de loin. Ceux enfin que je ne connais pas toujours et qui, au gré d'une rencontre, m'ont, avec gentillesse, tout simplement encouragé. Je voudrais leur dire combien j'ai été touché par ces marques de sympathie, qui se sont exprimées bien au-delà des appartenances politiques et qui traduisent, au fond, ce qu'il y a de meilleur dans la politique, la vraie : l'espoir que les hommes peuvent, par une action collective et démocratique, améliorer leur sort, vivre en paix, vivre ensemble et préparer l'avenir des générations suivantes. À tous ceux-là, merci.

Sur les traces de Rufenacht, Philippe le transcourant a déjà des accents d'En marche ! avant l'heure. Il rappelle le discours du président Sarkozy dix-huit mois plus tôt au Havre et « la perspective d'ouvrir la région capitale vers la mer et le commerce maritime qui constitue, dit-il, une chance historique. Elle n'est ni de droite ni de gauche. Elle est la chance du Havre et je compte bien la saisir », souligne-t-il. Comme à l'oral de l'Ena, c'est en fils de prof qu'il se présente.

— Je pense à mes maîtres à l'école, depuis Mme Girardelli qui m'a appris à lire en cours préparatoire, à M. Pinguet qui m'a fait aimer, en CM2, la géographie ; depuis M. Prié qui enseignait l'histoire avec intelligence et humour, à M. Lardic qui illuminait de son savoir les cours de philosophie de ma classe de terminale. Fils de profs, et fier de l'être, je suis un produit de l'école publique. Je le sais et je le revendique.

Puis vient l'hommage à son mentor havrais :

— Remercier Antoine Rufenacht n'est pas facile, parce qu'il n'aime guère que l'on parle de lui. Il m'a d'ailleurs demandé de faire court et je n'ai aucune intention de le décevoir. Je me bornerai donc à indiquer que j'entame le mandat que vous venez de me confier avec la ferme intention de m'inspirer du sens de l'intérêt général, du sens de l'État et peut-être aussi, mais ce sera encore plus dur, du sens de l'humour d'Antoine Rufenacht. […] Sa plus belle réalisation n'est pas matérielle. Ce n'est ni la rénovation des quartiers nord, ni la reconquête des quartiers sud. Ce ne sont ni la construction de Coty [*le centre commercial du centre-ville*], ni celle des Jardins suspendus, ni le classement au patrimoine mondial de l'Unesco, ni les quatre mille arbres plantés depuis 1995. Ce n'est pas non plus l'essor exceptionnel du nautisme ou le retour des paquebots en ville. Ce n'est pas l'incroyable succès rencontré par le musée Malraux, grâce au don des collections Senn à la ville, qui n'aurait jamais eu lieu sans lui. Ce ne sont ni la renaissance des Docks, ni Port 2000 qui resteront comme la plus belle des réalisations de ces années. La plus belle réalisation d'Antoine Rufenacht est d'avoir redonné confiance et fierté aux Havrais.

Édouard Philippe évoque des annonces à venir dans un seul domaine – « en matière de lecture publique ou d'action culturelle en faveur de la jeunesse » – et se projette surtout dans les chantiers de son prédécesseur : « 2017, date à laquelle Le Havre fêtera ses cinq cents ans » et au-delà « jusqu'en 2020, date à laquelle, je l'espère, une ligne à grande vitesse reliera notre ville à Paris ».

Se glisser dans les chaussons du mentor, donner une voix à ses rêves… Il connaît le nouveau dada d'Antoine Rufenacht : refaire du fleuve la colonne vertébrale du développement économique des deux régions. Le long de cet « Axe Seine », la LGV doit mettre Le Havre à une heure et quart de Paris. Sans écharpe de maire, Antoine Rufenacht est bien décidé à faire jouer tous ses contacts parisiens pour cela. Et ça marche ! Six mois plus tard, en avril 2011, le président Sarkozy le nommera commissaire général au développement de la Vallée de la Seine, avec compétence interministérielle. L'Axe Seine patinera pourtant à nouveau sous François Hollande et pendant des années, jusqu'à ce qu'en 2020 Le Havre en soit finalement désigné capitale. Mais, en 2021, Le Havre est toujours à deux heures et demie de Paris.

Patrick Philippe, assis à une table de cocktail et déjà presque aveugle, cache un peu moins que d'habitude sa fierté. De quoi émouvoir Luc Walrafen, qui le connaît à peine. « Il en parlait avec beaucoup d'émotion et de pudeur, se souvient le copain qui a fait le voyage avec ses enfants. Il ne cherchait pas à ce que ça se voie, mais ça se voyait. »

Quelques mois plus tard, Édouard et Gilles sortent leur deuxième polar, écrit, comme le premier, dans un creux de vague, juste avant le passage de témoin à la mairie du Havre. *Dans l'ombre* commence par un bourrage d'urnes électroniques lors d'une primaire et se termine par la nomination d'un Premier ministre que l'on découvre meurtrier. Relu avec attention au moment de son arrivée à Matignon, le roman fera du bruit car il est truffé de vieux clichés sexistes. Mais, dès sa sortie, le titre du livre inspire surtout au caricaturiste normand Chaunu un dessin grinçant que sauront se rappeler ceux de ses détracteurs restés proches de son prédécesseur. Il représente le duo d'auteurs assis à une table de signature, devant une pile de livres. Rufenacht se présente. Question de Philippe : « Pour qui la dédicace ? » Réponse de Rufenacht : « Pour celui sans lequel tu serais toujours dans l'ombre[1]. »

Gérer l'héritage et la relation avec le clan Rufenacht, c'est tout l'enjeu de la décennie qui s'ouvre au Havre.

1. *L'Ascension du "Doudou" havrais en 45 dessins*, hors-série paru en 2017 et regroupant les dessins de Chaunu dans *Le Havre Infos.*

11

Maire et député

— Personne ne touche à ce bureau avant 2014 !

Même les taches de café sur la moquette attendront la prochaine municipale. Le bureau du maire est dans son jus depuis l'arrivée d'Antoine Rufenacht en 1995, mais la consigne est claire et définitive : Édouard Philippe ne veut brusquer personne. L'âge du capitaine induit nécessairement un dépoussiérage des manières. Le sac à dos remplace la sacoche Hermès. Le nouveau maire peut débarquer casquette sur le crâne, imitant Nicolas Sarkozy et refermant un tiroir du pied en mâchouillant des crocodiles gélifiés. Mais, en conseil d'adjoints, il met les formes. Quand quelqu'un l'agace, il ou elle le sent assez vite, mais les vraies passes d'armes sont rares. Outre les attributions des adjoints, il garde aussi le directeur de cabinet, Laurent Ronis-Le Moal, qui a pourtant barré la route de son poulain quelques années plus tôt. Philippe avait tenté de placer son ancien instructeur de l'armée, Olivier Lardans. Finalement, le « Rufenacht boy », qui plus est sarkozyste, a su éveiller son envie d'aller chercher des burgers avec lui à midi. Autrement dit, Ronis a gagné sa confiance. Ce « Sciences Po 1993 », passé par le cabinet ministériel de Margie Sudre, a dirigé plusieurs cabinets à Moulins avec Pierre-André Périssol et à Orléans avec Serge Grouard, avant de trouver un poste d'attaché de coopération en Namibie. Cerise sur le gâteau, ce natif de Rabat rit volontiers à ses blagues de potache. Bref, il s'avère « Doudou-compatible ».

En bon Sioux, le nouveau maire conserve même Marie-Claire, la secrétaire particulière historique d'Antoine Rufenacht qui lui a pourtant dit, très cash : « Je n'ai pas l'intention de bosser pour un jeune con. » Mais Philippe a promis à son mentor de ne pas la virer. Elle s'installe donc dans un bureau au fond du couloir, trop heureuse de ne pas le croiser, et ne remet plus les pieds dans celui du maire. Pas de changement non plus à la com, où le contact passe bien avec la patronne, Catherine Bertrand. Le nouveau maire connaît mal les journalistes. L'Édouard de 2010 n'est pas encore le « Doudou » de Matignon. Il a bien quelques contacts de ses années UMP, mais, comme premier adjoint, il a donné peu d'interviews. Même chose chez Areva. Il multiplie donc les déjeuners de presse pour se faire connaître et demande qu'on l'accompagne pour les interviews. Ça le rassure. Il craint les pièges.

Ainsi lancée, la machine municipale tourne parfaitement. Le nouveau maire s'autorise juste un déménagement et un recrutement. Le déménagement, très symbolique, consiste à rapatrier le directeur général des services au premier étage, à côté du bureau du maire. Le message est clair : sa véritable confiance va aux hauts fonctionnaires, pas aux élus. Nicolas Pernot, en poste depuis 2002, descend donc du deuxième étage, celui de l'administration, pour s'installer au même niveau que le maire, permutant avec le premier adjoint. Édouard Philippe tient en haute estime ce « Sciences-Po-Essec », resté longtemps auprès de François Bayrou au ministère de l'Éducation nationale, puis au conseil général des Pyrénées-Atlantiques. L'équipe municipale, encore sous le coup du départ d'Antoine Rufenacht, prend acte sans broncher, mais le coup est rude.

Quant au recrutement, Édouard Philippe a enfin les mains libres pour installer à ses côtés son instructeur de l'École des officiers. Depuis Draguignan, Olivier Lardans a fait du chemin comme aide de camp de deux chefs d'état-major des armées, les généraux Yves Crène puis Bernard Thorette. Les deux hommes se sont parlé régulièrement, marrés à chaque fois. À l'été 2008, depuis Madagascar où il était coopérant, Olivier a tendu une perche à son ami adjoint au maire, craignant, à son retour, d'atterrir au sous-sol de l'état-major, boulevard Saint-Germain. Message reçu ! Faute de pouvoir lui offrir le cabinet du Havre, il lui avait proposé celui de Bordeaux, Gilles Boyer étant sur le départ. Mais Olivier Lardans avait décliné. Cette fois, en octobre 2010, c'est la bonne.

Édith et les enfants resteront à Paris. La question ne s'est pas sérieusement posée de les faire déménager. Édouard a fait réaliser un sondage, ça lui coûtera quelques voix, mais rien de rédhibitoire. Devenu maire, il continuera à venir au Havre à l'approche du week-end et jusqu'à la réunion d'adjoints du lundi. Il a donc besoin d'un complice pour les infos de la semaine et d'un pote pour les bières du week-end. Message de Philippe : « Antoine Rufenacht me passe le manche, je ne peux pas changer les élus ni l'administration. Mais j'ai besoin d'au moins une personne de confiance. Je compte sur toi. » Olivier Lardans n'hésite pas une seconde. Le temps de démissionner de l'armée, après vingt-six ans de service, et de trouver un cabinet médical pour sa femme, médecin, il pose ses valises au Havre en décembre 2010. Comme chef de cabinet, il pilote une cinquantaine de personnes, les secrétaires du maire, celles des adjoints, mais aussi les chauffeurs, les huissiers, etc. Bien entendu, en bon élève du lieutenant-colonel Lardans, Philippe a pointé la cible :

— Le deal, c'est que je sois élu aux municipales de 2014. Ensuite, tu pourras reprendre ta liberté.

Dès le mois de décembre de la même année, l'héritier de Rufenacht prend également la présidence de la Codah – la communauté d'agglomération havraise –, suivi, fort logiquement, par Lardans. Une fois le dispositif en place, la mécanique intellectuelle du jeune énarque bluffe tout le monde. En deux ou trois mois, il maîtrise tous les dossiers en cours. En conseil municipal, il met les rieurs de son côté, soigne l'opposition en saluant aussi souvent que possible l'œcuménisme des décisions prises. Un exemple parmi d'autres, la séance du 20 décembre 2010, conclue ainsi :

— Sur ces derniers échanges, s'achève la partie publique de notre conseil municipal. Je voudrais simplement évoquer avec vous un élément, c'est que sur quatre-vingt-dix-huit délibérations qui donnaient lieu à un vote, quatre-vingt-cinq ont été adoptées à l'unanimité.

On en vient presque à oublier le gamin mal élevé qui n'a remercié personne pour ses cadeaux de mariage, reçoit les pieds sur la table et ne réfrène pas un nettoyage de l'oreille ou du nez en plein conseil municipal. Presque. En réalité, le Sioux agace par sa prudence. « D'habitude, en début de mandat, vous lancez plein de projets, vous augmentez les impôts. Là, non », ronchonne-t-on au cabinet. Monsieur le maire semble en campagne électorale trois cent soixante-cinq jours sur trois cent soixante-cinq. Difficile de discerner à quel moment ça se gâte vraiment. Son extrême prudence en politique ne semble avoir d'égale que ses imprudences de comportement.

Philippe soigne son image : charme à l'extérieur, mais casse à l'intérieur. Certaines rumeurs l'exaspèrent. Il se braque. Les conseils d'adjoints deviennent irrespirables. Le soupçon s'immisce progressivement.

Une femme est aussi entrée dans le cœur du réacteur municipal. Dans les murs depuis 2001, Alexandra Ruiz, jusque-là membre de l'équipe de com événementielle, est soudain promue cheffe adjointe de cabinet au côté d'Olivier Lardans, qui lui laisse beaucoup de champ. Le maire lui-même adore sa blondeur énergique et son bagout à toute épreuve. Elle en paraît parfois cassante, voire hautaine. Désormais, elle fait toutes les reconnaissances pour les visiteurs d'Édouard. Elle occupe vite une place centrale dans le fonctionnement du cabinet, mais elle ne va pas au fond des dossiers, demande de l'aide pour rédiger un mail ou un CV. Le procès en incompétence n'est pas loin. Elle préfère parler de « jalousie professionnelle », d'autant que, dès son élection au Palais-Bourbon, le maire complète son poste et sa rémunération – 6 000 euros nets en tout – grâce à son budget d'assistants parlementaires, en plus de Clémence Fort, sa collaboratrice à l'Assemblée. Dans la déclaration d'intérêts et d'activités du député Philippe transmise à la Haute Autorité pour la transparence de la vie publique (HATVP) le 31 janvier 2014, Alexandra figure en toutes lettres comme collaboratrice parlementaire. Dans les faits, elle est uniquement en mairie, où ils ont d'ailleurs rapatrié la permanence du député. Au Havre, « Alex » passe désormais beaucoup de temps avec le premier édile. En mairie, et en dehors. On les voit dînant en tête à tête le dimanche soir en ville, dans les restaus où tout le monde va. Beaucoup le vivent comme une provocation. De nombreux témoins embarrassés finissent, lorsque mon dictaphone s'éteint, par évoquer leur gêne de les croiser. On baisse les yeux ou on ricane en les voyant arriver en réunion quelques minutes l'un avant l'autre, comme pour faire taire les rumeurs. Jusqu'au jour où il explose. Explication de gravure dans le bureau du maire. Il convoque toutes les secrétaires du cabinet, celles des adjoints, le service de presse. Vingt personnes au bas mot, essentiellement des femmes, auxquelles s'ajoutent quelques hommes, le dircab et les gens du protocole notamment. En une minute froide et cassante, il glace tout le monde :

— Il y a des rumeurs qui circulent au cabinet. Le premier que je tope à répandre ces rumeurs, c'est dehors dans les deux secondes. Je vous aurai prévenus.

L'assemblée se disperse comme une volée de moineaux. À partir de cet instant, les plus fidèles d'Antoine Rufenacht ont le sentiment de devenir les ennemis du nouveau maire. Il cloisonne encore plus ses activités. Il se méfie.

Hors mairie, plusieurs amis proches le trouvent imbuvable. « Totalement autocentré », dit l'un. « Plus rien ne l'intéresse à part lui-même », rapporte l'autre. « Édith s'est chargée de le lui faire comprendre pour qu'il redescende sur terre », dit un troisième. Il se brouille même avec Gilles. Ce n'est pas une première, mais plus que d'habitude. « Seule une histoire de femme peut fâcher à ce point deux amis aussi intimes », concèdent plusieurs proches qui requièrent l'anonymat. À une grande signature de la presse parisienne qui l'interroge sur un éventuel projet de troisième roman Philippe-Boyer, il répond, sèchement et devant témoins : « Certainement pas ! »

Il faut dire qu'en deux ans, il a pris de l'épaisseur et de l'assurance. L'expérience accumulée le rend plus autonome. Devenu député suite au décès de Jean-Yves Besselat en mars 2012, il a conservé la circonscription trois mois plus tard, le 17 juin, dans les urnes. En apparence, il est de plus en plus à l'aise avec les journalistes. En réalité, l'exercice médiatique le terrifie. En octobre 2012, une interview avec une jeune reporter de France 3 Normandie vire au cauchemar. Elle l'agace dès son arrivée. Le bureau du maire n'étant pas assez lumineux, l'équipe se déplace dans celui de la première adjointe, Agathe Cahierre. La journaliste s'intéresse aux ratés du dispositif des « maisons Borloo à cent euros ». Au Havre, un promoteur indépendant vient de mettre la clé sous la porte. Quatorze des deux cents et quelques maisons inhabitables vont être démolies. La mairie puise dans son budget pour les reconstruire à ses frais. Mais certains propriétaires excédés lui en veulent. Dans le bureau d'Agathe Cahierre, Édouard Philippe est glacial. L'équipe de France 3 prend peur.

— De toute façon, je l'ai bien vue quand elle est arrivée, on aurait dit Élise Lucet en jeune ! s'époumone après coup Édouard Philippe.

Comme nombre d'autres responsables politiques, le maire et député – il déteste que l'on dise « député-maire » – redoute, voire exècre l'indomptable figure de « Cash investigation », nouvel emblème de l'enquête journalistique. Au cabinet, tout le monde en prend pour son grade.

— Vous n'avez pas compris à quel point cette fille voulait me pourrir la vie. Vos notes, en plus, c'est de la merde !

Le sujet de France 3 donne plutôt la part belle à la municipalité, mais se passe de la séquence Philippe et préfère diffuser l'interview d'Agathe Cahierre, plus claire. L'exemple havrais fera suffisamment mouche pour que les sites d'info s'en emparent et que le 20 heures de France 2, national cette fois, débarque pour une nouvelle interview du maire. En extérieur. Et calme !

Loin de la mairie, Antoine Rufenacht se tient au courant, se désole – ou s'amuse – de ces sorties de route, mais, élégant, lui laisse le champ libre. Il est à l'étranger quand Édouard Philippe inaugure « son » tramway, le 12 décembre 2012… à 12 h 12. Le nouveau maire salue lui-même cette « élégance » et se réjouit du projet, même si, devant moi, il se plaindra ouvertement que « la fin des travaux qui faisaient râler tout le monde [ait] failli [lui] coûter [son] élection de député cette année-là ». Outre le tramway, il inaugure le stade Océane, met en musique la rénovation d'entrée de ville. « Il a inauguré à 95 % des projets commencés par son prédécesseur », répète en chœur toute la Rufenachie. Stratégie de la continuité, revendique l'intéressé, qui s'est toutefois autorisé à tuer un projet cher à son prédécesseur : la tour Odyssey 21de Jean Nouvel, dont les cent vingt mètres d'acier, de béton et de verre devaient s'élever à côté de la piscine du même architecte et accueillir un centre sur la mer et le développement durable.

— Pas crédible, trop cher et trop incertain techniquement et en exploitation, balaie-t-il.

À son actif aussi, une petite expérience de co-construction du nouveau quartier Danton, en lieu et place de l'ancienne maison d'arrêt. Lancées en 2012 pour quatre ans, les concertations aboutissent à un projet de complexe sportif et culturel, livré en 2021 et baptisé Simone-Veil.

Sa vraie touche personnelle est incontestablement la culture, en particulier cette « politique du livre » promise lors de son investiture. Édouard n'est pas pour rien le fils de Patrick Philippe. Même si, là encore, il s'inscrit dans la continuité. « La culture au Havre a toujours été diverse, exigeante et populaire, raconte le maire, des impressionnistes à Perret, de Queneau au polar, du rock à la première maison de la culture inaugurée en 1961 par Malraux[1]. » En complément du festival « Polar à la plage » (créé en 2001), il est très fier de son « Goût des autres » lancé en 2012 « sur une idée du Conseil de la diversité, comme il l'explique lui-même, pour fêter, tout près du port, la diversité des peuples, des styles et des idées, en pleine cohérence avec la belle diversité présente au Havre où vivent des communautés venues d'Algérie, du Maroc, du Liban, du Congo, de Turquie, du Sénégal, de Tunisie. En pleine cohérence aussi avec notre ambition de favoriser la cohésion sociale dans une ville qui met tout en œuvre pour résorber le chômage, l'illettrisme et l'échec scolaire ». D'entrée, la programmation fait le pari de l'érudition : la négritude et Aimé Césaire, le poète martiniquais arrivé en métropole par Le Havre. Tout sauf un hasard ! Car les festivals littéraires, la multiplication des bibliothèques, les soixante points « livres nomades gratuits » dans les bars, laveries et autres salles d'attente ont aussi une utilité électorale.

Lors d'une réunion de ses colistiers filmée par Laurent Cibien durant l'hiver 2013-2014, le maire, candidat à sa réélection et désormais boxeur (il prend des cours depuis l'été), l'assume parfaitement comme un marqueur de sa stratégie politique :

— La base consiste à attirer des électeurs qui ne viendraient pas spontanément. Ça, vous le faites en amont. Plus on s'approche du scrutin, plus vous allez mobiliser les gens qui ont vocation à voter pour vous. Comme

1. Françoise Legendre, « Une bibliothèque dans la ville : la place de la bibliothèque dans la politique culturelle », interview d'Édouard Philippe, *Bulletin des bibliothèques de France*, 2014.

à la boxe, passer du pied droit au pied gauche... bon, là c'est plutôt du pied gauche au pied droit. Ça, c'est la base : mobiliser son électorat et démobiliser celui d'en face. Lui piquer des électeurs, des idées... Avec le festival « Le Goût des autres », je me suis fait sérieusement emmerder quand on l'a lancé, y compris par des élus proches de moi qui disaient : « C'est gauchiste, c'est cérébral », etc. Eh bien, on l'a fait exactement pour ça. D'abord parce que c'est bien et ensuite parce que ça permet d'aller siphonner. Bon... évidemment, vous n'êtes pas obligés d'expliquer ça aux gens.

Et d'enfoncer le clou, langage moins châtié, toujours face caméra : la politique, c'est à la fois gouverner et gagner.

— Si vous n'avez que l'aspect politicien en tête, vous êtes des merdes, je le pense vraiment, explique-t-il. Mais les gens qui ne pensent qu'aux aspects de fond sont de belles âmes. Seulement, comme ils ne gagnent pas, on n'en a un peu rien à foutre !

Ce dont le Sioux n'a pas « rien à foutre », en revanche, c'est d'entretenir et développer ses réseaux. Les vieilles connaissances rufenachiennes demeurent précieuses, telle Catherine Pégard pour faire venir un Centre Pompidou mobile au Havre. Au gouvernement, il peut piocher dans ses contacts UMP : Alain Juppé au Quai d'Orsay, Xavier Bertrand au Travail, ou encore Benoist Apparu, le secrétaire d'État au Logement, bien utile pour ses projets de rénovation urbaine. Quant à Bruno Le Maire, ministre de l'Agriculture, c'est un copain de l'Ena. Édouard continue d'étendre sa toile. En 2011, le voilà coopté parmi les « Young Leaders ». La Fondation franco-américaine, financée par de grosses entreprises, le sélectionne avec une vingtaine de politiques, chefs d'entreprise ou journalistes des deux pays. Les époux Clinton y avaient croisé Juppé en 1983.

François Hollande ou Alain Minc sont aussi des ex. Dans la promo Philippe de 2011, figurent un futur PDG d'Arianespace, Stéphane Israël, qu'il a préparé au concours de l'Ena ; un des futurs dirigeants d'Axa, Nick Lane ; un avocat international des droits de l'homme en devenir, Jared Genser ; mais aussi la belle-fille d'Antoine Rufenacht, l'avocate d'affaires internationales Christine Poyer-Rufenacht. Le jeu consiste, bien sûr, à entrecroiser les promotions successives. En octobre 2012, la ville et l'agglomération du Havre invitent donc la promo suivante, dans laquelle figurent théoriquement Emmanuel Macron, jeune secrétaire général adjoint de l'Élysée, mais aussi Fleur Pellerin, ministre déléguée chargée des PME et de l'Économie numérique, le mathématicien Cédric Villani, Augustin Paluel-Marmont, fondateur de Michel et Augustin. Côté américain, entre autres, une pointure de la recherche climatique, Colin McCormick, ou encore Shamus Weiland, déjà DG d'une filiale de Citibank.

En mairie, Laurent Ronis et Alexandra Ruiz s'activent pendant des semaines. L'ami-président de la chambre de commerce et de l'industrie, Vianney de Chalus, ouvre son château personnel à Villerville. La piscine municipale des Bains des Docks, pépite architecturale de Jean Nouvel, est prêtée gracieusement pour un cocktail débridé. N'y a-t-il pas légère confusion des genres ? Travaille-t-on ici l'image d'Édouard Philippe ou celle du territoire ? « Les Young Leaders n'étaient pas des amis d'Édouard, se défend un ancien membre du cabinet. La ville avait une réputation très dure… donc si ces Français et ces Américains pouvaient repartir avec une image "pétard, champagne, fumigènes", ce n'était pas plus mal… ! » Le directeur de la piscine aura droit à son mot de remerciements : « La ville vous doit beaucoup. »

Hélas pour eux, Emmanuel Macron, qui vient de prendre ses fonctions à l'Élysée, renonce à venir. Aucun souci pour Édouard : le contact est établi depuis de longs mois. Dans sa toile, le député UMP a en effet attrapé cet élément bien utile depuis l'élection du président Hollande en 2012.

— On a moins de copains au gouvernement, mais t'inquiète, dit-il à Laurent Ronis, j'ai ma porte d'entrée à l'Élysée. Un type que j'aime beaucoup, qui vient d'être nommé secrétaire général adjoint. On communique par texto… C'est un type très bien.

Emmanuel Macron était encore banquier chez Rothschild lorsqu'ils se sont rencontrés pour la première fois à un dîner chez Frédéric Mion, en 2011. L'une de ces soirées chics, entre énarques ou gens bien nés, qu'organise régulièrement le conseiller d'État. Le contact semble suffisamment régulier et chaleureux pour qu'il en parle à Ronis. Sans doute pas au point d'étaler l'impression d'audace et de confiance qu'il a perçues chez ce banquier nourri de la culture du *deal* et du *win-win*. Lui, le juriste qui navigue dans le « possible/pas possible », y a vu comme les prémices d'une potentielle complémentarité.

Les Young Leaders ont aussi leur équivalent franco-chinois : promo 2013 pour Édouard Philippe avec son collègue et ami Franck Riester, le ministre socialiste Matthias Fekl qui deviendra un copain, les potes de l'Ena Benoît Ribadeau-Dumas et Jérôme Guedj, ou encore le tout jeune patron de Radio France, Mathieu Gallet, ainsi que la sénatrice UDI Chantal Jouanno. Les karaokés endiablés au pied de la *skyline* de Hangzhou, en octobre 2014, créent ou renforcent évidemment les liens entre Français, mais la Chine elle-même l'intéresse pour Le Havre, porte d'entrée maritime de l'Asie en Europe quand on arrive par l'Atlantique. Un tiers du chiffre d'affaires du trafic de conteneurs se fait avec l'Empire du milieu. L'architecte Wang Shu, qui sert de guide aux Young Leaders, resurgira d'ailleurs en 2017 dans un appel à projets de l'« Axe Seine ».

Comme pour tout, Édouard Philippe reconnaît qu'il a d'abord tâtonné avec la Chine. « Il trouvait que c'était hypercompliqué, il ne comprenait rien », raconte Alexandre Jardin, qu'il croise par hasard durant l'année 2014 et qu'il invite à visiter sa ville, vingt ans après le fameux été de révision de l'Ena. Accoudé au sommet de la tour de l'hôtel de ville qui surplombe le port, le maire voyageur raconte à son hôte romancier ses expéditions chinoises. « Il a passé du temps à Shanghai, il s'est vraiment cassé le cul pour sa ville », me raconte l'écrivain, proche des Gilets jaunes au moment de cette enquête, aussi épaté par le maire Édouard qu'il est remonté contre le Premier ministre Philippe. « Il a regardé comment ça marchait. Il allait là-bas attirer du fret vers son port, trouver des intermédiaires chinois. Au bout d'un moment, il a fini par rentrer dans les bons milieux, mais, au début, il reconnaît qu'il se faisait complètement balader. » Probable allusion au « fiasco Hsueh Sheng Wang », du nom de cet entrepreneur chinois d'Aubervilliers, résident en France depuis l'âge de treize ans. En 2011, ce dernier investit 8 millions d'euros et en promet 22 autres pour exploiter 40 000 mètres carrés d'entrepôts désaffectés sur le port du Havre, dont il veut faire un grand centre d'import-export pour réexpédier la marchandise arrivée par bateau, sans passer par Paris.

— Sept cents emplois à la clé, annonce Édouard Philippe, tout fier, signant le contrat devant les caméras.

Hélas, au moment des municipales en 2014, le seul lot cédé par le Chinois à un entrepreneur breton est toujours en attente des travaux promis[1].

Progressivement, le nouveau maire s'implique donc aux manettes de sa ville. À côté, son activité de député relève presque de l'anecdote. C'est à se demander s'il ne souhaiterait pas qu'on l'efface de son C.V. « Je ne veux plus jamais être parlementaire de ma vie, m'avoue-t-il dans une grimace. Beurk… ! Je n'ai pas du tout aimé. J'ai appris énormément, sur mon milieu, sur la loi, sur la politique, mais alors c'est fini ! C'est trop éloigné de la décision finale. Quand on est parlementaire, on est dans des positions d'influence, or moi j'aime les positions de décision ! Il y a des gens qui aiment le rugby, d'autres le foot. Eh bien, certains aiment le législatif, moi j'aime l'exécutif. »

Les chiffres parlent d'eux-mêmes. En quarante-sept mois de mandat à l'Assemblée : pas un rapport, pas une proposition de loi sous son nom seul, pas une participation à un groupe d'amitié. Cent treize semaines d'activité en tout et pour tout[2]. Et huit « QAG », les questions d'actualité au gouvernement pour lesquelles certains se damneraient. Chaque semaine, le groupe UMP a droit à six questions le mardi, six autres le mercredi. Vingt députés se bousculent. Le Sioux, jamais. « Ce n'est pas qu'il a peur de prendre la parole. Mais il ne voit pas la nécessité de taper comme un sourd sur la majorité,

1. D'après *Le Parisien*, Hsueh Sheng Wang est depuis 2014 sous le coup d'une enquête préliminaire pour « fraude fiscale et blanchiment » ouverte par le Parquet national financier suite à une plainte du fisc.
2. Le plus assidu durant la mandature 2012-2017, François Brottes (Isère) affiche cent vingt-huit semaines de présence sur un mandat plus court (trente et un mois), suivi d'Éric Straumann (cent quatre-vingt-six semaines sur quarante-sept mois).

explique Adrien Caillerez, secrétaire général adjoint du groupe à partir de 2014. L'exercice est surtout trop théâtral à son goût. » En clair, la joute est souvent écrite. Matignon se débrouille en effet pour en prendre connaissance auparavant. Le jeune Adrien ne peut rien contre les filous de son groupe, notamment un ancien ministre de Nicolas Sarkozy qui passe tous les mardis dans son bureau pour refiler les questions ensuite à son copain Bernard Cazeneuve, ministre de l'Intérieur. Christian Jacob, le patron du groupe, se chargera finalement de siffler la fin du manège.

Quitte à les espacer, le Sioux préfère choisir soigneusement ses QAG… et fait mouche ! Qu'on se rassure, il cogne alors sans trop de scrupules. 14 novembre 2012, sujet cher aux juppéistes : le cumul des mandats, qu'un rapport Jospin suggère d'interdire. Édouard Philippe s'adresse au Premier ministre, Jean-Marc Ayrault :

— Si, comme le prétend Lionel Jospin, le cumul nuit à l'exercice des mandats, nous aimerions savoir lequel de vos mandats – celui de maire ou de député – vous auriez négligé vingt-trois années durant.

Applaudissements sur les bancs de l'UMP. Il poursuit :

— Sur des sujets tels que le logement, le droit de l'urbanisme, les relations entre l'État et les collectivités locales, l'investissement public, la sécurité, l'aménagement du territoire ou l'action sociale, pensez-vous vraiment que le Parlement s'en trouvera plus éclairé et plus compétent ? Au fond, monsieur le Premier ministre, ma question est simple : allez-vous proposer au Parlement un texte reprenant les propositions du rapport Jospin, alors que toute votre expérience personnelle, ainsi que celle de la plus grande partie de votre gouvernement, vous montrent l'inanité de cette posture aussi idéologique que démagogique ?

Nouveau succès sur les bancs de l'UMP et de certains UDI. Jean-Marc Ayrault tente de répondre. Sans cesse interrompu, il rappelle la promesse du candidat Hollande et invite « M. Philippe » à ne pas avoir « peur du changement, peur de la réforme ».

Si Philippe n'entend pas qu'on lui enlève le droit de cumuler, lui qui « déteste ce mandat de député », c'est au nom de sa sacro-sainte liberté. Sa valeur cardinale. Son totem ! Cette liberté dont il use pour voter certains textes de la gauche. Sur le mariage pour tous, il ne va pas jusqu'à voter pour, comme Franck Riester et Benoist Apparu, mais il s'abstient, contre l'avis du groupe – son épouse, Édith, aura été entendue. Il vote en revanche la loi sur les treize nouvelles régions qui regroupe, notamment, ses chères Haute et Basse-Normandie. Cette même liberté qui lui fait traîner des pieds pour remplir sa déclaration de patrimoine à la Haute Autorité pour la transparence de la vie publique – la HATVP, créée après l'affaire Cahuzac et contre laquelle il a voté, comme son groupe. Celle qu'il finit par rendre, le 28 janvier 2014, n'a de transparent que le nom[1] et lui vaut un blâme (mais pas de poursuites[2]), comme vingt-deux autres parlementaires sur un peu plus de mille sortants et entrants. La valeur de son appartement à Paris ? « Aucune idée. » Ses parts dans une résidence de Seine-Maritime ? « Aucune idée. » Son bien en Indre-et-Loire ? « Aucune idée[3]. » Sa déclaration « d'intérêt

1. Mediapart avait révélé l'information.
2. En novembre 2014 et mars 2015, la HATVP signale finalement trois députés UMP (Bernard Brochand, Lucien Degauchy, Bruno Sido) et un sénateur UMP (Serge Dassault) au parquet de Paris. Gilles Carrez, président UMP de la commission des finances, est quant à lui visé par une procédure pour une erreur dans sa déclaration d'ISF.
3. La déclaration rendue en 2017, à son entrée à Matignon, estime son patrimoine à un peu plus de 1,7 million d'euros : un

et d'activités » est du même tonneau. Au lieu de chiffrer ses « revenus des cinq dernières années », il pose des questions. Concernant ses honoraires d'avocat : « Je ne suis pas certain de comprendre la question. Voulez-vous connaître mon taux horaire au jour de l'élection ? Ma rémunération mensuelle moyenne ? Annuelle ? » En revanche, il précise bien qu'il s'est fait « omettre du Barreau (cessation d'activité) à compter du 1er août 2012, ce que la loi n'impose pas, afin de ne donner prise à aucune polémique sur d'éventuels conflits d'intérêts ».

À l'assemblée, se nouent – ou se renforcent – les amitiés politiques qui serviront de base à la primaire à venir. Et tout d'abord son voisin dans l'hémicycle, Thierry Solère, même âge, même « juppéisme », entré dans le cercle des « amis Sciences Po » depuis dix ans déjà grâce à son épouse, Karine Theet, collaboratrice de Jean-Louis Borloo, elle-même très amie d'Alexandre Bompard, le patron de la Fnac, lui-même, etc. On pourrait tirer le fil indéfiniment. L'un et l'autre sont devenus maires dans le sillage de deux vieilles gloires, Rufenacht au Havre et Fourcade à Boulogne-Billancourt. Autre relation commune : Pierre-Mathieu Duhamel, dircab adjoint d'Alain Juppé pendant presque vingt-cinq ans, qu'ils retrouveront à la primaire.

Solère ne se fait pas prier pour raconter comment il a grugé, le premier jour, pour leur trouver deux places côte à côte, dans un coin sympa de l'hémicycle. Édouard était au milieu, tout en haut, et lui au dernier rang, à côté de Marion Maréchal. Ils ont squatté la place d'« un vieux, cheveux blancs » pratiquement jamais là. Par la suite,

appartement parisien (1,25 million d'euros), la copropriété d'un appartement en Seine-Maritime (400 000 euros) et des valeurs mobilières d'environ 56 000 euros.

ils se réservaient leur place, comme à l'école, et se sont vraiment « bien marrés pendant cinq ans ». Le député du Havre, masquant sa bouche, singe Ségolène Royal, ministre de l'Écologie, à chacune de ses prises de parole : « Oui, je suis en colère… » Ils ronchonnent lorsque le groupe UMP, ouvertement sarkozyste, les place tous deux dans la commission Développement durable – « preuve qu'ils ne pouvaient pas nous saquer, dit Solère. Aucune loi ne passe par cette commission ! Avec Édouard, on a reçu le président de l'agence de préfiguration de l'Agence pour la biodiversité. On s'est dit : "Mais qu'est-ce qu'on fait là ? On n'est pas en master Développement durable !" » La fibre environnement du « patron » n'est manifestement pas tout à fait assimilée par ceux qui se prétendent ses héritiers. Au bout d'un an, l'ancien DG de l'UMP atterrira finalement à la Commission des lois et le député des Hauts-de-Seine, à la Défense.

Dans ce petit noyau dit « Bellota-Bellota », du nom de leur restaurant espagnol favori, coexistent déjà plusieurs nuances d'UMP. Côté juppéiste, il y a l'ancien ministre champenois et amateur de *pata negra*, Benoist Apparu. Franchement sarkozyste, le gamin de Tourcoing Gérald Darmanin, vingt-neuf ans, emmène dans son sillage son grand copain de Vernon, Sébastien Lecornu, encore plus jeune – vingt-six ans –, ancien conseiller de Bruno Le Maire aux Affaires européennes, puis à l'Agriculture. Le Maire est aussi autour de cette tablée proche de l'Assemblée, du moins avant d'être lui-même candidat à la primaire et de prendre le large. Une fois par mois, les Bellota refont le monde au resto, puis chez Thierry Solère, en présence aussi de Gilles Boyer, qui s'est rabiboché avec Édouard. À l'Assemblée, Emmanuel Macron a repéré cette petite grappe de droite avec laquelle il converse volontiers à la buvette. En juillet, il a d'ailleurs déjeuné avec Gilles et Édouard. « Très sympa ! », se souvient Gilles. Il était tombé sur eux dans la rue en quittant l'Élysée et avait bien d'autres projets que Bercy, où il atterrira un mois plus tard. Le contact est bon, ça rigole, ça chambre, jusque dans l'hémicycle. Des travées de l'UMP, Solère observe un jour une prise de bec entre le ministre de l'Économie et le Premier ministre, Manuel Valls, sur le banc du gouvernement. Il se met à crier : « Macron à Matignon ! » Valls et son ministre de l'Économie lèvent la tête, cherchent d'où ça vient. « Tu vas me valoir des emmerdes ! » semble dire Macron du regard en identifiant le député des Hauts de Seine. Silencieux, Philippe se marre.

Cette discrétion à l'Assemblée est plus qu'un trait de caractère. Pour gagner sa première municipale au Havre, qui se profile en mars 2014, Édouard Philippe sait qu'il ne doit pas fâcher son opposition. Rufenacht l'a toujours dit : « La clé de l'élection au Havre, c'est de ne pas réveiller la gauche si on veut gagner quand on est à droite. » Écoutons-le dans l'une de ses rares interventions sur la politique maritime :

— Au risque de choquer ou de surprendre, je voudrais d'abord dire que lors de la dernière campagne présidentielle, le candidat qui a le plus, et peut-être le mieux parlé de la politique maritime et des enjeux qu'elle peut revêtir pour notre pays est celui que le groupe GDR[1] a soutenu. C'est peut-être le seul point d'accord que j'aie avec Jean-Luc Mélenchon : il est convaincu que les enjeux maritimes sont décisifs pour notre pays. Merci au groupe GDR d'avoir inscrit à l'ordre du jour de cette séance un débat sur la politique maritime de la France.

1. Groupe parlementaire de la Gauche démocrate et républicaine, composé de députés du Front de gauche et de députés ultramarins de gauche.

Sur le banc des ministres, Frédéric Cuvillier, chargé des Transports, de la Mer et de la Pêche, ironise :

— Quelle conversion !

Le député de Seine-Maritime poursuit en saluant la continuité de la politique nationale depuis les années Chirac :

— Les investissements sur Port 2000, décidés en 1995, ou ceux sur les terminaux d'échanges multimodaux qui, là encore, permettront peut-être de gagner des parts de marché.

Habile, il se réjouit de ce qu'il appelle un « changement d'esprit » sur les grandes places portuaires, notamment Le Havre « cher à [son] cœur ».

— J'y constate une mobilisation tout à fait exceptionnelle de l'ensemble des acteurs portuaires : les dockers, qui intègrent un discours de productivité et de compétitivité et qui souhaitent défendre leurs outils de production en faisant valoir leurs atouts, les opérateurs privés, qui investissent et mobilisent des énergies, les opérateurs publics, comme la douane, et enfin les grands établissements publics.

Les dockers ! Sujet majeur au Havre. Les derniers chiffres les évaluent à deux mille quatre cents, mais ils pèsent lourd car il y a les familles, les proches, les anciens et toute la culture docker. Sans y voir le moins du monde un pur calcul politique, l'existence d'un arrière-grand-père docker qui surgit assez opportunément au moment de la campagne de 2014 intrigue. Jusque-là, Édouard Philippe était fils de prof. Aucun docker dans son discours d'investiture de maire quatre ans plus tôt, en 2010. Ni durant sa campagne des législatives en 2012. Dans son livre paru en 2017, il saluera « la patience, la minutie et l'étonnante gentillesse d'une association de passionnés, le Groupement généalogique du Havre et de Seine-Maritime[1] », qui lui a révélé les origines de ses ancêtres. Installés près du Havre vers 1875, ils comptent notamment cet arrière-grand-père au nom de monarque, Louis Philippe, docker et cégétiste. En refaisant la décoration de son bureau, après l'élection de 2014, il mettra fièrement sous cadre sa carte professionnelle de 1939. Mais, en mairie, personne n'en a jamais entendu parler. Maintes fois, il m'a promis le contact d'une cousine qui possèderait toutes les cartes… sans jamais le transmettre.

La caméra de Laurent Cibien, décidément précieuse, filme deux scènes marquantes à ce sujet, durant l'hiver 2013-2014. D'abord une réunion d'appartement, tout ce qu'il y a de plus classique. Quinze chaises, quinze verres et le candidat qui se présente, hésitant :

— Je suis d'un milieu assez… euh… assez, euh… ils étaient plutôt dockers. Je crois que j'ai un arrière-grand-père qui était un des premiers membres du Parti communiste au Havre. Mon grand-père a commencé comme docker. Et puis, comme il a été malade, il a arrêté, mais il travaillait toujours sur le port. Mais moi, je suis pas du tout docker. J'ai été juge et avocat, travaillé dans l'industrie…

À l'arrière-grand-père s'ajoute soudain le grand-père. À la carte CGT, la création de la section communiste ! L'autre séquence, encore plus troublante, est passée inaperçue car elle figure uniquement dans les bonus du DVD[2]. Dans son bureau, le candidat Édouard relit, entre deux portes, le « matériel » électoral, notamment sa biographie. Soudain, il se rassoit, prend un stylo et raye avec détermination plusieurs mots qui le contrarient :

1. *Des hommes qui lisent*, *op. cit.*
2. *Édouard, mon pote de droite*, doc. cit.

— On ne va pas dire que mon grand-père était docker. C'est une légende. Enfin… c'est une légende… c'est vrai. Mais ça ne s'écrit pas. Mon grand-père a commencé sa vie professionnelle comme docker. C'est vrai, donc ce n'est pas la peine de le dire… ! C'est compliqué, hein…

Tellement compliqué que les dockers eux-mêmes se taisent. Leur leader, Johann Fortier, est aux abonnés absents. Chaque fois que je me rends au Havre, je trouve porte close au syndicat. Je creuse aussi la piste du PCF. « Désolé, nous n'avons pas d'archives », me répond le responsable de la section du Havre. Quant au député communiste Jean-Paul Lecoq, il éclate de rire : « Si son arrière-grand-père a, en plus, créé la section communiste ici, je crois que ça intéressera quelques camarades ! » Les deux hommes se tutoient et s'apprécient. Il me raconte avoir chambré Édouard dans les couloirs de l'Assemblée : « "On a cherché ton grand-père dans les archives à la CGT, on ne l'a pas trouvé !" Édouard m'a répondu : "Ah, mais c'est parce qu'il n'a pas été docker longtemps." J'ai rigolé : "Ah ! ça devait être un job d'été, alors ?" »

Que de flou pour un sujet qui n'en est pas un, à en croire Édouard Philippe, très agacé par mes recherches. En définitive, la carte de 1939 de Louis Henri Irénée Philippe, mort en 1952, atteste qu'il a manœuvré sur le port du Havre. « D'autres années aussi », m'assure son arrière-petit-fils. Mais je n'aurai jamais accès à la fameuse cousine, détentrice des autres cartes. L'hermétisme du clan docker-CGT-PCF m'intrigue tout autant. Preuve supplémentaire, selon moi, qu'il y a bien du docker dans l'arbre généalogique du maire du Havre. Et que ça ne les réjouit pas vraiment.

Les recherches généalogiques ne sont pas terminées. De l'avis de Jean-Louis Beaucarnot, généalogiste réputé, le côté paternel n'a pas fini de révéler ses mystères : un ancêtre italien établi dans le pays de Caux et une arrière-arrière-grand-mère, fille de cordonnier, née à Château-Chinon, en plein Morvan. « Une aïeule qui pourrait le doter d'aïeux dans le village de Glux, où vivaient les grands-parents d'Arnaud Montebourg. Une connexion semble établie avec Benjamin Griveaux, qui partage un ancêtre vivant au début du XVIIIe siècle à Saint-Bérain-sous-Sanvignes. »

Étrangement, ses origines maternelles, moins mystérieuses – Nord, Belgique et Cannes – ne sont pas non plus absentes de cette campagne municipale. La centrale EDF du grand-père est menacée. Édouard Philippe y tient « comme à ses premiers boutons de manchette », selon l'expression du leader EELV, Alexis Deck. Sur les quatre tranches mises en service par Lucien Lahousse en 1968, celle au fuel a été arrêtée au début des années 2000 et deux au charbon, en fin de vie, coupent chaudières et turbines en 2013 et 2014. Le maire se bat pour sauver la dernière et pousse en faveur d'un projet de captation du CO_2. Objectif : faire du Havre le poisson-pilote du « charbon propre ». EDF investit 160 millions d'euros en travaux de modernisation pour prolonger l'activité de cette centrale jusque 2035, avec ce pari de traiter les fumées. En conseil municipal, en mars 2013, le communiste Pascal Cramoisan détaille même l'accord syndical assurant le « recasage » des agents sur des sites nucléaires.

Dans sa lettre de candidature aux Havrais, le 11 décembre 2013, Édouard Philippe n'en fait toutefois pas mention. Il préfère mettre en lumière « la nouvelle filière industrielle de l'éolien en mer » qui doit créer « deux mille emplois directs dans les trois prochaines années ». Areva, qui vient de décrocher le marché des éoliennes de la baie de Saint-Brieuc, pourrait bien fabriquer pales et nacelles au Havre. Surtout pas de révolution : il annonce

« continuité », « sérénité » et « audace ». « Maire depuis le 24 octobre 2010, je n'ai pas le goût des déclarations péremptoires, des engagements irréfléchis et des promesses inconsidérées. »

En mars 2014, à l'heure du verdict, la vraie question est de savoir si le passage de flambeau a été un succès. Une petite phrase d'Antoine Rufenacht au sujet de son successeur, dans l'interview qu'il accorde à Cibien juste après l'ovation du dernier conseil municipal, résonne amèrement : « J'ai souvent dit à Édouard – et à Alain Juppé : quand on est plus intelligent que les autres, il faut savoir le faire oublier. Et ça, c'est peut-être un petit travers… et de Juppé, et d'Édouard. » La caméra capte alors un sourire malicieux.

Le 23 mars, au soir du premier tour, le sourire n'est plus le même lorsqu'il comprend, au côté d'Édouard Philippe, que l'affaire est déjà pliée. Élu à 52 % ! Lui qui a bataillé pendant quinze ans pour décrocher cette mairie est admiratif et sans doute un peu jaloux. L'abstention record (53 %) aura clairement fait mal à la gauche, endormie par la prudence du Sioux. Assorti à la sobriété d'Antoine Rufenacht, Édouard Philippe rougit mais n'exulte pas. Tout en contrôle, il se contente de lâcher, sous les applaudissements :

— Bon, ben, ça c'est fait.

À Paris, la direction de l'UMP triomphante se réjouit d'une « vague bleue » qui inflige à la majorité de François Hollande une raclée historique. Dans les interviews, Édouard Philippe la joue modeste, évoquant « une victoire contre le sectarisme partisan ». Le contraste annonce la suite. On est à cinq mois de la candidature à la primaire d'Alain Juppé… lui aussi réélu maire de Bordeaux avec 60 % des voix dès le premier tour.

Une dernière image du vainqueur, captée ce soir-là par Cibien à la permanence. Édouard Philippe est assis seul, gobelet en plastique et biscuits apéro improvisés. Son deuxième fils se précipite vers lui :

— C'est cool, t'as gagné, on va te voir cette semaine !

« Le pire, c'est que je n'ai même pas le courage de lui dire clairement que ce ne sera pas le cas », réalisera l'élu en visionnant le film après-coup. Sa mère, ce soir-là, se fait également mal comprendre. Anne-Marie, pudique, répond aux journalistes :

— Je n'ai pas à être fière de lui.

Façon de lui attribuer tout le mérite. Depuis lors, l'idée d'une mère « pas fière de son fils » tourne, inlassablement, sur les sites d'infos. Son père, trop malade pour se déplacer, n'a pas vécu ce moment. Édith non plus, déjà rentrée à Paris avec sa petite dernière. Elle apprend l'élection sur le quai de la gare d'Austerlitz et remonte dans un train pour Le Havre.

12

Les pères et le patron

La mort s'est invitée dans la campagne des primaires, ce 29 septembre 2014. La mort digne et majestueuse d'un empereur romain qui la regarde en face. À son tour, Patrick Philippe a épaté son fils… qui raconte ces instants douloureux avec une étonnante simplicité : « C'est bien d'être bluffé par son père, surtout dans un moment pareil. Quand il a décidé que maintenant ça suffisait bien, on lui avait déjà coupé un orteil, puis la moitié du pied, cette fois c'était la jambe et il m'a dit : "Ça suffit comme ça, je ne vais pas partir en morceaux." Il a donc arrêté les dialyses et on savait que ça lui laissait entre deux et six jours. Je suis allé tous les jours le voir à l'hôpital. La dernière fois, il était bien, on s'est parlé, on s'est embrassé. On savait que c'était la dernière ou l'avant-dernière. Il était un peu angoissé par la mort, mais comment ne pas l'être ? »

Le traducteur de Dante, « bouffe-curé » et franc-maçon, a choisi de partir entier, quand il le voulait. Il laisse une femme, des enfants et petits-enfants qu'il aime. « Il quitte une vie qui était dure matériellement et médicalement, mais qui était émotivement très belle. Il a vraiment été d'une dignité, d'une classe ! » Édouard Philippe retient la leçon de vie et apprend un peu la mort. « On peut raconter deux ou trois trucs pour faire les malins, mais là… on ne triche pas. Moi, j'aime beaucoup la vie. Donc j'aborde la mort de façon sérieuse. Je la respecte. Je ne suis pas un trompe-la-mort. »

Quatre jours plus tard, au funérarium du Havre, une foule de profs chante du Boby Lapointe. Édouard se découvre un père sans doute plus original et haut placé dans la franc-maçonnerie qu'il ne l'imaginait. « J'ai fait un discours qui était… pas mal ! J'ai fait rigoler tout le monde, j'étais content… », répète-t-il plusieurs fois. Gilles avait apporté un double de son texte, au cas où son pote craquerait. Lui qui termine d'ordinaire ses phrases n'a pas eu à prendre le relais.

Le grand Benoit au Havre – Benoit Dubosc –, m'avait guidée : regardez son rapport à la mort. Sans doute parce que leur amitié s'est construite dans un moment de confrontation avec elle. Après chaque enterrement, un rituel s'est installé : Édouard l'appelle pour finir la journée autour d'une table. Ça peut paraître banal, ça n'en est pas moins profond. Paradoxalement, cet échange avec Édouard Philippe est l'un des rares où il semble, devant moi, avoir baissé la garde. Le fils évoque le dialogue, très intime, qu'il a mis en place avec son père défunt. « Quand des proches disparaissent, pour moi, ce n'est pas un anéantissement. Je vis très bien, du reste, avec la mort de mon père. J'ai l'impression que je lui parle tous les jours. Il ne me manque pas du tout, c'est effrayant ! Sans doute que je ne devrais pas dire ça, mais je lui parle tous les jours. Je n'imaginais pas ça une seconde, mais c'est la réalité. »

Le dialogue quotidien s'est installé. La vie a repris son cours et la « poloche », sa place centrale. En cette fin d'été 2014, quelques jours avant la mort de Patrick

Philippe, Nicolas Sarkozy s'est rappelé au bon souvenir de l'UMP. Tentative de come-back d'un ancien chef de l'État qui voudrait présider à nouveau son parti. L'affaire Bygmalion et la démission forcée de Jean-François Copé sont passées par là. La compétition, prévue le dimanche 29 novembre, doit l'opposer à son ancien ministre Bruno Le Maire et au député Hervé Mariton. Dans une tribune au *Figaro*, six jours après avoir dit au revoir à son père, Édouard Philippe apporte son soutien à Le Maire. « Nicolas a l'énergie, les qualités et les défauts qu'on lui connaît, écrit-il, mais je connais Bruno Le Maire depuis plus de vingt ans. Nous sommes élus dans la même région. J'ai avec lui des relations de confiance et d'amitié et ça compte. » « Pure provoc pour ne pas soutenir Sarko ! », décrypte un Bellota.

Sans surprise, Sarkozy s'impose haut la main (64,5 %), mais Bruno Le Maire n'a pas à rougir de ses 29,18 % qui lui valent un SMS d'Emmanuel Macron. Pour l'anecdote, les deux hommes se sont aussi rencontrés… chez Frédéric Mion. « Félicitations ! joli score[1] ! » a textoté le ministre de l'Économie. Dès le lundi, Le Maire se rend chez le nouveau président de son parti, réclame une vraie primaire. « Sinon Juppé, Fillon et moi on s'en va ! menace le député. Il faut que ce soit une primaire large, confiée à quelqu'un d'extérieur à tes proches, par exemple Thierry Solère. » Mardi matin, Sarko débarque en réunion de groupe et « Titi », assis au fond à côté de son « Dédé », apprend en direct qu'il va organiser le scrutin. Juppé et Fillon ont validé.

Solère demande donc à chaque candidat de désigner un interlocuteur. Pour Juppé, ce sera Philippe. Pour François Fillon, Bernard Accoyer, l'ancien président de

1. Bruno Le Maire, *L'Ange et la Bête*, Gallimard, 2020.

l'Assemblée. Le chef, Nicolas Sarkozy, en aura trois : son ami Brice Hortefeux et, pour le parti, sa vice-présidente Nathalie Kosciusko-Morizet et son secrétaire général, Laurent Wauquiez. Il en réclamera même une quatrième, que « Titi » sera bien embarrassé d'annoncer au Sioux :

— Dédé, je t'appelle parce que je viens d'avoir Sarko. Il me demande de rajouter quelqu'un dans le comité d'organisation des primaires.

Édouard pouffe d'exaspération. Puis s'étouffe lorsqu'il entend le nom :

— C'est Antoine Rufenacht !

« Il s'était fait draguer pendant tout l'été par Sarko, explique Solère. Il avait été reçu au Cap Nègre. Ça a fait la différence avec un Juppé qui ne traite pas ses amis, qui ne prend pas son téléphone pour votre anniversaire, ne prend pas de nouvelles. »

Alain Juppé a annoncé sa candidature dès le mois d'août, avant Sarko mais après Bertrand, Estrosi et Fillon. Façon Juppé, sans prévenir personne ! Gilles, son dircab à Bordeaux, à qui il avait demandé de repérer des locaux, a simplement reçu un SMS : « Vous verrez, j'ai fait un petit blog. Je pars au Canada, bonne semaine ! » Les autres sont censés comprendre d'eux-mêmes. Ça se passe comme ça dans la « bande à Juppé » : les rôles se distribuent spontanément. Ici, on choisit le patron, et non l'inverse. Quand le billet de blog de candidature tombe le 20 août 2014, Alain Juppé est en route pour Montréal, Gilles Boyer à Boston, Charles Hufnagel travaille chez Saint-Gobain[1], Vincent Leroux au Medef. Le maire du Havre saute dans un jean – avec Gilles en soutien – et file faire les interviews radio. « Juppé est un patron beaucoup plus

1. Il se mettra en congé de Saint-Gobain pour rejoindre officiellement l'équipe en septembre 2016.

simple qu'on ne le pense… pour peu qu'on soit organisé », explique Gilles Boyer, qui au début a lui-même passé des mois, à Bordeaux, à deviner son rôle de dircab. « Un an après son blog pour la primaire, j'ai fini par lui dire : “Il faut choisir un directeur de campagne…” Et il m'a répondu : “Ben c'est vous !” Et ça ne m'a pas choqué. Dans sa tête, c'était très précis et on est censé y être ! » Devant moi, Juppé confirme : « Il y a des choses qu'on sent. Sans besoin de les dire. Depuis l'échec de Sarkozy en 2012, j'étais parmi les candidats potentiels. Je maintenais le suspense. Tous ceux qui étaient l'arme au pied pour m'aider ont accouru. Je les avais déjà mis à l'épreuve dans des circonstances différentes. »

Depuis qu'Édouard s'est fait élire au Havre, le rapport a changé avec Alain. Ça ne lui vaut pas forcément plus d'égards sur la forme.

— Vous regarderez pour les médias, Édouard ? lui lâche-t-il simplement, fin août, lorsqu'ils se retrouvent à cinq avec Gilles, Vincent et Pierre-Mathieu Duhamel pour lancer la machine.

Traduction : « Vous serez porte-parole, avec Benoist Apparu. » Il est quand même plus écouté sur le fond. « Il a joué un rôle très important dans l'élaboration de mon projet, des quatre ou cinq livres que j'ai publiés. Sur l'école, sur l'État fort, sur l'économie », détaille Alain Juppé, non sans préciser qu'Édouard n'a pas tenu la plume. De fait, il préfère faire appel à des journalistes pour l'interviewer : Natacha Polony d'Europe 1 pour l'ouvrage sur les thèmes régaliens, Emmanuel Lechypre de BFM Business pour l'emploi et la croissance. « Édouard a animé beaucoup de groupes de travail, salue en tout cas Juppé. Il réunissait notamment ces jeunes hauts fonctionnaires, dont on dit tant de mal, mais qui sont tellement compétents, bosseurs et sérieux. »

Le Sioux, qui n'a pas « le réseau », interroge son copain Jérôme Guedj, le frondeur que les médias s'arrachent :

— Comment tu fais pour les choper ?

« Moi, j'avais un produit à vendre, analyse l'ancien député PS. Je voulais prendre à partie l'opinion pour faire avancer notre rapport de forces interne à la majorité. Lui, ça le démange, mais il n'a pas non plus envie de s'abîmer dans des exercices trop aboyeurs, trop polémiques. Je crois qu'il pense le temps long aussi. »

Édouard a parfaitement identifié le risque. Il connaît son cardinal de Retz : on ne sort de l'ambiguïté qu'à son détriment. Il se tire plus que bien de sa première grosse épreuve, en décembre 2014, sur le plateau de Laurent Ruquier[1], en pleine Juppémania. Le candidat, élu personnalité de l'année par *GQ*, fait même la une des *Inrocks* deux mois après celle de *Valeurs actuelles* ! Passé à la moulinette des questions de Léa Salamé et d'Aymeric Caron, le maire du Havre, qui soignait son affichage transpartisan, est obligé de s'assumer en libéral de droite.

— Les 35 heures ont été une erreur pour l'économie française… On ne travaille pas assez et pas assez longtemps dans ce pays.

Certes, il brandit son abstention sur le mariage pour tous. Mais alors, pourquoi voter contre la loi Macron sur le travail, pourtant très libérale ? « Opportunisme politique ! », tonnent les deux journalistes. Nicolas Sarkozy, le président de son parti, va-t-il faire la lumière sur l'affaire Bygmalion ? « On y veillera. » Organiser une vraie primaire ouverte ?

— Si ce n'est pas le cas, on ira nous-mêmes au premier tour de la présidentielle.

— Sans parti ? rétorque Léa Salamé.

1. « On n'est pas couché », France 2, 13 décembre 2014.

Il laisse revenir plusieurs fois la question et finit par répondre crânement :

— Peut-être sans parti… oui…

Regards interloqués sur le plateau. Le Sioux semble s'étonner de sa propre audace et répète, malicieux :

— On verra… !

Contrairement à ce qui sera répété ensuite, à deux ans du vote, le mauvais positionnement de Juppé est déjà perceptible.

— En draguant le centre au lieu de la droite, alors que les adhérents de l'UMP sont de plus en plus tentés par l'extrême droite, ne se trompe-t-il pas de scrutin ? questionne la journaliste d'« On n'est pas couchés ».

— Rien n'interdit de parler aux dix ou quatorze millions de Français qui sont autour, répond le porte-parole.

Sur la forme, Édouard fait un carton.

— Il est fort, s'enthousiasme Laurent Ruquier, et pas seulement parce qu'il est havrais.

Il est même parvenu à glisser quelques bons mots :

— Juppé est plus précoce que moi dans la capillarité… comme il l'a toujours été en tout.

Rien de tapageur. Sympa et sobre. Il sort lessivé, mais fier. « C'est putain de dur cette émission. Top mais dur ! », rapporte-t-il par SMS à son ami Guedj, qui avait vu juste : Édouard pense le temps long. Comme souvent, la caméra de Laurent Cibien saisit cette vérité qu'il n'assumerait pas ailleurs. Quand le réalisateur lui demande si cette campagne pour la primaire est la plus importante de sa carrière, il répond du tac au tac :

— Non ! La municipale était plus importante. Je la voulais vraiment, ça me plaisait.

Il ne s'embarrasse pas d'un argument « collectif » :

— J'ai vu en 2004 avec Juppé comment se constituait un gouvernement. La part d'aléa est tellement considérable que ce n'est pas la peine de t'énerver un an avant[1].

Mais il anticipe quand même, au cas où. « Si j'entrais au gouvernement, tu viendrais diriger mon cabinet ? », demande-t-il à Benoît Ribadeau-Dumas. « Même pas en rêve », répond celui qui vient de prendre un gros poste chez Zodiac Aerospace. Sauf… « si c'était Matignon, là on pourrait en parler… ».

Juppéistes et lemairistes le répéteront à l'envi, ils ont eu tort de ne considérer qu'un adversaire : le président de l'UMP. À tous ses interlocuteurs des déjeuners de presse, Édouard Philippe répète que les remontées de terrain débordent de « tout sauf Sarko ». Il a pourtant parfaitement conscience de la menace Fillon. À Ludovic Vigogne, de *L'Opinion*, qui lui demande en juillet 2016 : « Qui ne voit-on pas dans cette campagne ? », il répond, lucide : « On ne voit pas le candidat de la droite réactionnaire. » Au passage, le Sioux se montre piètre pronostiqueur. Au cours du même petit-déj, il évoque le cas Macron :

— Je l'aime bien, Emmanuel, je crois que je suis à peu près d'accord sur tout. Mais je ne crois pas du tout à ses chances. Au Havre, personne ne m'en parle.

Le « tout sauf Sarko » entraîne aussi des arbitrages organisationnels. Le président de l'UMP ne veut pas du vote électronique pour les Français de l'étranger. Il les sait globalement favorables au maire de Bordeaux et a tout intérêt à leur imposer de se déplacer, malgré le climat terroriste régnant à Londres, où vivent environ 225 000 Français. L'attentat de Nice, le 14 juillet 2016, simplifiera la tâche à Thierry Solère, qui acte le principe du vote électronique le 10 juillet. Furieux, Sarkozy le

---

1. *Édouard, mon pote de droite : Primaire*, Laurent Cibien, Lardux Films, 2018.

convoque six jours plus tard. L'organisateur n'ira pas au rendez-vous.

Dans ce contexte, le camp Fillon préfère annuler un déplacement outre-mer. Le candidat peaufine son livre, *Vaincre le terrorisme islamiste.* En revanche, on en est encore à compter les morts de la promenade des Anglais quand Juppé, lui, décolle pour Nouméa. Les Ultramarins, ça se respecte. Quelques jours plus tard, c'est à 20 000 kilomètres de la métropole qu'il lui faut condamner l'assassinat du père Hamel dans son église de Saint-Étienne-du-Rouvray. Chez Fillon, le stratège Stefanini se frotte les mains. Édouard et Gilles n'ont pas bougé. Trop sûrs d'eux ? « Pour gagner, il faut sortir de soi-même, observe le vieux loup chiraquien. Des gens, dans leur équipe, considèrent qu'ils ont enfermé Alain. Ils ont perdu de vue qu'il faut se battre. Travailler les soutiens, les faire fructifier, aller vers des gens qu'on connaît moins bien et des thématiques qu'on connaît peu. Le régalien, notamment. Certes, Juppé a fait un livre sur le sujet. Mais c'est insuffisant ! »

Pour « sortir Fillon de lui-même », l'un des coups gagnants de Stefanini consiste à l'avoir emmené du côté de Sens commun, émanation de La Manif pour tous, opposée au mariage homosexuel. À quoi Gilles Boyer répond, fort logiquement, qu'ils n'allaient pas travestir leur candidat. « Juppé a ses idées bien claires dans cette campagne. Son gros atout, c'était la cohérence. On n'aurait jamais pu être plus à droite que Sarko. On n'allait pas, d'un coup, dire : "Il faut stopper l'immigration." Juppé n'aurait pas voulu, d'ailleurs. »

Édouard Philippe déteste qu'on le dise, mais il y a vraiment du Juppé dans sa façon de faire le pari de l'intelligence, parfois au mépris de la réalité. À une journaliste frappée de le voir « survaloriser la mémoire des électeurs », il répond :

— Vous, votre métier vous conduit à survaloriser l'instant. Je crois vraiment que les Français ont de la mémoire et ne veulent plus de Sarkozy[1].

Chez lui, intelligence va de pair avec intransigeance. À douze jours du premier tour, il claque la porte d'une réunion du mardi au Q.G. de campagne. Devant une quinzaine d'élus et de maires, Christophe Béchu (Angers), Frédéric Valletoux (Fontainebleau), Karl Olive (Poissy), Virginie Calmels (adjointe à la mairie de Bordeaux) ou encore Chantal Jouanno (sénatrice de Paris), Benoist Apparu s'inquiète d'« un sujet qui monte, c'est "Juppé salafiste, Ali Juppé". Il faut monter le ton là-dessus ! ». Sur des sites complotistes, des montages photo présentent le candidat en islamiste radical, notamment en raison de sa proximité avec l'imam de Bordeaux, Tarek Oubrou, et de son feu vert, en 2008, à un projet de mosquée stoppé depuis.

— Il faut répondre, plaide Virginie Calmels.

— Il nous faut quatre-cinq punchlines sur le mode « La mosquée n'existe pas », « l'islamisme, c'est n'importe quoi », appuie Apparu.

Philippe plaide la sobriété :

— Juppé est clair sur le sujet : « On va vivre avec une communauté musulmane parce qu'elle est légitime et parce que l'islam est compatible avec la République. Et on est extrêmement stricts avec certains principes. » Quand vous tapez Sarkozy dans Google, vous le voyez avec Kadhafi ! Bon, ben voilà, c'est une campagne présidentielle. Moi, je préfère Tarek Oubrou à Kadhafi !

Virginie Calmels renchérit :

1. *Édouard, mon pote de droite : Primaire*, doc. cit.

— OK, mais le fait de ne pas répondre sur la mosquée lui est quand même reproché !

Croyant bien faire, Apparu propose à l'élue bordelaise de se débrouiller pour le faire prendre en photo avec l'évêque et de poster le cliché sur les réseaux. Agacement d'Édouard, qui tente de contrer, « non mais, sérieusement… », et qui capitule :

— Oh, et puis je me casse, ça me fait chier.

Gilles Boyer, qui s'attribue beaucoup de torts, « au-delà du raisonnable » selon Édouard Philippe, avance plusieurs réflexions sur la défaite dans son livre introspectif[1] : ne pas avoir su « gérer la calomnie », avoir sous-estimé « la volatilité de l'électorat des primaires », « le caractère décisif des débats télévisés », « la puissance mobilisatrice de l'électorat catholique ». Vincent Leroux, qui a mis en place le maillage des comités de soutien et les bureaux de vote, s'en veut, lui, d'avoir été aveugle à certains signes. « On aurait dû comprendre qu'il se passait quelque chose chez Fillon car Sens commun aurait dû aller chez Sarko. Et songer à leur grosse capacité de mobilisation[2]. Nous avions une armée de bénévoles, mais peu de permanents. Nous avions nous-mêmes des métiers », poursuit celui qui est alors dircab du président du Conseil économique, social et environnemental (CESE). Dernier indice négligé : le décrochage de Bruno Le Maire. « À un mois et demi du premier tour, alors qu'il a un programme parfait de mille pages ? On aurait dû tiquer ! », conclut Leroux.

J'ai bien sûr questionné Édouard Philippe à ce sujet. Il a réfléchi longuement et m'a totalement sidérée : « En réalité, je n'y ai jamais cru. Juppé a été en tête pendant cent quinze semaines sur cent seize, mais je n'ai jamais

1. *Rase campagne*, JC Lattès, février 2017.
2. Neuf mille adhérents.

cru qu'il allait gagner. Je me disais qu'il allait se passer quelque chose. À deux semaines de la fin, j'ai commencé à imaginer que ça irait peut-être au bout. Mais dans la dernière semaine, j'ai senti que quelque chose bougeait, les gens étaient bizarres, je ne savais pas quoi. Gérald, avec qui je parlais souvent au téléphone, disait la même chose… À la fin de la fin de la fin, l'âge d'Alain a compté énormément. Sans doute en non-dit, mais ça a beaucoup joué. » Mais lui, quelle part s'attribue-t-il ? « J'ai consacré énormément d'énergie. Comme porte-parole, je n'ai jamais dit de connerie. Et du côté de l'organisation de la primaire, tout s'est bien passé. » J'insiste : avec le recul, s'il fallait un jour gérer une autre campagne, si… si… si… ? Édouard Philippe réfléchit à nouveau longuement et répond : « J'en retiens qu'il est illusoire de penser que la popularité entraîne le vote ou la mobilisation. »

Vu de la fenêtre de Gilles Boyer, voilà bien le côté Juppé d'Édouard : sa capacité à en dire le moins possible. « Édouard est quelqu'un de très discret, qui ne dit jamais quelque chose qu'il n'est pas obligé de dire. Il déteste se fermer les portes. Il veut toujours garder une multitude de possibilités. Dans ses réponses, il y a toujours beaucoup de nuances. Ce n'est jamais “oui, pour toujours”, “non, jamais”. Moralité, il est rarement pris en flagrant délit de mentir ou de changer fondamentalement d'avis. Maintenant, comme il a grandi aux côtés d'Alain [Juppé] et d'Antoine [Rufenacht], qui est un protestant pas drôle tous les jours, quelle est la part de l'un et de l'autre ? Bon, ça n'empêche pas d'avoir des moments sympas. Mais oui, on est dans la sobriété. »

Vu de la fenêtre d'Édouard Philippe, en revanche, c'est un cri du cœur : « Arrêtez de répéter que je suis comme Juppé ! Je lui conserverai toujours ma tendresse, mais je ne suis pas comme lui. Je suis beaucoup plus disruptif, moins cultivé, un peu plus à l'aise qu'il ne l'est en communication au sens large. Et aussi beaucoup plus patient, je crois. » Rufenacht était un père, Juppé est un patron. « La relation est probablement moins intense que "filiale", comme avec Antoine, mais je crois pouvoir dire qu'il y a une relation de grande confiance de sa part et de grande admiration de la mienne. Il m'a appris un truc assez estimable, le côté "quand on choisit un patron, on choisit un patron". » L'énumération est clinique. Pas froide, mais sans émotion. « Juppé m'a aussi et surtout appris à tout lire... à ne pas penser que parce qu'on a compris 70 % d'un dossier, on va s'en sortir. Je peux vous dire que je lis tout désormais. Et puis il m'a réjoui, parce que, quand même, un homme politique qui continue à lire [autre chose que des dossiers], c'est tellement important ! »

Cela n'aura pas suffi. Le 20 novembre 2016, Alain Juppé est deuxième du premier tour (28,5 %), loin derrière François Fillon (44,08 %). Nicolas Sarkozy accroche péniblement les 20 %. Dans le studio d'Europe 1 où je participe, aux côtés de Thomas Sotto, à la soirée électorale, le maire du Havre arrive débraillé et agité. Plié en deux sur son portable pendant la coupure pub, il écoute Gilles Boyer le prévenir que Juppé, soixante et onze ans, quitte la politique. Le temps d'un direct, il le reprend en ligne dans les couloirs de la rédaction :

— Il a vraiment pris sa décision ? Il va décevoir tous les mecs qui croient en lui. Il peut perdre. Mais il ne peut pas refuser de se battre, merde, ce n'est pas possible.

Sur BFMTV, il continue à tenir son rôle, mais en coulisses, d'une humeur de chien, il cloue sur place Ruth Elkrief :

— Je pense que vous avez mis le curseur un peu haut sur Fillon à la fin. Mais bon, ce n'est pas grave. Nous, on en a profité avant.

Il n'écoute même pas la journaliste se défendre et disparaît, avec un « au revoir » de la main.

Le second tour est sans suspense : 66/34. Fillon sera bien le candidat de la droite et du centre. L'anniversaire d'Édouard, le lendemain, 28 novembre, commence par un direct sur France Bleu Normandie. Dans la défaite, il semble détaché :

— Alain Juppé et Nicolas Sarkozy se sont enfermés dans des postures tous les deux et ça a laissé un espace central à François Fillon qui l'a très bien utilisé, explique-t-il, tout en contrôle.

« Je m'attendais à pire, 75/25 », confie-t-il à ses proches, le soir, dans une ambiance de « lose totale », raconte Thierry Solère. Lui joue le jeu de la primaire, les battus au service du vainqueur : « Titi » devient porte-parole de Fillon, Lecornu directeur adjoint de la campagne. Stefanini tente de remettre Édouard dans le jeu, comme représentant de Juppé, en vain. Fillon, d'ailleurs, s'en méfie. Avant Noël, la campagne du candidat UMP part déjà à vau-l'eau. Trois semaines de ski pour le candidat et un fiasco sur la Sécu pour Jérôme Chartier, son porte-parole, qui s'embourbe sur les petits risques, les gros risques, les petits rhumes, les gros rhumes. Résultat, début janvier, Fillon s'écroule dans les sondages : sept à huit points perdus par rapport à novembre, quelque part entre 23 et 28 % des voix selon les hypothèses à gauche, avec ou sans candidature de François Bayrou. Marine Le Pen n'est qu'à un ou deux points derrière.

Au QG du candidat, Fillon et Stefanini ont à peine le temps de créer un comité de pilotage pour réintégrer Philippe et Darmanin qu'éclate le « Penelopegate ». Le mot surgit le 24 janvier en pleine galette des rois. *Le Canard enchaîné* révèle que Penelope Fillon a bénéficié d'emplois présumés fictifs comme attachée parlementaire de son mari et du suppléant de celui-ci, Marc Joulaud. Il y en a pour 500 000 euros bruts de 1998 à 2012, sans compter les 100 000 euros touchés à *La Revue des Deux Mondes* pour quelques notes de lecture en 2012-2013. Le Parquet national financier ouvre une enquête préliminaire pour détournements de fonds publics, abus de biens sociaux et recel. Fin de l'aventure. « Nous tous, juppéistes, sommes devenus macronistes ce jour-là », confie un proche d'Édouard.

La suite s'écrit au Perron, table italienne prisée d'Édouard, rue Perronet. Hasard du calendrier, c'est ce mercredi 25 janvier que Gilles Boyer, Christophe Béchu et lui étaient convenus de se revoir après la défaite de Juppé. L'affaire Penelope touche personnellement le maire d'Angers. Son adjointe, Jeanne Behre-Robinson, a témoigné dans *Le Canard*, en tant qu'ancienne collaboratrice de Marc Joulaud, et confirmé qu'elle n'avait pas beaucoup vu Mme Fillon travailler. Béchu est surtout chagrin à cause du non-cumul des mandats : on ne va plus se voir à l'Assemblée ou au Sénat ! On prend date pour la suite, sans imaginer que le big bang Macron-Philippe vient de commencer.

Au fond du trou, Édouard se fait même chahuter par son conseil d'adjoints du Havre. Fillonistes et sarkozystes ricanent. Même le Conseil d'État refuse de le réintégrer ! Monter une boîte ? Un cabinet d'avocats avec Matthias Fekl, l'éphémère ministre de l'Intérieur qui fut son élève à Sciences Po ? Ou alors la piste Suez qui se présente ? Tout l'ennuie. Un ami, presque soulagé de le voir craquer, a cette phrase terrible : « Je crois que je préfère cet Édouard-là qui est plus authentique, qui se pose des questions. »

Étrange période où les battus continuent de se parler. Nicolas Sarkozy appelle sans cesse les Bellota qui, eux-mêmes, se retrouvent chez Solère.

— T'as eu Sarko ?
— Oui, il m'a appelé ce matin
— Qu'est-ce qu'il t'a dit ?
— Il voulait savoir comment se passe la campagne.

À chaque coup de fil, l'ancien président conclut : « Eh ben, quelle histoiiire ! » L'expression devient leur gimmick.

À quel moment Édouard Philippe a-t-il écho que l'on souffle son nom à l'oreille d'Emmanuel Macron ? Jacques Attali ne serait qu'« un parmi d'autres » selon le maire du Havre, qui minimise la scène mais ne la conteste pas. Le 22 février, au palais de Tokyo, jour du ralliement de Bayrou au candidat d'En Marche !, Macron rejoint son ancien patron[1] pour un verre, tard en soirée. Attali raconte la suite : « Macron me dit : "J'avais une candidate pour Matignon qui vient de me claquer dans les doigts. Avez-vous une idée ?" Je lui suggère de penser à Édouard Philippe et lui propose de le sonder. J'envoie donc un SMS à Édouard : "Il faut que je te voie." » Les deux conseillers d'État se connaissent notamment via le LH Forum, le « Davos havrais » qu'Attali organise depuis les années Rufenacht. « Deux ou trois jours plus tard, je vois Édouard au Bristol et lui dis : "J'ai soufflé ton nom à Macron. Il faut que vous vous parliez." Et Édouard, très ferme, me répond : "Avec plaisir, mais après le premier tour." Il était réceptif, mais bon… Courageux, mais pas téméraire. J'ai prévenu Macron qui m'a dit qu'il l'appellerait après le premier tour. »

L'hiver en enfer de Fillon se poursuit, le 24 février, avec la nomination de trois juges. Le 1er mars, il répète

1. En 2007-2008, Emmanuel Macron a été rapporteur général de la Commission pour la libération de la croissance, dite « commission Attali ».

pourtant que, « même mis en examen », il ne se retirera pas. Au Conseil constitutionnel, les parrainages affluent pour que Juppé le remplace. L'hémorragie s'accélère : exit Bruno Le Maire, qui s'occupait des questions internationales. Le 3, le trio Philippe-Apparu-Béchu jette l'éponge. Le 5, un climat de fin du monde règne chez Solère au soir du meeting de Fillon au Trocadéro. Il y a là Philippe, Le Maire, Apparu, Lecornu, Darmanin et Boyer. Même Borloo est là, qui appelle Dominique de Villepin et Claude Chirac pour qu'ils secouent Juppé. Darmanin demande à Sarko un signal d'apaisement. « J'ai reçu une dizaine de coups de téléphone de Larcher, d'Accoyer, même de Sarkozy ! me raconte Alain Juppé, alors replié sous sa tente à Bordeaux. Borloo, je l'avais vu un peu avant. Tous me disaient : “Fillon est cuit, il faut que tu y ailles.” »

Un seul ne bouge pas ce soir-là, c'est Édouard Philippe, en pleine partie de Tetris sur son portable. Silencieux. Ça n'a pas l'air de surprendre Alain Juppé. « Pour ne rien vous cacher, Édouard a assez vite compris que ça se jouait du côté de chez Macron. Et il a bien vu que je ne jouerais pas, comme je l'ai dit avec un peu d'arrogance, le “plan B”. Je ne suis pas un “plan B”… J'avais un “plan A”. Gilles Boyer et Benoist Apparu ont fait une pression maximum jusqu'au dernier jour. Le lundi matin, je les ai même retrouvés dans mon bureau à Bordeaux, ils avaient roulé une partie de la nuit pour tenter de me convaincre. Édouard, lui, a bien compris que c'était l'échec assuré. Il a fait preuve de lucidité politique. » Juppé poursuit sur sa lancée : « C'était injouable. Sarkozy ne m'aurait pas aidé, même s'il m'incitait à y aller. Une grande partie de la droite dure de l'UMP ne se serait jamais ralliée. C'était la division assurée. » Je lui demande de me préciser ce que signifie « Édouard assez vite saisi que ça se passait du côté de Macron ». Silence. « Euh… je ne sais pas… » Et il rit. Y a-t-il eu un contact à ce moment-là ? « Voilà, c'est ça. C'est sans doute ça. Et avant l'élection présidentielle de toute façon. »

Le 6 mars, depuis sa mairie de Bordeaux, Alain Juppé annonce définitivement qu'il ne sera pas le « plan B ». Le 8, Édouard Philippe lui consacre son seul plaisir du moment, son billet de campagne dans *Libé*. C'est déjà le huitième. Et quand il rend hommage à Alain, c'est en faisant du Juppé :

Je l'ai regardé dans mon bureau, au Havre. Lundi matin. Tout seul. À 10 h 25, j'ai allumé la télévision. Dehors, la pluie lente et froide semblait assombrir encore les perspectives de la journée. Je savais ce qu'il allait dire. Il ne me l'avait pas dit, parce qu'il prévient rarement. J'ai l'habitude. Depuis quinze ans que j'essaie de l'aider, j'ai appris qu'il appelait parfois pour consulter, rarement pour prévenir et encore plus rarement pour féliciter. Cette propension à ne pas faire ces petits gestes qui constituent la grammaire de la politique politicienne en horripile certains, en désespère d'autres. Moi, ça m'amuse. J'y vois une forme de refus de la superficialité et une façon de casser les règles d'un jeu absurde où il faut donner le sentiment d'être attentif et sympathique, alors que la norme est d'être dur et autocentré.

Il va partir. Ou plus exactement, ne pas revenir. Je le sais. Pas assez d'espace, pas assez de temps et pas assez de mouvement. Y aller pour perdre, passe encore. C'est arrivé à tout le monde dans ce milieu. C'est désagréable, mais il faut parfois le faire. Mais y aller pour perdre en accentuant la division, en permettant à ceux qui préparent la recomposition après la défaite de s'exonérer de leurs responsabilités, en proposant aux Français un projet qui ne serait pas le sien, non, merci. […]

Que nous laisse-t-il ? Une forme de mystère et l'essentiel : l'ambition de parler juste et d'agir bien, le souci de rassembler, le refus des facilités démagogiques, la primauté du fond, le sens de l'État. Et la niaque d'être à sa hauteur[1].

Chez les juppéistes, le virage Macron est amorcé. Début avril, une cinquantaine de collaborateurs ministériels proches de Juppé et Raffarin annoncent, dans *Le Journal du dimanche*, leur ralliement à En Marche ! Anne Clerc est à la manœuvre depuis celui de Bayrou. La cheffe de cabinet des années Raffarin à Matignon est allée voir Jean-Marie Girier et Aurore Bergé, juppéiste « macronisée » elle aussi. Six semaines plus tard, elle sera de retour à Matignon.

1. Édouard Philippe, « La campagne côté droite. Alain Juppé, sa révérence à lui », *Libération*, 8 mars 2017.

13

Sur la piste de Matignon

Bruno Le Maire a dû se rejouer le film des dizaines de fois en se demandant ce qui lui était passé par la tête en organisant ce dîner.

Le 21 avril 2017, l'autre candidat malheureux de la primaire lance une ligne sur la rive macroniste. À quarante-huit heures du premier tour, François Fillon se débat dans le Penelopegate. Le Maire se sent libre d'organiser une soirée chez un de ses très bons amis qui se trouve être également un proche d'Emmanuel Macron. Le « privé », comme ils l'appelleront, pose une seule condition : que son anonymat soit garanti.

Le Maire propose à Thierry Solère de l'accompagner. Mais l'ancien « Monsieur primaire » lui suggère d'ouvrir le cercle :

— Ce dîner n'a de sens que si tu élargis ! Invite Édouard pour Juppé, Gérald pour Sarko, etc.

Le Maire se laisse convaincre.

— OK, mais juste Édouard.

Le soir venu, chaque camp prend son côté de table. À bâbord, un trio macroniste : Philippe Grangeon, le sage, celui qui conseilla François Hollande en même temps que son ministre de l'Économie. Stéphane Séjourné, ancien conseiller parlementaire à Bercy, est là également. Au sein d'En Marche !, il copilote avec Jean-Paul Delevoye les investitures aux prochaines législatives, après avoir géré la collecte des parrainages du candidat. Assis entre les deux, Alexis Kohler, l'homme du programme, vieille connaissance rocardienne d'Édouard Philippe, qui voue une reconnaissance éternelle au maire du Havre pour s'être mis à la planche en l'aidant à préparer l'Ena. De loin son plus fervent supporter au sein de la Macronie, même si Macron *himself* n'est pas un inconnu pour lui.

À tribord, face aux macronistes, prend place le trio Le Maire, Solère, Philippe. En bout de table, le propriétaire des lieux. Autant le dire tout de suite, les Bellota ont connu dîner plus drôle. En face aussi, sans doute. De part et d'autre, on s'observe, on se renifle, on se jauge. On parle politique et on ne prend aucun gant.

— Que faites-vous si c'est Fillon-Macron au second tour ? interroge Grangeon.

Les trois larrons ouvrent des yeux ronds. Ils ne croient pas un quart de seconde à cette affiche finale et bottent en touche. « En revanche, on leur a dit que la droite n'appellerait pas à voter Macron contre Marine Le Pen », se souvient Solère, se remémorant, lui, les yeux ronds ahuris des convives macronistes. Quant aux trois élus de droite, ils voteront Macron, bien entendu.

En réalité, la présidentielle n'est déjà plus le sujet du trio d'anciens de Bercy. Ils sont sûrs de gagner. Mais les législatives ! En Marche ! va-t-il présenter des candidats partout ? La droite fera-t-elle de même ? Les questions sont posées, personne n'a les réponses. Constituer une majorité a des airs de mission impossible. Comment travailler ensemble ? On se quitte sans rien de conclusif. Une bonne soirée de reniflage. En sortant de table, Édouard appelle Benoît Ribadeau-Dumas.

— Tu te souviens de ce que tu m'avais dit ? Que tu accepterais pour Matignon. Ben, ça va peut-être se faire, fanfaronne Édouard Philippe, immédiatement refroidi par son copain.

— Ils t'ont promis quelque chose ? Évidemment non ! T'es en train de te faire avoir, Édouard. Tu seras le « Éric Besson » de la Macronie. Il veut maximiser son score à droite et son score du deuxième tour. Donc, c'est sans moi !

Le lendemain, Alexis appelle Édouard, ravi du dîner. Mais le téléphone des deux autres reste muet. Bruno Le Maire doit se maudire. Lui, accélérateur de carrière d'Édouard Philippe ? Un comble, quand on connaît la suite de leur relation.

Le surlendemain, les Français votent. Au soir du premier tour, Macron est en tête devant Le Pen. Exit les candidats du PS et de la droite. Le temps d'une fête (et d'une polémique) à La Rotonde et revoilà Kohler, lundi 24 avril au matin, au bout du fil. Macron veut les voir le soir même, Solère et Philippe. Sans Le Maire. On cherche un lieu discret.

— Pas chez moi, dit le maire du Havre, déjà pisté par les journalistes.

Rendez-vous est fixé au QG du candidat Macron, à Montparnasse.

— Il y a une rampe pour le parking et un ascenseur de service qui monte directement dans le bureau, vous ne croiserez personne, assure Kohler.

Qui rappelle dans l'après-midi :

— Dites-moi où vous êtes, je vous envoie une voiture.

Panique des intéressés, coincés dans un bureau politique LR qui s'éternise, rue de Vaugirard. Une éventuelle consigne de vote pour le second tour est censée en sortir.

— Vous ne pouvez pas venir ici, répond Édouard, qui cherche dans son téléphone une rue discrète dans le quartier comme lieu de rendez-vous. Rue des Volontaires, propose-t-il au hasard.

Les deux amis quittent Vaugirard dépités : LR n'appelle pas à voter pour Macron, mais contre Le Pen. Arrivé rue des Volontaires, un besoin pressant contraint Édouard à prendre ses distances et… ô surprise, il réalise qu'il fait face au siège de l'UDI, également cerné par la presse ! Le temps de monter en voiture, Kohler est à l'arrière, Alexandre Benalla au volant… Ni vu, ni connu, la troupe s'engouffre dans le parking et monte directement dans le bureau du candidat. Brigitte Macron les accueille, tout sourire, avant l'entrée de son mari :

— Ah, merci d'être là, c'est sympa. Je mesure à quel point ce n'est pas simple pour vous d'être là dans ce moment. Mais venez carrément chez En Marche !, tente le finaliste, misant sur leur air dépité. Ne mettez pas votre énergie à reconstituer des formations politiques moribondes, mettez-la à servir notre pays pendant cinq ans.

La nouvelle loi sur le cumul des mandats empêche le maire du Havre de se présenter aux législatives.

— Mais toi, Thierry, viens ! renouvelle Macron.

Ribadeau a raison, le futur président n'a qu'une chose en tête : siphonner la droite. Ça tombe bien, le député Solère n'est pas venu les mains vides. Il pose sur la table tous les tableaux de la primaire, toutes les circonscriptions de 1 à 77, par ordre de forces pour la droite. La plus belle, Neuilly. La sienne, à Boulogne, est sixième.

— Ce n'est pas une bonne idée que je candidate avec En Marche !, argumente-t-il. LR mettra face à moi un candidat bien à droite, du genre Sens commun, et tu risques de te retrouver avec un vrai opposant pendant cinq ans, explique-t-il à Macron.

Bilan de la soirée : cinquante-trois circos LR sans adversaire En Marche ! Hormis Gilles Boyer, qui tient à garder sa droite, tous les Bellota seront épargnés.

Édouard se tait. Il observe ce candidat de trente-neuf ans, ni excité ni grisé, quoique assuré d'entrer à l'Élysée. L'épisode Rotonde de la veille laissait présager le contraire chez ce « banquier de chez Rothschild », comme il l'a appelé dans *Libé*, « qui n'assume rien mais promet tout, avec la fougue d'un conquérant juvénile et le cynisme d'un vieux routier[1] ». Son analyse est même sombre.

— Ça va être dur, prédit Macron. Ça va être très dur. Je peux finir plus bas que François Hollande. Si je termine !

La semaine s'écoule, remplie de coups de fil. Impossible d'en parler ouvertement. Mais, en bon Sioux, il appelle la rédaction de *Paris-Normandie* – il a ses entrées à l'agence du Havre – et vocifère contre la position de LR.

— C'est un scandale, je voudrais passer une tribune chez toi ! explique-t-il à Stéphane Siret, qui saisit l'occasion et transforme la tribune en interview.

Monsieur le maire appelle à voter Macron. « Je vais même plus loin car je pense que pour gagner, explique le Sioux, il a besoin d'aide et qu'il faut l'aider[2]. » Parmi les très rares dans la confidence, Édith, bien sûr, et Gilles Boyer. L'idée d'un ministère pour l'ancien porte-parole d'Alain Juppé à la primaire tourne dans Paris. On parle même de Matignon ! Gilles se pince, mais s'efforce de rester clinique. Il bombarde son ami de questions. Qu'est-ce que tu en penses ? En quels termes tu lui réponds s'il te le propose ? Est-ce que c'est ton intérêt ? « Tous nos

---

1. Édouard Philippe, « En latin, on dit *ambulans* », *Libération*, 18 janvier 2017.
2. *Paris-Normandie*, interview d'Édouard Philippe, 27 avril 2017.

repères sont complètement bousculés, reconnaît Boyer. Mais Matignon, ça ne se refuse pas vraiment. Macron, on le connaît d'avant, on ne part pas de zéro dans la relation, mais on n'a pas fait sa campagne. Cela dit, on voit à peu près son programme, c'est Juppé en jeune. Il n'y a pas de distorsion philosophique entre les deux. »

Dans le flot d'appels, celui du sortant de Matignon, Bernard Cazeneuve, s'inscrit plutôt parmi les précautionneux. Les deux hommes se connaissent, normands tous les deux.

— Ton nom circule pour entrer dans un gouvernement. Réfléchis bien quand même, l'ouverture c'est toujours compliqué, met en garde le chef du dernier gouvernement Hollande. Sauf si, éventuellement, on te propose Premier ministre. Dans ce cas, je serai ravi de t'accueillir pour la passation de pouvoir.

Le clan Philippe l'ignore encore, mais côté Macron, on ne creuse pas vraiment d'autres pistes. Certes, des hypothèses Christine Lagarde, Nathalie Kosciusko-Morizet ou encore Valérie Pécresse sont envisagées. Il faut bien faire des listes et attirer la droite et le centre, sans quoi tout le projet d'ouverture politique ne tient pas. Mais le profil juppéiste apparaît vite comme une évidence. Le manque de notoriété du maire du Havre est aussi un atout aux yeux de ce président jeune, qui n'a pas intérêt à installer auprès de lui une pointure en surplomb. Les listes tentent aussi d'identifier des ministres possibles. Le moins que l'on puisse dire, c'est qu'on ne se bouscule pas. La plupart des élus LR résistent aux appels insistants, même de parfaits inconnus comme la vice-présidente de la région Normandie, Sophie Gaugain, ancienne collaboratrice de Xavier Bertrand.

Gilles Boyer, lui, poursuit le coaching de son ami. Il le met en garde, c'est son rôle :

— Imagine, tu acceptes Matignon et tu es seul de la droite parce que tous les autres ont refusé. Tu auras brûlé tes vaisseaux et tu te retrouveras tout seul.

Des gens le préviennent : « Macron m'a demandé mon avis sur toi. »

— Il est comment Édouard, depuis quand vous vous connaissez, a-t-il demandé à Solère.

— C'est le meilleur des hommes, le gars carré, structuré, drôlissime, répond le député LR des Hauts-de-Seine.

— Et son principal défaut ?

— Il est susceptible. Pas vaniteux, mais susceptible.

Le 1er mai, c'est au tour d'Alain Juppé de passer deux heures avec le candidat. Gérard Collomb, maire de Lyon, futur ministre de l'Intérieur, a joué les courtiers et organisé le rendez-vous à la Maison de Rhône-Alpes. Le maire de Bordeaux ne voulait pas mettre un pied au QG. Lui aussi est interrogé sur Édouard Philippe. « Je lui ai dit tout le mal que j'en pensais, naturellement, plaisante-t-il. Je lui ai dit la vivacité d'esprit, l'intelligence. Et aussi, bien qu'on lui reproche d'être froid, que je le trouve souriant et sympathique… Bon, ce n'est pas la "mélenchonite aiguë", mais disons surtout qu'il a cet art de la conciliation. Pour se faire accepter dans une ville comme Le Havre, il ne faut pas être sectaire. »

À Édouard, il dit :

— Foncez ! C'est votre intérêt et le nôtre. Porter nos convictions économiques, notre attachement à la liberté de marché, à la liberté d'entreprise, à un modèle social ambitieux, avec un engagement européen fort. C'est à vous de porter tout ça, maintenant.

Toutefois, à en croire Gilles Boyer, on comprend que, même pour Juppé, la recomposition n'avait rien d'évident. « Juppé ne se sent jamais en droit de nous interdire quoi que ce soit. Disons simplement que, dans un premier temps, il était désarçonné par la recomposition en marche... »

Même si le mot « Matignon » n'est toujours pas prononcé, les jours passent et la trouille monte. Le maire du Havre sent que ça se rapproche. Il ne mange plus.

— Édith ne te nourrit plus ? chambre Solère en l'accueillant un soir, cadavérique, et demandant à sa femme de lui faire des pâtes aux truffes.

L'ancien candidat à l'Ena ne peut rien avaler. Il n'a pas oublié qu'en arrivant au Grand Oral, en 1993, il pesait 60 kg tout mouillés pour 1,90 mètre. Il faut surtout réécouter ce qu'il expliquait à Guy Jacquemelle, la même année, à propos de son oral de l'Ena et de son stress en général : « Moi, je suis un grand stressé, mais quand on fait ce qu'il faut et qu'on sait pourquoi on le fait, ça doit bien se passer. À l'oral, les grosses surprises, il n'y en a pas beaucoup. Les gens solides, confiants, pas trop stressés... qui dorment et mangent : ils l'ont. »

À quelques jours du second tour, la boule au ventre, il rappelle Ribadeau :

— Benoît, ça se précise. J'ai besoin de savoir si tu es avec moi ou pas.

« BRD » prend deux heures pour réfléchir et rappelle :

— OK, je suis avec toi.

Ribadeau-Dumas est plus qu'un ami, il est son phare, son ancre, son roc. « Si je vais à Matignon, Benoît sera le gage de mon autonomie », martèle-t-il à l'époque. C'est même à se demander si, sans lui, l'hypothèse aurait subsisté. Comme si l'histoire avait toujours dû s'écrire ainsi : « Benoît et Édouard ». Dans le souvenir qu'en garde Bernard Stirn, leur président de sous-section au Conseil d'État, leur duo, en 1997, en rappelait déjà d'autres : « Presque tous les grands hommes politiques constituent, très tôt, des duos comme celui d'Édouard

Philippe et Benoît Ribadeau-Dumas. Je pense à Laurent Fabius et Louis Schweitzer, qui l'a accompagné dans tous ses ministères jusqu'à Matignon en 1984. Ou encore à Michel Debré et Pierre Racine, qui fut son directeur de cabinet à la tête du gouvernement de 1959 à 1962, mais qui était déjà à ses côtés à la Libération pour préparer la création de l'Ena. »

Pour Gilles Boyer, l'avenir auprès du maire du Havre est plus incertain. Le directeur de campagne d'Alain Juppé pendant la primaire a déjà l'investiture LR dans une circonscription des Hauts-de-Seine pour les législatives de juin. Mais, pour l'heure, il mouille la chemise. « Dans ma tête, ce qu'il fait, lui, est plus important que ce que je fais, moi, analyse-t-il aujourd'hui. Je n'aurais pas mené la même campagne sans ce paramètre amical. En tout cas, Édouard a vu que jamais je ne ferais primer mon intérêt sur le sien. Il sait qu'il peut tout me dire. »

À trois jours du second tour, la dernière copie du chroniqueur de *Libé* n'est pas celle d'un trouillard. Plutôt d'un contorsionniste. « L'étroit chemin de Macron » est mis en ligne le jeudi 3 mai à 19 h 26. L'interlocuteur secret du futur président présente les scénarios macroniens possibles des prochains jours : « Si on reste dans le spectre démocratique, il y a la triangulation, l'ouverture et la transgression. La triangulation, c'est prendre des thèmes et des postures et des idées à l'adversaire pour se les approprier. L'ouverture, c'est faire en sorte que certains adversaires viennent travailler avec vous, sur votre ligne. La transgression, c'est s'affranchir des règles anciennes pour en créer des nouvelles. Trianguler et ouvrir, c'est simple. Ça a déjà été tenté. Ça n'est pas très efficace. Transgresser, c'est plus dur. » Et de conclure, comme un avertissement à lui-même : « Son chemin sera étroit. Et risqué. On imagine mal le fameux “système” se laisser faire. »

Édouard Philippe est en mairie, le dimanche 7 mai, lorsque la victoire d'Emmanuel Macron s'affiche sur les téléviseurs du pays. Dans la salle des mariages, le « pressenti » laisse le souvenir de s'être réjoui seul dans son coin, dit-on « en ville ». Monsieur le maire n'est pas aux côtés d'Agnès Firmin-Le Bodo, candidate LR aux législatives pour lui succéder dans sa circonscription[1]. C'est un signe.

L'hypothèse Édouard à Matignon n'amuse pas du tout Antoine Rufenacht. La disparition du clivage gauche/droite, il n'y croit pas. Le lundi 8 mai, pour les cérémonies du souvenir de 1945, le boxeur Philippe esquive les questions des journalistes. Dans son discours, il cite François Mitterrand et le général de Gaulle, dans une ode à la construction européenne. « Son départ est fait à 80 % », estime un adjoint.

Le jeudi 10, Édouard est désormais en tête de la *short list* des premier-ministrables. Gilles Boyer, candidat LR mais ami absolu, accepte l'invitation de la matinale de RTL. Son grand écart force le respect. Bonjour les adducteurs ! L'ami du Sioux ne confirme évidemment pas les contacts en cours. Mais il rappelle que « Macron a été élu sous le signe de l'audace », que « celui qui est perçu comme l'héritier de France Hollande » a promis une recomposition politique. Pour lui, nommer un représentant de la droite confirmerait la démarche. Et il finit par lâcher, aplomb et sourire en coin :

— Si j'étais le président de la République, je nommerais Édouard Philippe Premier ministre.

---

1. « Des petits signes qui en disent long », *Le Poulpe*, média normand d'investigation en ligne.

« Je me suis fait immédiatement engueuler ! s'amuse-t-il après-coup. Pas par Édouard, mais par LR. »

Au Havre, une seule personne est prévenue avant l'annonce du lundi suivant. Il est 17 h 30, le jeudi, quand Alexandra Ruiz, la cheffe de cabinet du maire, revient du collège où elle a récupéré son fils, lorsque son portable sonne. Dans son souvenir, il n'y a pas de conditionnel. « Édouard me dit : "Je suis nommé Premier ministre." Je lui réponds : "Non, mais c'est une blague ! Te fous pas de moi !" Et il me répond : "Non, non, ce n'est pas une blague, je t'assure. Je viens de perdre huit kilos." » Je m'étonne du caractère catégorique d'une info qu'elle est alors la seule à détenir. « Ben, c'est normal, il y a quand même toute une mécanique à mettre en route au Havre ! m'explique-t-elle avec l'aplomb qui la caractérise. Un agenda de député-maire est plein sur deux mois ! Le premier adjoint, Luc Lemonnier, devra prendre le relais dès l'annonce officielle. Le maire est président de toute une série de satellites : de conseils d'administration, de groupements d'intérêt public et de l'agglo, évidemment. Il faut tout débrancher. Et il n'emmène pas un stylo ! »

Le stress monte encore d'un bon cran ce soir-là. Effervescence inhabituelle à la salle François Ier, pour le lancement de campagne des deux candidats LR du département, Agnès Firmin-Le Bodo pour la septième circonscription, Sébastien Tasserie pour la huitième. Leurs deux portraits, radieux, encadrent le pupitre d'où s'exprime le député sortant, non candidat à sa succession pour cause de cumul des mandats.

— Personne ne sait ! répète Édouard Philippe plusieurs fois. Quelle majorité dans six semaines ? Personne ne sait ! Quel locataire pour Matignon d'ici là ? Qui au gouvernement ? Personne ne sait !

Il semble en parfaite maîtrise. Aucune hésitation. Seul le mouvement tournoyant, virevoltant de ses lunettes, dans une main, trahit son anxiété profonde, à qui sait l'interpréter. Mais il fait sourire la salle, avant de lâcher enfin le mot « transgression » :

— La tradition veut qu'un président élu nomme un Premier ministre issu de ses rangs et demande aux Français de lui donner une majorité.

La suite repose donc sur une alternative qu'il expose tranquillement :

— S'il choisit la tradition, nous regarderons ça avec respect, mais avec distance.

En clair, ce sera sans nous.

— S'il transgressait, alors là… il faudrait voir, parce que la situation politique serait nouvelle, parce que le fait politique serait nouveau.

« Transgresser » ! Toute la soirée, le verbe tourne en boucle sur les chaînes d'infos. Mais la véritable transgression est ailleurs. Ce que ces médias « oublient » de rapporter, c'est qu'Édouard Philippe répond en réalité à son mentor. Quelques minutes plus tôt, derrière le même pupitre, mais sans les caméras, Antoine Rufenacht, qui fête ce jour-là ses soixante-dix-huit ans, a été plus que clair. En privé, il lui avait déjà dit ce qu'il en pensait. Mais devant quatre cents personnes, quelle claque !

— Pas trop vite ! a-t-il répété trois fois. Pas trop vite !

L'œil frisotant par-dessus ses lunettes rondes, l'homme qui a « fait » Philippe en lui cédant la mairie six ans plus tôt lui a publiquement demandé de ne pas pactiser tout de suite avec le dynamiteur de la vie politique.

— Après le 18 juin… avec une majorité de Républicains… avec la possibilité de peser sur la politique nationale, Édouard Philippe, laissant là aussi sa place à quelqu'un ici (*sourires gênés dans la salle*)… hé-hé ! les appétits vont se développer…

Donc, Édouard Philippe : responsabilité nationale, Agnès et Sébastien : députés de la Seine-Maritime, ce serait un beau rêve pour nous.

Cette séquence oubliée de la soirée d'anniversaire, cette « transgression » majeure du dauphin, les nostalgiques d'Antoine Rufenacht l'ont gardée bien ancrée dans leur mémoire. « Il a tué le père », ai-je entendu à maintes reprises. Symboliquement, s'entend. Certains vont même plus loin.

Édouard rentre à Paris, chez Ribadeau où il s'est installé depuis le début de semaine. Il avait besoin de se sentir libre d'aller et venir, sans perturber toute la famille. Édith a compris, les enfants, eux, ont l'habitude.

Le vendredi 12 au matin, il est au plus mal. Benoît l'emmène au musée de la Libération.

— Viens voir la 2e DB, ça va te faire du bien, dit-il embarquant son ami, que la vue d'un uniforme remet habituellement sur pied.

Dans le flot de SMS, il relève celui d'Anne Clerc : « Si Matignon se confirme, je serai ravie d'en être et de t'aider », écrit l'ancienne cheffe de cabinet de Jean-Pierre Raffarin.

Un dernier aller-retour au Havre pour une réunion d'adjoints. Motus sur Matignon, si ce n'est, avec certains, pour les prévenir qu'il « ne sera pas Premier ministre sans conditions ». Évidemment, pas un mot au cabinet. Du premier étage, Alexandra Ruiz, qui fume une cigarette sur le balcon, le voit partir, casquette « LH » et sac au dos, prendre son tramway puis son train pour Paris. « Je n'avais aucun chauffeur disponible en mairie pour le futur Premier ministre, se souvient la protégée du patron. Je savais pourtant qu'on ne le reverrait plus. »

Reste la question du directeur de cabinet, la fameuse « condition » en suspens. Le président continue de proposer Nicolas Revel, le directeur général de la Cnam, qui est surtout son ancien binôme du secrétariat général de l'Élysée sous Hollande. Édouard Philippe n'entend pas lâcher. Dans la soirée, Alexis Kohler reçoit Benoît Ribadeau-Dumas qui le rassure sur la loyauté du futur duo. Le dispositif est complet.

À Paris, samedi 13 au matin, une bande de copains se met au travail chez Ribadeau. Réunion de cabinet resserré avant l'heure. Tout le monde connaît tout le monde. Autour d'Édouard Philippe : Benoît, Gilles, Charles, le communicant et Anne.

— Si je deviens Premier ministre, il faut qu'on parle d'Édith et des enfants tout de suite, explique-t-il à Anne Clerc, comme une priorité. Il faut les préserver.

Trouver le moyen de leur rendre cette vie vivable. Pas question d'installer toute la famille à Matignon, mais si on pouvait leur éviter en sus d'aller au lycée escortés par un garde du corps… Et même chose pour Édith. On commence aussi à envisager la composition du cabinet.

Au même moment, à l'hôtel de ville du Havre, un couple de fiancés attend celui qui doit les unir, en vain. Jean-Michel Bérégovoy, élu EELV dans la région, fils de député et neveu d'ancien Premier ministre, assiste lui-même au mariage de son neveu. Édouard Philippe doit normalement recevoir les consentements. Juste avant le début de la cérémonie, Bérégovoy voit fondre sur lui l'adjoint à l'environnement, dépité…

— Le maire s'excuse, il voulait vraiment marier Pierre-Thomas et Cécile… mais il est retenu par un rendez-vous important à Paris.

Un sourire amusé lui monte au visage.

Choisir alors que rien n'est officiellement proposé. Réfléchir alors que l'énoncé du sujet n'a pas été distribué. Appeler à la rescousse les penseurs de la République. Ce week-end-là, dans la boucle des Bellota, l'ami Sébastien Lecornu, président du conseil général de l'Eure, rappelle à Édouard les mots précieux de Winston Churchill, qui changea deux fois de parti : « Il est préférable de changer de parti pour rester fidèle à ses idées plutôt que de changer d'idées pour rester fidèle à son parti. » Sur BFMTV, François Baroin, qui dirige la campagne LR pour les législatives, « n'envisage pas une seconde qu'Édouard Philippe rejoigne Emmanuel Macron ». Il le met même en garde :

— Ça serait du débauchage. Et je ne peux pas imaginer une seconde que quelqu'un de chez nous puisse rentrer en marche, du jour au lendemain, et faire campagne aux côtés de ceux dont nous avons, au fond, combattu le projet lors de la présidentielle.

À l'issue d'une dernière journée de travail pour le maire du Havre et d'une passation de pouvoir pour le nouveau chef de l'État, le coup de fil du dimanche soir semble annoncer un dénouement proche.

— Le président attend M. Philippe pour déjeuner, demain à l'Élysée.

Qu'il doit l'agacer, ce chauffeur de taxi G7 qui l'emmène de son IXe arrondissement et qui fanfaronne, alors que les motos de presse sont à deux doigts de se mettre sous ses roues. Le passager voudrait du silence et, accessoirement, éviter de tuer quelqu'un. Le chauffeur, comprenant qu'il transporte le héros du jour, s'enhardit d'un bon mot :

— Ça va finir comme Lady Di, cette histoire !

Sur le téléviseur de son bureau, à l'Assemblée, Clémence Fort, l'attachée parlementaire d'Édouard Philippe, suit le taxi filmé par les caméras de BFMTV et comprend qu'il va passer la tête dans le bureau d'un instant à l'autre. Elle ignore tout de ce qui se trame. Il ne lui dira rien, si ce n'est : « Vous pouvez me sortir tel dossier ? me trouver tel numéro ? Et surtout comment rejoindre l'Élysée discrètement ? » Elle encaisse, philosophe, mais saisira l'occasion d'un entretien de fin de contrat, quelques jours plus tard, pour lui dire qu'elle n'a pas apprécié d'être ainsi tenue à l'écart. Pour l'heure, elle propose de le conduire au souterrain. Vingt ans de maison, ça ouvre des portes. On l'utilise parfois quand il pleut ou qu'il neige. Cette fois, ça permettra de semer la presse qui l'attend au 126, rue de l'Université, puisqu'il y est entré. Elle le précède, descend à l'étage moins 3 et s'engouffre dans le long tunnel qui mène, sur tapis roulant, à l'étage moins 3 du 33 rue Saint-Dominique, la sortie de la résidence du président de l'Assemblée. Une autre voiture l'y attend. Pas un chat alentour.

Toute la bande, quant à elle, est cachée dans une chambre d'hôtel, rue de Varenne. Anne Clerc, qui travaille à la direction d'Accor, a tout arrangé. On rit pas mal et on croise les doigts.

À l'Élysée, le déjeuner est un festin pas forcément adapté à l'estomac de l'invité, qui jeûne depuis dix jours. Il ne proteste pas. Il écoute. Le président parle beaucoup. Il raconte la passation de pouvoir de la veille, évoque les réformes à mener, la recomposition politique. Ce n'est qu'en le raccompagnant qu'il lui glisse finalement :

— Dans une heure, Alexis Kohler annoncera ta nomination.

Jamais la question n'a été posée : « Veux-tu être mon Premier ministre ? » Jamais il n'a eu à accepter. Imagine-t-on un mariage où l'un des deux époux annoncerait à l'autre que l'union sera rendue publique dans une heure, sans avoir recueilli son consentement au préalable ?

Édouard Philippe file s'abriter à l'Assemblée, s'enferme dans le bureau, rejoint par celui qui sera bientôt son directeur de cabinet. Sa liste de coups de fil était prête, elle est stratégique. *Primus inter pares* : Nicolas Sarkozy, qu'il compte désormais bichonner. Pourquoi se priver du soutien d'un ancien président ? Il appelle Alain Juppé – ravi – et Antoine Rufenacht – désolé.

— Je sais que vous n'étiez pas d'accord, reconnaît Édouard. J'espère vous faire changer d'avis avec le temps.

Le coup de fil à l'autre Benoit, le géant du Havre, sera celui du pote :

— Maintenant, je sais ce que se chier dessus veut dire.

Le nom du Premier ministre n'est pas encore annoncé qu'à l'Assemblée les gardes républicains s'installent, attendant sa sortie. Tout autre que Ribadeau ne l'eût probablement pas relevé, mais cette machine républicaine qui se met en place l'impressionne. Le conseiller d'État, après quinze ans dans le privé, redécouvre le monde de la République.

La suite est plus simple, en termes de logistique en tout cas. Plus besoin de se cacher. La République gère. Mais tout commence pour Édouard Philippe, qui n'ouvre pas la bouche sur le trajet de Matignon, Benoît Ribadeau-Dumas à son côté. Pas un mot. En arrivant, le premier visage connu qui se présente est celui d'un ami, Marc Guillaume. Le secrétaire général du gouvernement nommé par Manuel Valls est de tous les anniversaires du nouveau Premier ministre. Ils croisent aussi le général Lecointre, chef de cabinet militaire du futur Premier ministre, en poste depuis un an, vieille connaissance de réserviste. Peu de temps après son arrivée, Édouard Philippe proposera d'ailleurs au président de lui confier le poste de chef d'état-major des armées, suite au limogeage du général de Villiers.

Les directeurs de cabinet s'isolent de leur côté, les Premiers ministres rejoignent le bureau à l'étage. Quarante minutes de chaque côté. Comment va-t-il se tirer de ce discours improvisé ? Bernard Cazeneuve ne lui facilite pas la tâche avec un laïus truffé d'allusions à la confrontation droite-gauche, citant Blum, Jaurès, Mendès France, que des héros philippiens. Il est question de loyauté, « le » grand sujet d'Édouard Philippe en ce jour où il devient le traître pour sa famille LR, perçu comme tel en tout cas.

— Dans ma vie politique, assène Cazeneuve au moment de quitter le pouvoir, la loyauté, la fidélité, le respect de ceux qui ont ancré les courants de pensée dans l'Histoire ont constitué une boussole au même titre que le sens de l'État.

La cour applaudit à tout rompre. Bernard Cazeneuve n'est pourtant là que depuis cinq mois et neuf jours. Du haut de son mètre quatre-vingt-dix qui tranche avec la petite taille du sortant, Édouard Philippe, frappe de mains énergique et allure solennelle, prolonge ostensiblement les applaudissements pour qu'il soit dit que son prédécesseur a été honoré comme il se doit. Puis il improvise ce qui sera sans doute l'un de ses meilleurs discours. Cazeneuve a dit « loyauté » ? Il répond « Alain Juppé et Antoine Rufenacht », sachant pourtant pertinemment qu'il vient de blesser profondément le deuxième. Le sortant a insisté sur « homme de gauche » ? Pas le choix, le successeur s'assume en « homme de droite ». La main tendue à ce qui est déjà son ancien camp sera d'ailleurs appréciée chez LR, à quelques semaines des législatives. Au vu de sa posture des dernières semaines, le Sioux dit pourtant l'inverse de ce qu'il aurait probablement écrit s'il avait préparé ce discours au calme. Rebondissant sur la référence à Blum et Mendès, il ajoute de Gaulle et Clemenceau. Un droite-gauche très habile qui dit la riche complexité du personnage. Et, comme toujours avec lui, ça finit en pirouette :

— Je n'ai peur que d'une chose. Les requins !

Le pire, c'est que c'est vrai ! Édouard Philippe ne se baigne plus au Havre depuis des années… depuis qu'il a vu *Les Dents de la mer.*

Au bout du bout de ce jour sans fin, reste le 20 heures de TF1. Gilles Boyer et Thierry Solère s'enferment avec lui pour l'y préparer. À son retour, une brochette d'hommes l'attend pour s'enivrer enfin : Benoît, Gilles, Thierry, Sébastien Lecornu. Matthias Fekl, le pote de gauche admiratif, lâche : « Putain, t'es Premier ministre ! » Deux mois plus tôt, Édouard avait fait la même vanne dans son bureau à Beauvau : « Putain, Matthias, t'es ministre de l'Intérieur ! » Gérald Darmanin, lui, les rejoint en retard. L'huissier ferme la porte. On entend le maire de Tourcoing crier :

— C'est un hold-up !

14

Main tendue… mais toujours ferme

— Non mais c'est Bruno Le Maire !?

Marlène Schiappa attend son rendez-vous avec le nouveau Premier ministre que son champion de président s'est choisi et croit défaillir en apercevant, par la fenêtre, le visiteur suivant. Elle se marre. La blogueuse, adjointe au maire socialiste du Mans, a fait toute la campagne de « Monsieur en-même-temps ». Mais c'est maintenant qu'elle prend conscience de ce que cela signifie. « Vous savez, ça fait partie de ces rêves bizarres où vous voyez Madonna qui vient vers vous ! », me raconte-t-elle. Déjà qu'elle a dû googliser le nom d'Édouard Philippe. Mais Bruno Le Maire !

Le contact est plutôt bon avec ce Premier ministre de droite. On discute du Mans – son mentor à elle, le sénateur et maire PS Jean-Claude Boulard, a des liens d'amitié avec Antoine Rufenacht – et de la campagne du candidat Macron qu'il n'a pas menée.

— Le président m'a dit que tu avais fait plein de choses sur l'égalité hommes-femmes, la félicite le Premier ministre.

Avant son traditionnel avertissement :

— Je te préviens, ma femme te dirait que je suis macho.

À aucun moment, le Sioux ne lui propose ouvertement d'entrer au gouvernement. Comme toujours, pas d'engagement hâtif. Il égrène les questions techniques au conditionnel :

— Comment verrais-tu les choses en portage politique ? On ferait un secrétariat d'État rattaché à Matignon, est-ce que tu penses que c'est bien ?

— C'est ce que j'avais proposé au président, répond la jeune femme, donc oui, c'est pertinent.

Le lendemain, Marlène Schiappa sera prévenue par Alexis Kohler, le secrétaire général de l'Élysée, juste avant l'annonce officielle de sa nomination comme secrétaire d'État chargée de l'Égalité entre les femmes et les hommes et de la Lutte contre les discriminations.

Durant ces quarante-huit premières heures, le Pavillon de musique, au fond du jardin de Matignon, permet un défilé discret de prétendants. Le Sioux lui-même prend la mesure de ce « ni-droite ni-gauche » qu'il va devoir faire fonctionner. Il reçoit Nicolas Hulot, l'animateur télé qui avait dit non à Chirac et Sarkozy et qui, cette fois, semble avoir « envie », sous réserve qu'on lui « garantisse son autonomie ». Pas de suspense concernant les marcheurs de la première heure, comme Christophe Castaner, futur porte-parole et secrétaire d'État chargé des Relations avec le Parlement, ou encore Gérard Collomb, nommé à l'Intérieur. Édouard Philippe n'a pas non plus son mot à dire concernant François Bayrou, futur – et éphémère – garde des Sceaux, en sa qualité de renfort centriste essentiel à la majorité. Les places pour ses « amis politiques », elles, sont rares. Outre Bruno Le Maire, « traité » directement par le président et installé à Bercy, il amène avec lui Gérald Darmanin aux Comptes publics.

Après les législatives, il dégotera un secrétariat d'État pour l'autre « Bellota », Sébastien Lecornu, ancien bras droit de Le Maire à la primaire. Mais rien pour Nathalie Kosciusko-Morizet qu'il aurait bien vue à Bercy, alors qu'elle rêvait des Armées.

Le président et son Premier ministre sont en phase sur l'idée de faire appel à la société civile. Si le patron y voit le meilleur moyen d'éviter les haines politiques cuites et recuites et le mutisme au Conseil des ministres, le sélectionneur a surtout à cœur de constituer une équipe crédible sur le plan technique. « C'est insensé qu'on oublie toujours : "Est-ce que tu es prêt à être ministre de quelque chose ?" remarquait Philippe devant la caméra de Laurent Cibien, pendant la primaire. Il y a des sujets auxquels je ne connais rien. Ministre du Travail, je n'y connais rien. J'ai travaillé dans une boîte industrielle et comme avocat. Ces sujets m'intéressent. Mais, intimement, je ne connais pas le monde du travail. » D'où, pour ce poste, Muriel Pénicaud, D.G. de Business France, passée par Dassault Systèmes et Danone. Dans la même logique, c'est un médecin, Agnès Buzyn, qui ira à la Santé, un ancien recteur d'académie, Jean-Michel Blanquer, à l'Éducation nationale, une éditrice, Françoise Nyssen, à la Culture, une championne olympique d'escrime, Laura Flessel, aux Sports. Au total, ce premier gouvernement Philippe compte dix représentants de la société civile sur vingt-deux, passés, pour certains, par des cabinets ministériels.

Au cœur de mille inconnues, le démarrage est rude pour Édouard Philippe, censé diriger seul une majorité qui ne l'a pas choisi. À l'Élysée, Emanuel Macron a prévenu son cercle rapproché. Il s'est même excusé, le soir de la victoire, de l'ouverture qu'ils allaient devoir accepter, eux, les combattants de la première heure.

Alexis Kohler a beau avoir, lui aussi, réclamé la plus grande bienveillance – « faites-leur bon accueil », a-t-il dit aux Emelien, Denormandie, Ndiaye *and Co* –, la balle est désormais dans le camp du Sioux. À lui de se faire adopter par sa nouvelle famille. Quand ils se remémorent la première rencontre, la plupart se souviennent de l'avoir trouvé… « grand » ! Et très « en retenue ». Ça tranche avec ce président chaleureux et tactile avec qui ils ont fait campagne.

Édouard Philippe, incorrigible diesel, qui n'a jamais été ministre et a passé un mois de sa vie en cabinet, découvre, observe, réfléchit. Il est comme en apnée. La légende, construite par les communicants, prétend que le stress et l'anorexie ont disparu sitôt la porte de Matignon franchie. Que nenni ! En réalité, il perd encore quatre kilos et demi en une semaine, du jeudi précédant sa nomination au jeudi suivant.

— Pour l'instant, il faut que je donne le change, confie-t-il à ses visiteurs au bout de deux semaines, lors d'un des premiers apéros du « Bellota élargi » au Pavillon de musique.

Au fond du jardin, il raconte pour la première fois aux Apparu, Darmanin, Béchu et quelques autres l'audace inouïe de ce Macron qu'il a rencontré en 2011, sa capacité à prendre des risques et la complémentarité de leur duo banquier-juriste. « Il est habité par l'idée d'être à la hauteur de la fonction, se souvient son ami Régis Lefebvre, avec qui il a construit l'UMP quinze ans plus tôt. Dans ses discours, je le voyais se frictionner les mains. Une fois, au milieu d'un discours sur la décentralisation, je lui ai envoyé un SMS pour qu'il arrête. »

À tous les étages de Matignon, il édicte cette règle intangible :

— Loyauté ! Le premier d'entre vous qui essaie d'enfoncer un coin entre l'Élysée et Matignon perd ma confiance.

« Benoît [Ribadeau], avec son expérience du cabinet de Raffarin, a dû beaucoup l'aider à identifier les circuits de pouvoir, comprendre avec qui il est important de ne pas se fâcher », observe une macroniste qui leur veut du bien. Pour Philippe, loyauté rime avec prudence. En dire le moins possible, laisser longtemps toutes les options sur la table : ce réflexe naturel va bien vite faire partie de la stratégie du Sioux.

Elle fait d'ailleurs merveille concernant l'une des premières patates chaudes du quinquennat : le projet d'aéroport de Notre-Dame-des-Landes, un an après le référendum local organisé sous la présidence Hollande et la victoire du « oui » à l'aéroport à 55,17 %. Emmanuel Macron a promis de respecter ce résultat[1]. Édouard Philippe est sur la même ligne, mais il se tait. Tout ce qu'il dit, c'est qu'il faut rétablir l'ordre. Déloger les zadistes, occupants sans titre pour certains, rétablir la circulation sur la route départementale.

— Que cinquante types aient décidé qu'on ne passait plus est fondamentalement inacceptable ! s'emporte-t-il devant la caméra de Laurent Cibien, qui entame, en ce mois de juin, le tournage d'entretiens réguliers à Matignon en vue d'un troisième épisode de sa série documentaire *Édouard, mon pote de droite*, à diffuser après son départ.

Mais concernant l'aéroport lui-même, il reste mutique. Il botte en touche lors de « L'Émission politique » de France 2, en septembre. Motus encore en décembre, au

1. Consultation organisée par l'État dans les deux cent douze communes de Loire-Atlantique, le 26 juin 2016.

tour de table du Conseil des ministres, suite à la remise du rapport d'experts. Idem lorsqu'il reçoit une centaine d'élus de la région nantaise. Pas un mot, ce samedi matin de janvier, dans la salle des conseillers à Notre-Dame-des-Landes, entre frigo et cave à vin, lorsqu'il débarque pour écouter le maire. Jean-Paul Naud plaide pour que soient préservées les « zones humides ». Plus au sud de Nantes, à Saint-Aignan-Grandlieu, à 1,2 kilomètre du bout des pistes de Nantes-Atlantique, tout juste l'entend-on s'étonner du bruit des avions, fenêtre ouverte :

— Ah, quand même !

Cartes en main, il mesure à quel point chaque mètre de piste supplémentaire pénalisera les riverains. « Je l'ai senti le cul entre deux chaises », m'expliquera, amer, Jean-Claude Lemasson, persuadé que le Sioux avait déjà pris sa décision ce jour-là. Le maire de Saint-Aignan est prévenu le 17 janvier, pendant le Conseil des ministres au cours duquel le Sioux annonce l'abandon du projet et l'extension de Nantes-Atlantique sur 400 mètres vers sa commune. En lisant le livre d'Édouard Philippe, les deux maires tomberont des nues en comprenant en outre que la décision n'avait pas grand-chose d'écolo et qu'ils ont été manipulés : « Si nous décidions de faire l'aéroport, la loi serait respectée mais le sang coulerait[1]. » La prudence comme boussole, encore. « L'aéroport a été abandonné à cause des zadistes, regrette le maire de Notre-Dame-des-Landes. Ils ont voulu éviter les risques d'une évacuation musclée et ont habillé ça en choix environnemental », concluent les deux édiles.

À ce stade, la bande du Sioux souligne avec insistance que le Premier ministre et le président sont parfaitement alignés. Pourtant, l'un en profite plus que l'autre.

1. *Impressions et Lignes claires*, *op. cit.*

L'Ifop, qui délivre chaque mois un indice de satisfaction au Service d'information du gouvernement (SIG), voit vite l'écart se creuser. Août 2017 : 47 % de bonnes opinions pour Édouard Philippe, 40 % seulement pour Emmanuel Macron. « Il a l'image d'un type accessible, patiné, avec une expérience d'élu local, certes un peu de raideur, mais capable d'autodérision. Ses lapsus ne le pénalisent pas, au contraire », détaille Frédéric Dabi à Charles Hufnagel et Gilles Boyer. Édouard Philippe semble s'y intéresser assez peu. « C'est son côté Juppé », plaide un juppéiste du cabinet. En tout cas, il imprime, comme on dit. En décembre, l'ancien LR s'offre même un petit état de grâce à 54 %, et surtout 91 % de satisfaits chez les électeurs LREM, après avoir mis en musique les ordonnances libérales réformant le Code du travail, l'un des cinq chantiers prioritaires du président. Avec Muriel Pénicaud, il a reçu les partenaires sociaux dès le mois de juin, enchaîné les tables rondes au début de l'été et fini par rendre une copie complète fin août. Édouard Philippe n'est pas mécontent de profiter des divisions du front syndical. La CFDT et la CGT ne sont pas parvenues à mobiliser la rue. Même Pierre Gattaz, au Medef, salue la démarche. L'essentiel, après parcours parlementaire, a été publié au *Journal officiel* le 23 septembre. À quoi s'ajoute la réforme de la SNCF, finalement votée par LR ! En apparence, tout roule.

Quelle mouche pique donc le Sioux pour qu'il lance, le 9 janvier 2018, la limitation à 80 km/h sur le réseau secondaire, qui va semer la colère sur les routes de province et dans la majorité ? C'est sa première touche personnelle, hors programme Macron. L'idée n'est pas tout à fait de lui. Elle a déjà fait hurler le lobby des automobilistes quatre ans plus tôt, lorsque Manuel Valls, Premier ministre, a lancé l'expérimentation. À l'heure du bilan, fin 2017, le délégué interministériel à la Sécurité routière, Emmanuel Barbe, suggère de généraliser la mesure sur 400 000 kilomètres de routes départementales et nationales. Trois cent cinquante à quatre cents vies par an pourraient être sauvées. Valls, comme Cazeneuve, invite Philippe à foncer. Le premier signe même une tribune de soutien. Les dix-huit mesures annoncées font hurler instantanément. Notamment les 80 km/h à compter du 1er juillet. Renoncez ! réclament les présidents de vingt-huit conseils départementaux. Au gouvernement, Gérard Collomb brandit même un joker. « Édouard n'aime pas tellement renoncer... Ce n'est pas le mot qu'il préfère, concède Charles Hufnagel. Il se dit qu'il faut savoir aménager. »

Le sujet s'empare du pays et poursuit le Premier ministre jusque dans ses soirées entre potes.

— Pourquoi tu t'acharnes ? interroge une amie au Havre.

— Ah, mais vous n'y connaissez rien, s'agace-t-il. Tous les politiques qui ont fait des réformes sur la sécurité routière en ont profité !

— Peut-être que je n'y connais rien, mais je vote ! répond l'amie. Et je n'ai pas envie de rouler à 80 km/h.

Édouard pense à Chirac et à ses radars automatiques impopulaires, qui l'ont érigé en héraut des associations d'accidentés de la route. Mais l'opinion ne lui en tient pas rigueur plus d'un mois. Dès février, il repasse devant : 44 % d'opinions favorables pour le président, 46 % pour lui. « Son image d'homme déterminé est en train de se forger », observe Frédéric Dabi. À quel prix !

Avec le recul, Philippe a même réussi à se convaincre que la crise des Gilets jaunes n'était que très peu liée aux 80 km/h ou au contrôle technique renforcé. Dans *Impressions et Lignes claires*, il avance que tout est parti surtout de la fiscalité carbone. Si l'appel de Jacline Mouraud, le 27 octobre 2018, ne dénonce pas expressément les 80 km/h, elle pointe pourtant le « flicage » généralisé des automobilistes : « Chaque fois qu'on monte dans notre voiture, on est quelqu'un qui va potentiellement payer », martèle-t-elle. De fait, l'entrée en vigueur des 80 km/h en juillet fera grimper en flèche le nombre de personnes flashées[1].

À la fin de l'été, plusieurs ministres s'inquiètent : « Ça monte, ça monte. » Sur le sujet « voiture » en général et la fiscalité carburant en particulier. Le 21 août, quelques jours avant sa démission, Nicolas Hulot déjeune avec le Premier ministre et l'alerte. Il recommande d'« affecter le produit de la taxe carbone aux classes populaires » pour la rendre acceptable. Mais la logique du Premier ministre est autre. « Cette taxe carbone avait pour but de rendre possible la cinquième branche de la Sécu, la branche dépendance, se souvient l'un des proches d'Emmanuel Macron. Philippe réussit à convaincre le président que, budgétairement, il ne peut pas la lâcher. » « À la fin de la fin de la fin, me répètera quant à lui Édouard Philippe, il faut financer les retraites. On ne règle rien si on ne règle pas la question des retraites. Or on avait déjà moins de rentrées fiscales avec la baisse de l'ISF, promesse de campagne ! » Illustration de la difficulté d'appliquer le programme d'un président pour lequel on n'a pas fait campagne.

Illisible, la taxe carbone demeure donc inacceptable. « Ça va péter sur le prix de l'essence ! », avertit la cellule de veille des réseaux sociaux du Service d'information

1. 500 000 véhicules flashés (contre 240 000 un an plus tôt), dont 260 000 sur les seules routes secondaires désormais limitées à 80 km/h. Source de la Sécurité routière.

du gouvernement. En vain. « À Matignon, ils considéraient que c'était au président d'affronter, pas au Premier ministre », regrette, amer, un conseiller de l'Élysée de l'époque.

Un gros appel à manifester se dessine pour le samedi 17 novembre 2018. Résultat : trois cent mille manifestants, un mort et plusieurs blessés aux abords des barrages. Le 18, au « 20 heures » de France 2, Édouard Philippe repousse la main tendue par Laurent Berger, chouchou de la majorité qui, pour la CFDT, propose une grande conférence sociale. D'après lui, l'entourage de Macron et « probablement » le président lui-même[1] sont hostiles à cet « entre-soi » qui ne répondrait pas aux Gilets jaunes.

Cris d'orfraie sur les bancs LREM ! Cela fait pourtant des mois que les conseillers parlementaires, la cheffe de pôle Fanny Le Luel et Adrien Caillerez s'activent pour installer progressivement leur patron. Les apéros de 18 h 30 dans le Salon bleu ou jaune avec une dizaine de députés et sénateurs LREM sont directs et chaleureux.

— Si je dois tomber sur les 80 km/h, assume Édouard, je tomberai. Mais c'est une bonne mesure, abaisser la vitesse fait baisser la mortalité

— Mais tu ne te rends pas compte, en circo on se fait taper dessus !

— Je sais. Et je suis prêt à en payer le prix politique.

Adrien Caillerez, jeune conseiller parlementaire, ancien du groupe LR à l'Assemblée, admire ce Premier ministre qu'il trouve « constant », pas « buté ». Il en veut à ceux qui, à ses yeux, « utilisent cette crise pour créer une aspérité entre le Premier ministre et le président… qui n'existe pas ».

1. *Impressions et Lignes claires*, *op. cit.*

S'il s'efforce de « traiter » les LREM, Édouard Philippe n'aura jamais vraiment de troupes à lui. Même les cinq députés Agir, le mouvement des ex-LR pro-Macron piloté par Franck Riester, son ami ministre de la Culture, ne voteront pas son budget en 2018. Même Agnès Firmin-Le Bodo, la Havraise à qui il a souhaité bon anniversaire le matin même, votera contre ce jour-là ! Choix délibéré, me dira l'un de ses proches conseillers, « Édouard a toujours pris soin de ne pas avoir l'air d'un chef de petite bande, de ne pas avoir ses "philippistes" ».

Sa seule « petite bande » est sans doute à chercher du côté des maires, la brochette Béchu-Valletoux-Chrétien-Bürkli-Degallaix et compagnie[1]. Sur les 80 km/h, justement, les avis sont partagés. Frédéric Valletoux (Fontainebleau) est pour, mais Arnaud Robinet (Reims) franchement contre. Ce déjeuner amical, à l'origine organisé avec les orphelins de la primaire, s'est institué tous les deux ou trois mois, sans ordre du jour, à Matignon. Officiellement sans enjeu politicien. Le Premier ministre les appelle ses « ronds de serviette », ses « capteurs », même si, au fond, il sait que « la poutre travaille » pour lui aussi, avec chaque fois de nouveaux élus « Juppé-compatibles »,

1. Les déjeuners des maires ont accueilli au moins une fois Christophe Béchu (Angers), Frédéric Valletoux (Fontainebleau), Laurent Degallaix (Valenciennes), Laurent Marcangeli (Ajaccio), Delphine Bürkli (Paris IXe), Alain Chrétien (Vesoul), Marie-Hélène Thoraval (Romans-sur-Isère), Grégoire de Lasteyrie (Palaiseau), Jérôme Baloge (Niort), Karl Olive (Poissy), Christophe Boucher (Tours), Xavier Bonnefont (Angoulême), Laurent Hénart (Nancy, président du Mouvement radical), David Robo (Vannes), Stéphanie Guiraud-Chaumeil (Albi), Luc Lemonnier (Le Havre), Marie-Agnès Poussier-Winsback (Fécamp), David Lisnard (Cannes), Arnaud Robinet (Reims), Gaël Perdriau (Saint Étienne), Brice Rabaste (Chelles), etc.

en l'occurrence favorables au combo fiscalité carbone-rigueur budgétaire.

Cependant, de plus en plus de ronds-points sont occupés. Fin novembre, malgré un deuxième samedi de manif et l'incendie du Fouquet's sur les Champs-Élysées, le Premier ministre convainc encore le président de ne pas lâcher sur la taxe carbone en présentant la Programmation pluriannuelle de l'énergie. Macron lance son « grand débat » de trois mois, la fermeture de quatorze réacteurs nucléaires d'ici 2035, mais pas touche à la taxe.

Le troisième samedi inquiète quand même l'homme « constant mais pas buté ». Ce 1er décembre, Emmanuel Macron est au G20 en Argentine avec Bruno Le Maire. L'après-midi vire au chaos sur les Champs-Élysées. Philippe, seul à bord, télé allumée sur BFMTV dans son bureau, observe les vitrines brisées, les voitures brûlées et les palissades de chantier démontées. Toulouse, Bordeaux, Le Puy-en-Velay sont touchés. « À 16 h 30, on se dit que ça va partir en sucette[1] », reconnaîtra-t-il devant la caméra de Cibien. Dans la soirée, un tag apparaît sur l'Arc de Triomphe : « Les Gilets jaunes triompheront », tandis que dans le paisible IXe arrondissement Édith Chabre maintient la fête d'anniversaire pour les quarante-huit ans de son homme.

— On ne change rien, répète l'épouse du Sioux.

Une bonne trentaine de convives sont là. Forcément, on ne parle que de ça. Le champagne a un goût amer pour ses copines à elle, mais aussi pour les Darmanin, Lecornu, Solère et Lefebvre qui l'attendent. Rejoignant vers 23 heures cette soirée irréelle, le Premier ministre est accueilli par ces mots : « Il faut être habile, Édouard, et

1. Laurent Cibien, *Édouard, mon pote de droite*, épisode 3, *Aux manettes.* Lardux films, 2021.

tout lâcher très vite. » Imperturbable, d'aucuns diraient « droit dans ses bottes », il répond :

— Il y a des grands équilibres, on ne peut pas lâcher des milliards comme ça, la France est au bord du gouffre.

Il tance même son ami de quinze ans : « Définitivement, Régis, tu n'es pas sérieux ! » et ajoute sur le pas de la porte, en rigolant :

— T'inquiète pas, je serai « habile » !

D'après *Le Canard enchaîné*, le président préférera le mot « branleur ». À 23 h 51, le Premier ministre est toutefois à son poste, sur les chaînes d'infos, en direct de la préfecture de police de Paris, avec des mots de soutien aux forces de l'ordre.

Le dimanche matin, Macron n'atterrit pas avec des bougies d'anniversaire. Quatre morts, plusieurs centaines de blessés depuis le début du mouvement, la consigne est claire : lâche du lest ! Le lundi, drapeaux tricolore et européen accompagnent le renoncement d'un Premier ministre à l'air professoral :

— Aucune taxe ne vaut de mettre en cause l'unité nationale, clame-t-il, lunettes rondes vissées sur le nez.

Une bataille de mots s'engage entre l'Élysée et Matignon. Édouard Philippe annonce la « suspension » pour six mois de la hausse de la taxe carbone sur l'essence, le fuel et le diesel. Il profite quand même d'avoir le pupitre pour rappeler son mantra budgétaire :

— Si les impôts baissent, il faudra que les dépenses baissent, car nous ne voulons pas léguer des dettes à nos enfants, ces dettes sont déjà considérables.

À l'Élysée, les « macroniens première langue », Sibeth Ndiaye en tête, savent que « suspendre » signifie ici « annuler ». La conseillère presse appelle donc les radios et rectifie : « On annule. » « Il était clair pour moi comme, je le crois, pour le Premier ministre, que le président ne reviendrait plus sur cette taxe carbone avant la fin du quinquennat, assume-t-elle aujourd'hui. Avec une précision sémantique chirurgicale, il avait employé le mot "suspendre". Mais devant la tournure des commentaires, il fallait que je clarifie en urgence pour les journaux du soir ! »

Le Sioux a-t-il voulu passer en douce ? Ses troupes, en tout cas, sont furieuses. Charles Hufnagel s'explique franchement avec Sibeth et aplanit, dit-on, le différend. Sur le bureau du Premier ministre, un porte-clés en forme de triangle signalétique annonce : « Attention, siège éjectable ! » À Emmanuel Macron, le Premier ministre dit qu'il est prêt à s'en aller.

Depuis l'affaire Benalla, que Matignon a découverte en lisant *Le Monde* en juillet, quelque chose est cassé avec l'Élysée. Les déjeuners du quatuor (Macron-Philippe-Kohler-Ribadeau) sont « moins fluides », souligne-t-on dans le camp du Sioux. Lequel, loyal au président, est toutefois monté au front pour le défendre à l'Assemblée. Ça ne s'arrange pas depuis qu'en octobre Sylvain Fort a repris le pilotage de la « cellule com » du Château. On trouve les « off » de l'Élysée « moins attentifs vis-à-vis d'Édouard ». Traduction : « Ils distillaient officieusement l'idée d'un Premier ministre trop raide. » Obtenir les discours du président avant le prononcé devient mission impossible. Emmanuel Macron réécrit jusqu'au dernier moment. Alexis Kohler n'a pas toujours la dernière version. Alors Matignon…

Une semaine après l'abandon de la taxe carbone, sans prévenir, Emmanuel Macron lâche ainsi 10 milliards d'euros en soutien au pouvoir d'achat. À son tour, la com du Premier ministre s'autorise du contre-off un peu « moins attentif » vis-à-vis du président. Le coup de pouce surprise de 100 euros sur le Smic ? Ribadeau, fidèle dircab du Sioux, le questionne ouvertement devant les députés de la majorité. Le président veut 100 euros de plus ? OK, mais avec ou sans prime d'activité ? Conjugalisés ou non ? Pour tous les smicards ou non ? Certains hurlent au crime de lèse-majesté. Benoît Ribadeau-Dumas considère qu'il fait son job, technique, méthodique. Il n'empêche, Matignon maudit bel et bien ce lâcher de milliards.

Même durant cette période, début 2019, où le couple exécutif plonge dans l'opinion, le Premier ministre au plus bas (30 % de satisfaits) devance encore légèrement le président (27 %). La colère des ronds-points ne faiblit pas, même si les 80 km/h commencent à produire leurs effets – cent seize vies sauvées en six mois. C'est une brèche ouverte en mars par le groupe LR au Sénat qui offre au Sioux la clé pour s'épargner une franche reculade. Examinant le projet de loi sur les mobilités, les sénateurs de droite avaient introduit des dérogations pour les présidents de département ou les préfets désireux de rétablir les 90 km/h. Début mai, à quelques semaines des élections européennes, le groupe LREM s'en empare à l'Assemblée, encouragé par le Premier ministre, sur France Info :

— Si les présidents de conseils départementaux souhaitent prendre leurs responsabilités, je n'y vois aucun inconvénient.

La majorité, Sioux en tête, en est convaincue : très peu oseront prendre le risque de faire remonter le nombre d'accidents mortels. Et il ne sera pas dit que quiconque a « reculé ».

La presse locale, elle, vocifère ! « Édouard Philippe refile la patate chaude aux départements », souligne *Le Républicain lorrain*. « Qu'est-ce que c'est retors, s'insurge l'éditorialiste du *Midi libre*[1]. Et la conclusion

1. *Midi libre*, 17 mai 2019.

fleure bon le girondinisme : « Qu'en restera-t-il ? Des incohérences, l'impossible harmonisation de notre politique de sécurité routière sur le territoire et l'impression que, même autour de ces grandes causes nationales, les politiques se jouent encore et toujours de nous. »

Édouard Philippe, lui, en veut surtout aux leaders de la droite, les Ciotti et Wauquiez qu'on a vus porter le gilet jaune. Parmi ceux qui sont venus déjeuner, Arnaud Robinet, le maire de Reims, retourne dans le giron LR à quelques semaines des européennes de mai, en même temps que Christian Estrosi ou Jean-Luc Moudenc, le maire de Toulouse. Déception de courte durée car le Sioux sort finalement conforté de ce scrutin qui devait lui coûter son poste et qui a viré à la déroute pour Les Républicains. Dans la foulée, le 9 juin, soixante-douze élus locaux de la droite et du centre, dont un grand nombre de « ronds de serviette de Matignon », publient dans le *Journal du dimanche* une tribune de soutien à Emmanuel Macron et au gouvernement Philippe. « La République des maires » est née, association pilotée par son ami Christophe Béchu.

Au déjeuner des ronds de serviette, les copains commencent d'ailleurs à s'interroger sur leur rôle. « Au bout d'un moment, on l'a interpellé en voyant les tensions avec En Marche !, raconte l'un d'eux. Sur la réforme des retraites qui se préparait, on voyait qu'il avait des positions qui n'étaient pas reprises par le camp Macron. Il y avait une tranquillité dans ce groupe qu'il n'avait pas au sein de LREM ni du gouvernement. On lui a dit : "Qu'est-ce que sera l'après ? On est contents de déjeuner avec toi, mais auras-tu envie d'autre chose ?" » Le Sioux, prudent même avec les siens, a conservé sa ligne :

— N'y voyez pas plus qu'une réunion d'amis. On s'est côtoyés dans la primaire, mais pour l'instant je suis loyal au président.

Ces déjeuners cessent d'ailleurs à l'automne car la campagne municipale approche… et, disons-le, ils agacent le camp Macron. D'autant qu'il y a ce sujet des retraites sur lequel l'alignement président-Premier ministre s'annonce plus difficile à trouver. Édouard Philippe y tient plus que tout. C'est LA grande réforme que l'héritier de Juppé, obsédé d'équilibre budgétaire, voudrait porter. Il y travaille depuis le début avec son cabinet. Telle qu'il la présente devant le Conseil économique, social et environnemental le 11 décembre 2019, elle s'éloigne du programme de campagne du président. Le candidat Macron avait promis un système universel par points, plus juste car supprimant les quarante-deux régimes spéciaux, mais sans toucher à l'âge de départ à soixante-deux ans. Le Sioux surgit avec, en prime, un âge pivot de soixante-quatre ans, c'est-à-dire une incitation sous forme de bonus-malus pour les volontaires qui seraient prêts à travailler deux ans de plus, et ce dès 2027. « Ce n'était certes pas le programme de campagne de Macron, reconnaît un membre haut placé du cabinet de Matignon, mais Édouard le fait avec l'accord du président, qui a relu le discours. En responsabilité, il s'est dit qu'il ne pouvait faire ce système universel sans avoir une quille qui empêche une dérive dramatique des finances publiques en général. Rien que pour les profs, par exemple, il fallait augmenter très sensiblement leurs salaires avant la retraite pour qu'ils s'y retrouvent. D'où la mesure d'âge. »

Bienvenue dans le « en-même-temps » version Matignon » : tenir l'engagement de rester à soixante-deux ans, tout en déplaçant l'équilibre à soixante-quatre. Preuve que l'alignement avec l'Élysée est loin d'être total, le président expliquera, au printemps 2021, qu'il souhaite reprendre différemment cette réforme de 2020 finalement adoptée sans vote à l'Assemblée grâce à l'article 49.3, mais bloquée au Sénat par la crise du Covid. « On est vraiment passés à *ça* de LA grande réforme », se désole un juppéiste de Matignon, qui ajoute : « Édouard pense fondamentalement qu'il y a un déséquilibre profond entre ceux qui travaillent et ceux qui ne travaillent pas dans le pays. » Et le Sioux d'enfoncer le clou :

— On ne réglera jamais rien si on ne finance pas les retraites. Sur 1 000 euros de dépenses publiques, la majorité va aux retraites[1].

Malgré un mois et demi de grèves, de manifestations et deux motions de censure, le Sioux aura quand même réussi le tour de force d'embarquer avec lui Laurent Berger, le leader de la CFDT opposé à l'âge pivot, avec la promesse d'une « conférence de financement » distincte du projet de loi. Ses opposants, à Paris comme au Havre, lui reconnaissent ce talent. « Il est brillant, c'est un orateur hors pair qui sait retourner son auditoire, analyse Nathalie Nail, l'élue communiste normande. Souvenez-vous des Gilets jaunes reçus à Matignon : ils étaient ressortis doux comme des agneaux. C'est ça, "l'effet Philippe"[2]. »

« Ma main est toujours tendue, mais ferme », a-t-il coutume de dire, s'attirant même le surnom de « Thatcher à barbe[3] ». Ferme, pour ne pas dire cassante, elle l'aura été à différents moments. Avec Nicolas Hulot, au début du quinquennat, lorsque Matignon le contraint à venir

1. En 2019, sur 1 000 euros de dépenses publiques, la protection sociale représente 574 euros, dont 262 euros pour la vieillesse (retraites, pensions de réversion), 197 euros pour la santé et 41 euros pour les familles. En comparaison, les intérêts de la dette sont en 2019 de 28 euros (– 56,3 % depuis 1995, grâce aux taux d'intérêt). Source : Insee/Fipeco.
2. *Le Poulpe*, 19 mai 2021.
3. *Marianne*, 3 juillet 2020.

annoncer lui-même, devant la presse, le renoncement à ce qui était pourtant un engagement de campagne : le report à 2035 de la baisse de la part d'électricité nucléaire à 50 %. Sur les retraites, elle l'aura été tout particulièrement avec Jean-Paul Delevoye, le haut-commissaire aux retraites choisi par l'Élysée en remerciement de son soutien pendant la campagne. Il démissionne quelques jours après le discours du CESE, emporté par ses « oublis » dans sa déclaration d'intérêts. S'il refuse désormais de s'exprimer, les proches du Sioux expliquent pudiquement qu'ils « ne se sont pas trouvés ». Euphémisme ! « Édouard s'est vite aperçu que Delevoye ne connaissait pas le sujet, flingue l'un d'eux. Qu'il ne travaillait pas, qu'il lui vendait du rêve sur la mesure d'âge et qu'il vendait le rêve inverse à Laurent Berger, bref, qu'il tenait un double discours et nous emmenait dans le mur. » L'écho du *Canard enchaîné*, en avril, rapportant l'expression « cons de Matignon » dans la bouche du haut-commissaire, n'avait pas dû aider.

La période aura aussi laissé des traces sur le Sioux lui-même. Sur Twitter, les internautes ironisent au soir du discours du CESE : « Il y a une partie de la barbe d'Édouard Philippe qui fait la grève elle aussi ou alors elle est restée bloquée sur la ligne 13. » « Comment voulez-vous qu'Édouard Philippe puisse assurer un quelconque équilibre financier d'un budget national, alors qu'il n'est pas fichu d'équilibrer les couleurs de sa barbe ! » « Je me navre un peu de réduire le débat à ça, mais Édouard Philippe doit se teindre la barbe ou la raser. » Pourtant, raser n'y changerait rien. Le vitiligo, très vite diagnostiqué, est une dépigmentation irrémédiable de la peau. « Trop de stress et de boulot[1] », expliquera-t-il plus tard.

1. RTL, 30 avril 2021.

D'où l'importance des échappées belles et des pauses qui, à Matignon, sont d'autant plus précieuses qu'elles sont rares.

15

Opération survie

— C'est qui le barbu ?

— Bah, c'est le grand type marrant !

— Il est pas marrant, attendez ! Il y en a peut-être au fond qui sont dans les 85 % de Français, si j'en crois les sondages, qui ne savent pas qui je suis…

Comme appris en cours d'éloquence, le Premier ministre observe un silence pour que germent les rires, après cette magistrale entrée en matière.

— … qui ont juste retenu que j'avais deux prénoms, mais qui ne savent pas si c'est Louis-Philippe, Philippe Auguste, Gérard Philipe ou Philip Morris… Donc, voilà, je m'appelle Édouard Philippe et je suis Premier ministre. Si, si !

Applaudissements. En fond de scène du Casino de Paris, ce 27 novembre 2017, Gilles Boyer regarde son pote Premier ministre kiffer littéralement ce moment qu'il lui a concocté. Le faire participer au Live Magazine ! Lui-même est ressorti gonflé à l'hélium, neuf mois plus tôt, de ce spectacle présenté comme un journal vivant 100 % éphémère. À l'époque, le directeur de campagne d'Alain Juppé publiait un livre sur le fiasco de la primaire, tentant lui-même d'émerger de ce cauchemar. « Mon pote, ça te dirait de faire le Casino de Paris ? », a-t-il dit à Édouard lorsque les organisateurs ont tenté l'invitation dans les débuts stressants de Matignon.

Déjà qu'en Macronie le silence est d'or. Motus, même avec ses proches. Mais voilà que le Premier ministre s'apprête à dévoiler, devant mille cinq cents personnes, dont une forte proportion de journalistes, les rendez-vous secrets de mai qui l'ont conduit à Matignon – et qui ce soir-là sont encore inconnus. Le Live Mag, aussi moyenâgeux que cela puisse paraître, n'est ni filmé ni enregistré. Le concept, lancé par une réalisatrice et deux journalistes sur un modèle américain, veut qu'on ne connaisse jamais le casting d'avance. Coup de bol, ce soir-là, j'en suis. Ce livre n'est pas encore en projet, mais, déformation professionnelle, je prends des notes.

Onzième sur douze auteurs, le « grand type marrant », ainsi qu'il est présenté sur l'écran[1], raconte le rendez-vous secret rue des Volontaires, le trajet en voiture jusqu'au QG d'Emmanuel Macron, ajoutant, pour corser le scénario, une couverture sous laquelle il se serait planqué. La salle est hilare.

— Et là je vis quelque chose d'assez simple : je suis pris d'une espèce de peur panique. Je le dis pour ceux d'entre vous qui vivraient une forme de surpoids : si vous voulez maigrir, devenez Premier ministre. (*Rires.*) Moi, j'ai perdu six kilos en huit jours. Vous auriez vu ma mère ! C'est un moment difficile car vous ne pouvez pas en parler. Si vous en parlez et que ça n'arrive pas,

1. « L'article 8 de la Constitution explique que le président de la République nomme le Premier ministre. Il n'est pas obligé de prendre un grand type marrant. Mais il choisit. En général, c'est un choix qui est contraint. Soit par un vieux compagnonnage, soit par des équilibres politiques, soit par des amitiés… »

vous aurez l'air d'un con. C'est un coup, deux semaines après, à s'entendre dire : « Quand je pense que tu as imaginé une seconde… »

Pour le Premier ministre sans doute autant que pour le public, l'instant est irréel. Sa journée a dû être intense : l'Europe a relancé le glyphosate pour cinq ans, Gérald Darmanin a présenté en Conseil des ministres son projet de loi sur le droit à l'erreur, le prince Harry n'est plus officiellement célibataire après l'annonce de ses fiançailles avec Meghan Markle… Le chef du gouvernement a pourtant réussi à s'échapper. À 22 heures, mort de trac sur le bord de scène, une bière dans une main, son texte dans l'autre. Et le voilà savourant cette échappée…

— Je ne vais pas faire de politique ici. Il y en a sans doute qui pensent que le président de la République est très bien et d'autres pas. Il y en a certains qui pensent que je suis trop à droite et d'autres qui pensent que je suis trop à droite. (*Rires.*) Il n'y en a pas qui pensent que je suis trop à gauche ? Non ? Manifestement, Laurent Wauquiez n'est pas là. (*Rires et applaudissements.*) La seule chose que je veux vous dire, c'est que si par hasard vous avez envie de vous engager, n'hésitez pas : on a besoin de vous. Merci !

Dans le public, Édith Chabre applaudit. Michel Sapin se pince : sa femme, Valérie de Senneville, journaliste aux *Échos*, est sur scène également. Mieux que quiconque, l'ancien ministre comprend la saveur de ces onze minutes de scène, loin des parapheurs et des discours officiels. Un goût d'interdit, de petite transgression. Au passage, qui sait, le Premier ministre a peut-être fait quelques nouveaux adeptes. Le président Macron, lui, n'en a rien su. Comme dirait Édouard : « Et c'est très bien ainsi ! »

Pour les hommes du GSPM (Groupe de sécurité du Premier ministre), c'est juste une soirée un peu plus intense que d'habitude. Tout a été fait dans les règles, agents en tenue banalisée dans la salle, visite d'une commissaire une semaine avant, passage des chiens le jour J. Ils ont même reniflé au préalable les cinquante drones qui s'abattent sur le plateau pour accompagner la prestation suivante. Le spectacle s'achève, comme toujours, par un salut au public. Le « grand type marrant », main dans la main avec les autres comédiens d'un soir. La bière de l'*after* a meilleur goût encore que celle du *before*. Mais déjà le Premier ministre repart…

Petit aparté. Devant Gilles Boyer, qui a largement contribué à écrire le texte, je m'étonne d'une chose : que Thierry Solère, qui accompagnait Édouard ce soir d'avril 2017 chez Macron et qui me l'a d'ailleurs raconté, ait été évacué du récit. Il semble embarrassé par ma remarque. « Quoi ? Pardon ? » Finalement, il concède : « Il ne mentionne pas Thierry. Mais je ne pense pas qu'il mente. Non, non ! » L'ai-je seulement soupçonné de mensonge ? Il répète : « Je ne pense pas qu'il mentionne Thierry, mais je ne pense pas qu'il mente. »

Pour qu'il survive à Matignon, les hommes (et les rares femmes) du Premier ministre ont vite compris qu'il fallait lui ménager des échappées, actionner le distributeur d'adrénaline. Le job est éreintant. Le Sioux est en permanence entouré, assailli, précédé et suivi d'un aréopage de conseillers, d'officiers de sécurité et de journalistes. Même pour un Premier ministre qui dort bien, ce qui est son cas, le seul vrai repos de l'esprit provient des évasions, aussi brèves soient-elles. Avec Édith, les premiers mois, ils se sont beaucoup interrogés sur la façon de conserver leur liberté. Pouvoir improviser, aller chercher un sandwich ensemble au coin de la rue ou prendre un café dehors. Psychologue, Anne Clerc, la cheffe de cabinet, s'en arrange. Elle le comprend sans même qu'il ait besoin de demander et fait accepter cette souplesse au GSPM. Régulièrement, Édouard passe une tête dans son bureau :

— Je reviens dans cinq minutes, je vais acheter un burger.

Un officier de police en civil l'accompagne. Inimaginable à l'époque de Raffarin, où ils étaient toujours trois ou quatre. « Vous perdez pied très vite si le service d'ordre est trop conséquent car il ne peut pas improviser de la même façon, m'explique Anne Clerc. On s'est débrouillés car c'est indispensable à son équilibre. »

Pour les déplacements, les schémas les plus ouverts possibles sont construits avec les officiers de sécurité pour garder le contact avec « les gens ». Pendant la crise des Gilets jaunes, on évite autant que possible les cars de CRS ; on fait plutôt appel aux RT (renseignements territoriaux). Des « clochettes » sont réparties dans la ville. Cela nécessite une coordination différente, mais lui permet beaucoup de souplesse et de réactivité. Il y aura quand même quelques exceptions, comme à Limoges, pendant la crise des Gilets jaunes, ou à Nancy pour un séminaire gouvernemental où les ministres viendront en bus. Même à Limoges, en décembre 2018, le Premier ministre parvient à s'échapper entre un déjeuner à la préfecture et une rencontre avec des Gilets jaunes en mairie. Il veut absolument prendre un café avec un vieux copain qui vient de ressurgir du passé. Jean-Ba, le pote de primaire et de collège de Grand-Quevilly, perdu de vue depuis trente ans, a appelé Matignon la veille. « Édouard vient à Limoges demain », lui a fait remarquer sa femme. Dix minutes après, on l'a rappelé et les deux copains se retrouvent au bistrot. « Le matin, il s'était fait recevoir à Saint-Yrieix-la-Perche, se souvient le prof de sport, encore épaté de ces retrouvailles. Ça faisait trente ans qu'on ne s'était pas vus et ça semblait super naturel. Il m'a dit :

“Tu sais, j’avais toi et Nico, c’est tout !” On a fait un selfie pour Nicolas qui se balade, m’a dit Édouard, entre Dubaï et la Suède. Il m’a envoyé la photo, le soir, en me disant : “Merci pour ce moment passé. Viens me voir à Matignon un de ces jours !” Et j’y suis allé ! Là encore, ça avait l’air d’une journée chargée pour lui, mais il m’a reçu pendant une petite heure. Il m’a fait visiter le jardin, m’a montré la salle de sport. » Les amitiés d’enfance ont une place et une saveur toutes particulières.

Les échappées ont beau servir de bol d’oxygène, elles permettent aussi d’entretenir des contacts précieux. Un an après le Live Magazine, un déplacement dans le Var, le 14 septembre 2018, lui donne envie d’aller sentir à nouveau la poudre du côté de Canjuers, le plus grand champ de tir d’Europe occidentale. L’école d’artillerie de son service militaire se trouve toujours en contrebas, à Draguignan. En grand secret, son parrain de l’armée, le colonel à la retraite Henri Leblanc, est invité à imaginer un scénario riche en souvenirs. Il comprend toutefois que la hiérarchie militaire concocte quelque chose de trop officiel. SMS à Édouard : « J’avais cru comprendre que Canjuers, c’était ta madeleine de Proust. Or je suis en train de m’apercevoir que l’armée de Terre récupère le truc et ça devient un vaste barnum. De mon humble position, je ne peux rien faire. » La réponse est militaire : « Reçu ! » Quelques heures plus tard, Henri reçoit un coup de fil du colonel Pierre, du cabinet du Premier ministre. « Nous vous confirmons que nous allons faire simple », lui annonce-t-il.

La version officielle veut qu’il soit arrivé en hélicoptère avec le chef d’état-major de l’armée de Terre, le cinq étoiles Jean-Pierre Bosser, le général Guionie, chef des forces terrestres, Geneviève Darrieussecq, secrétaire d’État auprès de la ministre des Armées, et le chef de cabinet militaire de Matignon, le général Durieux. Depuis l'hélicoptère Gazelle, portes vitrées, le quatuor savoure la manœuvre militaire en cours, les chars Scorpion flambant neufs, et vient se poser à la batterie d'artillerie pour le tir au canon. Le colonel Leblanc guide son filleul.

— Si vous permettez, monsieur le Premier ministre, je vais vous demander de mettre le casque. Et pour vérifier que vous n'avez rien perdu, je vais vous désigner l'objectif et vous allez régler le tir.

Dans son costume de ville, Édouard Philippe ne cache pas une certaine émotion. Le matériel a changé, mais le plaisir s'annonce intact. Un télémètre remplace la jumelle et la bonne vieille boussole d'il y a vingt-quatre ans. Du doigt, Leblanc pointe un groupe de six carcasses de chars. Un sous-officier lui explique le fonctionnement de l'outil. Avec un rapporteur, il trace scrupuleusement la distance sur la carte, détermine les coordonnées et envoie son message de tir : « Matignon 01. » Un tir d'emblée, sans réglage, vingt-quatre obus sur la cible.

— Parole de militaire, les vingt-quatre obus traitent magnifiquement bien l'objectif, dit Leblanc. Vous n'avez pas perdu la main, monsieur le Premier ministre, approuve le parrain.

Édouard Philippe, visiblement surpris, marmonne dans sa barbe :

— J'en doutais un peu.

— Monsieur le Premier ministre, vous venez de démontrer que vous êtes toujours l'un des nôtres, conclut le président des nouveaux officiers, lui tendant un calot gravé « lieutenant Édouard Philippe ».

Depuis, le Sioux chérit à un point qu'on a peine à imaginer les cadeaux avec lesquels il est rentré : une douille en cuivre offerte par le général Michel Ledanseur, qui a repris l'école d'artillerie, et un petit chapeau colonial remis par le colonel Pierrick Michel du 3e Rama (régiment d'artillerie de marine). À Matignon, ces objets ont trouvé leur place sur le bureau de Léon Blum, à côté du sabre du grand-père dont il est inséparable.

La version officieuse nous apprend que la veille, après un dîner républicain à Toulon avec des élus de la majorité, le convoi officiel est monté à Canjuers. La veillée avec les officiers lieutenants a tenu ses promesses de madeleine de Proust. La nuit en campement de campagne sur lit picot aussi. À quarante-neuf ans, le jogging, au réveil, avec les jeunes lieutenants d'artillerie fut sans doute un peu plus rude.

À maintes reprises, le réserviste Philippe, amateur d'histoire militaire, joint ainsi l'utile à l'agréable, la présence sur les sujets de Défense et, « en même temps », le plaisir potache du « fana-mili ». À son arrivée à Matignon, il a eu la bonne surprise de découvrir que, contrairement aux idées reçues, le sujet n'est pas exclusivement « domaine réservé » du président. Son chef de cabinet militaire, le général Lecointre, vieille connaissance, a exhumé avec bonheur une ordonnance du 7 janvier 1959 attribuant spécifiquement au Premier ministre la conduite des opérations militaires. « Entre 1958 et 1960, Matignon pilotait. Sur le papier, en tout cas, et dans une période où l'armée française était en opérations, en Algérie, pour une guerre qui ne portait pas ce nom, détaille-t-il dans *Impressions et Lignes claires.* Par la suite, la répartition des compétences au sein du gouvernement dépendra bien plus de la personnalité des ministres choisis par le général de Gaulle que d'une logique institutionnelle gravée dans le marbre. » Pierre Messmer puis Michel Debré, ministres des armées, assumeront ainsi ce pilotage, assistés du chef d'état-major général de la Défense nationale, le « conseiller militaire du gouvernement », la

« plus haute autorité militaire ». « Puis en 1972, lorsque Messmer est nommé Premier ministre, il récupère auprès de lui le SGDN, nul ne songeant à contester cette responsabilité à celui qui s'était engagé dans la Légion étrangère en 1943, en affirmant, non sans raison, que "quitte à faire la guerre, autant la faire avec des gens sérieux"[1]. »

Édouard Philippe l'a bien compris : en cas d'indisponibilité du président, c'est à lui, Premier ministre, qu'incomberait l'engagement de la force nucléaire ou l'ordre d'abattre un avion suspect survolant le territoire. Il fait en sorte que personne n'oublie ce rôle « essentiel » et ne se fait pas prier pour nourrir le dialogue avec les armées par des moments « festifs ». Ah ! ce dîner chez le chef d'état-major Lecointre, à l'École militaire ! L'occasion d'entretenir aussi son répertoire de chants, « Opium » et autres, avec Benoît Ribadeau-Dumas, nostalgique lui-aussi du peloton de chars qu'il commandait à dix-neuf ans. Sans oublier Olivier Lardans, bien sûr.

De façon plus officielle, à l'été 2017, son appui compte indéniablement dans la nomination de son « ami », le général François Lecointre, comme chef d'état-major des armées (Cema), suite à la démission du général Pierre de Villiers, mécontent de son budget. L'année suivante, il est aussi le premier Premier ministre à commémorer, un 30 avril, la bataille de Camerone, haut fait de résistance des légionnaires français à Aubagne assiégés par l'armée mexicaine en 1863. Un mois plus tôt, il a décollé en Rafale depuis la base de Saint-Dizier – la photo trône dans le bureau de Charles et Gilles à Matignon. Du porte-avions *Charles de Gaulle* à la base française de Gao au Mali ou d'Al-Dhafra aux Émirats arabes unis, il a la

1. *Impressions et Lignes claires*, *op. cit.*

cote chez les milis et engrange des soutiens qui se révéleront peut-être précieux, un jour.

Son amour du militaire le ramène en permanence au livre, sans doute la principale « échappée » de son existence. Plaisir, hélas, plus rare à Matignon. À défaut de tenir le rythme de quelques pages lues chaque jour, comme Juppé, son statut de Premier ministre lui offre quelques rencontres d'exception qui l'émeuvent comme une midinette. En janvier 2018, Paul Auster enregistre une émission au domicile d'Augustin Trapenard pour Canal Plus. Le Sioux s'invite chez le journaliste, arguant d'un dîner chez l'écrivain à Brooklyn deux ans plus tôt. Et l'on sourit en repensant à la jalousie du jeune Édouard, à l'Ena, apprenant que l'auteur américain entretenait une correspondance avec l'étudiant Bruno Le Maire. Le maire du Havre peut désormais se vanter d'avoir reçu un mot de… Milan Kundera. Il ne s'en prive d'ailleurs pas : « Au moment du confinement, je devais déjeuner avec lui, mais il était âgé. Sa femme m'a envoyé un mot extrêmement gentil d'encouragement : "Vous faites bien, on a confiance en vous." Et quand c'est signé à la fin : "Milan Kundera"… » Il faut le voir répéter : « Ah la vache ! ah la vache ! » Un comble pour celui qui avoue, dans *Des hommes qui lisent*, n'avoir jamais lu une ligne de l'auteur de *L'Insoutenable légèreté de l'être*. La liste est d'ailleurs longue des livres « restant à lire », puisqu'il cite aussi *Madame Bovary*, *La Princesse de Clèves*, *James Bond*, mais aussi tout Proust, tout Modiano et tout Kafka… Mais il y a aussi tous ceux qu'il a dévorés. Dans ce livre paru juste après son entrée à Matignon, le grand public lui découvre une passion qui surprend même l'un de ses camarades de l'Ena. « Ça m'a rappelé Chirac, m'explique Rémy Rioux, le patron de l'Agence française de développement. Personne n'a su pendant très longtemps qu'il était passionné d'Arts premiers, qu'il avait ce jardin secret. Pour Édouard, je n'avais jamais su qu'il lisait à ce point, pas même à l'Ena. Ça rejoint le côté "on ne le voyait pas travailler, mais à la fin il sort cinquième". En réalité, il lisait, il se nourrissait et, à la fin, il arrive à quelque chose de très construit. »

Parmi les livres découverts durant ses années Matignon, Édouard Philippe en signale toutefois un de l'été 2019, qui a nourri ses réflexions. *Anatomie d'un instant*, de Javier Cercas, raconte l'irruption des putschistes du colonel Tejero au Congrès espagnol, le 23 février 1981, sous l'œil des caméras de télé, au moment d'entériner le choix du successeur d'Adolfo Suárez, l'artisan du démontage du franquisme. Cercas éclaire en particulier le rôle trouble du roi Juan Carlos et « comment, par le choix de son entourage, sa liberté de parole, l'absence de dénégation de propos qui lui sont prêtés par ceux qui ont intérêt à le faire parler ont pu donner le sentiment à certains qu'il n'était pas hostile à une action de ce type. La leçon à tirer de ces pages lorsqu'on gouverne est sans prix. Elle est universelle. Elle nous montre aussi qu'entre Fidel Castro et le général Tapioca[1] les destins se jouent parfois à un infime détail[2] ».

Parmi les échappées, sans doute faut-il aussi mentionner Souzy-la-Briche. Cette villégiature de l'Essonne, propriété de l'État, et son parc de 300 hectares à l'abri des regards font le bonheur du Sioux, mais aussi de son épouse. Dans les années 1980, le domaine a abrité la seconde famille de François Mitterrand. Autant dire que la discrétion est garantie pour y recevoir la bande de Sciences Po ou les Bellota. Verger, haras, court de tennis :

1. Le dictateur récurrent des *Aventures de Tintin*.
2. *Impressions et Lignes claires*, *op. cit.*

c'est sans doute le seul bon côté de Matignon aux yeux d'Édith, qui n'a jamais voulu habiter rue de Varenne. Son aîné a quatorze ans, la dernière, sept. Vivre entre deux huissiers et croiser des paparazzi chaque matin sur la route du collège ou de l'école Camondo dont elle dirige désormais le développement, non merci. « Elle adorait en revanche cette résidence, raconte une de ses amies. Les cuisiniers, le côté "on se fait servir tout le week-end"… Ça l'a amusée, ça lui a fait briller les yeux. » Édouard Philippe aussi aime y passer le week-end avec ses enfants.

Mais s'il ne devait y avoir qu'une seule échappée pour le Sioux, ce serait sans doute le sport. De temps à autre le Parc des Princes, avec l'un de ses fils si possible. Outre le plaisir de vivre un PSG-Real, le carré VIP des Qataris regorge de contacts utiles, *a minima* Nicolas Sarkozy. Mais survivre à Matignon exige surtout de transpirer soi-même ! D'entrée, la cheffe de cab a calé trois séances par semaine à l'agenda, un mix de course et de boxe avec les officiers de sécurité, notamment deux anciens du Raid. « Cogner, dans ton planning hyperchargé, fait du bien en une demi-heure ! lui répète son entraîneur du Havre, Madjid Nassah, dans la salle duquel il continue de boxer régulièrement. Et si tu n'as même pas ce temps-là, un quart d'heure de corde à sauter équivaut à une heure de course à pied. » Manuel Valls avait fait aménager une salle à côté du pavillon de musique, avec tatamis et appareils de musculation. Madjid l'a lui-même testée. « Il m'avait invité à partir avec lui à Dakar. Je faisais partie de la délégation sportive, avec Sarah Ourahmoune et Habib Beye, pour voir la rénovation de structures réalisées avec l'aide de la France. Il avait remis le sabre d'un combattant peul de la Seconde Guerre mondiale au président sénégalais. Le matin du départ, on a fait une séance de boxe. Je lui ai dit : “Je t’ai piqué d’un vice dont tu ne pourras plus te défaire.” »

La boxe est devenue son exutoire. En octobre 2018, il vient d’ailleurs le raconter aux jeunes participants de l’opération « Nos quartiers ont du talent ». Une nouvelle fois, il évoque la mort de son père comme déclencheur de cette nouvelle passion.

— Je l’aimais beaucoup, et je crois que comme beaucoup je ne le lui disais pas assez… Fébrile, j’ai décidé d’enfiler des gants pour passer cette étape dans la vie d’un homme. J’ai appris à placer mes pieds, la technique, les esquives, les enchaînements, à maîtriser mon souffle, ne pas taper trop fort, ne pas avoir peur, ou plus exactement la maîtriser. C’est en apprenant à boxer que j’ai appris une partie de ce que je fais aujourd’hui. En maîtrisant l’angoisse qu’on peut avoir face à des situations tendues ou redoutables. Ça fait partie des surprises de la vie. Vous êtes triste, un jour, vous vous dites que vous allez apprendre la boxe, et puis vous devenez Premier ministre… C’est pas merveilleux ?

Le défouloir suprême est probablement le foot du mardi. L’idée initiale de taper dans la balle vient de Darmanin. Au début, son chef de cabinet peine à constituer deux équipes. Mathieu Lefevre envoie un SMS au conseiller parlementaire de Matignon, Adrien Caillerez, qu’il a connu au groupe LR à l’Assemblée : « Gérald veut jouer au foot avec des ministres, mais ils n’ont pas assez de joueurs, viens avec nous ! » Le jeune conseiller de Matignon accepte de combler les trous, mais se sent un peu seul avec les Darmanin, Adrien Taquet, Julien Denormandie, plus quelques membres des cabinets Santé et Bercy. Très vite, un groupe WhatsApp est créé, peuplé de ministres qui ne viendront jamais, mais l’idée surgit d'inviter le Premier ministre. Et un jour : « Ce soir, il y a un invité spécial ! »

Le rendez-vous est fixé à 22 heures. Les basketteurs qui jouent avant – parmi lesquels l'huissier du ministre des Comptes publics – n'en reviennent pas de voir débarquer Édouard Philippe, en short et t-shirt bleu marine siglé Le Havre, suivi par ses deux officiers de sécurité. Il serre la main à tout le monde, parfaitement détendu. Les jeunes conseillers, un peu intimidés, soignent leurs passes au Premier ministre. Ni trop violentes ni trop molles. Gare à celui qui touchera le visage du chef ! Le ballon circule autant que les anecdotes. Darmanin : « Un journaliste a demandé à Sarko : "C'est vrai que vous vous êtes fait payer 120 000 euros pour une conférence à LA ?" Réponse de Sarko : "Beaucoup plus !" »

Footballistiquement parlant, le Premier ministre bluffe plutôt son monde. « Franchement, il est hyper physique, raconte un conseiller, anonyme de peur de paraître fayot. Dans le genre technique, mais plus fin que Dembélé... une sorte de poste de milieu droit à la Ribéry, entre Mbappé et Griezmann, et très bon de la tête. » Doudou s'amuse. Après une belle action, il déclenche l'hilarité en imitant Sarkozy : « Il est pas mal, ce Philippe ! » Parfois il se lâche vraiment, défouraille sur un député ou sénateur LR. Il contrôle le ballon, regarde Gérald Darmanin, arme sa frappe et lâche : « Et ça, c'est la tête de Jacob ! », avant de prendre un air faussement gêné. « Le foot, c'est ma seule détente de la semaine », répète le Premier ministre, qui figure parmi les plus assidus avec Jean-Baptiste Djebbari, Julien Denormandie et Cédric O – excellent, lui aussi. Gérald Darmanin chambre Jean-Michel Blanquer, « pas très technique mais accrocheur » aux dires d'un participant. Adrien Taquet, ancien du centre de formation du PSG,

« joue comme un cador mais se la raconte vraiment », d'après un autre.

Avec le temps, les entraînements tournent à la confrontation « Matignon-Comptes publics ». Pour la rue de Varenne, Mohamed Amrouni (chef de cabinet adjoint), Jimmy Brun (transport), Pascal Confavreux (diplomatie économique), Fabien Meuris (sport) sont arrivés en renfort. Pour Bercy, Matthieu Ellerbach, le conseiller com, ancien responsable des jeunes avec Juppé, ou même Mathias Chicheportiche, l'avocat du ministre. « Ça ne m'étonne pas que, à la fin, c'est Édouard qui gagne », rigole Olivier Véran, l'une des rares fois où il parvient à s'échapper du ministère pour frapper la balle.

Dans les moments d'actualité tendue, conseillers et ministres scrutent forcément l'attitude du Sioux, le moindre signe, la moindre remarque. Le 3 décembre, veille de manifestations sur les retraites, la bretelle de l'A4 qui mène à Bercy est déjà bouchée, les automobilistes sont tendus. Redoutant sans doute un mouvement dur, le chef du gouvernement entre en tapant le haut de la porte du vestiaire :

— Putain, mais qu'est-ce qu'on va se faire chier !

Pour un conseiller, faire le trajet avec le Premier ministre donne l'occasion d'échanges plus intimes. Le 10 mars 2020, à cinq jours du premier tour des municipales, en pleine pandémie de Covid galopante, Adrien Caillerez, en voiture avec son patron, l'interroge :

— Vous avez peur ?

— Non, non, je n'ai pas peur, répond le Premier ministre. Mais tout peut arriver. Vous envisagez quoi, si on quitte Matignon ?

Le conseiller parlementaire répond du tac au tac :

— Ah, je n'envisage pas du tout cette hypothèse ! Mais vous voulez me dire quelque chose ?

— Pas particulièrement, reprend Édouard Philippe. Mais il ne faut pas être attaché, on est de passage. C'est gentil de me dire ça, mais je sais bien que je ne suis pas éternel.

La semaine suivante, le confinement interrompt les matchs. Ils reprendront brièvement en juin… jusqu'à la démission d'Édouard Philippe début juillet.

Au sein du gouvernement, ces entraînements sont vite devenus un sujet de discorde. Marlène Schiappa en apprend l'existence dans un avion qui la ramène d'un déplacement avec Adrien Taquet et Julien Denormandie.

— Mais j'adore le foot, moi ! Invitez-moi ! s'agace la secrétaire d'État à l'égalité entre les femmes et les hommes.

Elle alerte Emmanuelle Wargon et Christelle Dubos, tout aussi remontées.

— Faites quelque chose de votre côté, entre filles ! disent les garçons.

— Ben non les gars, répond la secrétaire d'État. Vous faites votre truc avec le Premier ministre, le président de l'Assemblée ou le ministre de la Justice, etc. Nous, si on fait un truc entre nanas, on sera entre secrétaires d'État et ministres déléguées. Vous, pendant ce temps, vous êtes avec le Premier ministre dans un contexte privilégié… C'est un *boys' club*, en fait !

Le vestiaire avant et après, le petit buffet préparé par Bercy, la passe décisive ou le raté monumental : évidemment, ces moments créent des liens ! La grogne de Marlène Schiappa, dans une interview sur Yahoo.fr, lui vaudra finalement ce SMS : « Gérald Darmanin vous a ajoutée au groupe Foot Bercy. » Mais la secrétaire d'État ne tapera pas une balle. « J'ai bien compris qu'ils se sont sentis obligés de m'inviter, conclut-elle, résignée. Et le confinement a tout arrêté… Et puis, je vais être sexiste, mais des foots à 22 h 30… moi, à cette heure-là, si j'ai fini la séance à l'Assemblée, je vais voir si mes enfants dorment. »

Qui a dit que la politique restait un monde d'hommes ?

16

Touche pas à mes potes !

À Matignon, comme autrefois dans le bureau du maire du Havre, des riffs de guitare résonnent régulièrement sous les dorures. Le soir approchant, il n'est pas rare d'entendre rugir Bruce Springsteen pendant que le « boss » des lieux signe les parapheurs. Le stock de Dragibus descend dangereusement dans la douille de canon de Canjuers, désormais bien en vue sur son bureau. Mais surtout, la tribu est là ! Indispensable. C'est sa force, sa motivation, son hélium. Sans ses plus proches, Doudou n'est pas le même homme. Il n'a pas la même énergie. À retenir absolument pour plus tard, si un jour « leur » ascension – elle sera forcément collégiale – se poursuit jusqu'à l'Élysée.

Dans la bande du Sioux, chacun a son rôle. L'homme en qui le Premier ministre a le plus confiance, c'est « BRD », Benoît Ribadeau-Dumas, le dircab, « cerveau » au sang bleu, repéré et idéalisé par Édouard à l'Ena il y a plus de vingt ans. Celui avec qui il rit le plus est incontestablement Gilles Boyer, le conseiller politique. Ici, rire est plus qu'une exigence, c'est une hygiène de vie. Charles Hufnagel partage le même bureau : intime de Gilles plus que d'Édouard, il organise la com selon les besoins du champion. Régulièrement, le Premier ministre passe une tête pour un ping-pong verbal :

— Bon, dans cinq minutes, je reçois la première vice-présidente d'Azerbaïdjan. Qui est aussi la femme du président.

Gilles sourit :

— Une visite à bas coût, donc…

Le temps que tout le monde percute – bas coût, Bakou –, le Premier ministre a filé. Les portes qui relient leurs bureaux, excepté celui de BRD, sont quasiment ouvertes non-stop. Les vannes circulent mieux, quel que soit le registre. On passe ainsi allègrement du joyeux au potache, et du potache au quasi graveleux.

Vu de l'intérieur, pour qui y travaille quotidiennement, Matignon époque Édouard n'est pas toujours très chic. En tout cas moins moderne que l'image séduisante que le Havrais renvoie. Certes il est capable de s'emparer, sans hésiter, de sujets féministes comme les violences conjugales ou même la précarité menstruelle – suscitant l'admiration de sa secrétaire d'État, Marlène Schiappa ; certes, le cabinet affiche une parité femmes/hommes quasi parfaite, mais la garde rapprochée, elle, est à la limite du monochrome. Mieux vaut être un homme, blanc, pas trop vieux, si possible énarque, si possible conseiller d'État… Être drôle, habile en cent quarante caractères sur Twitter, aimer le sport et/ou la Corona. Pour qui connaît l'Élysée sous Macron et son excessive neutralité, le choc des cultures est saisissant. À la première remarque sexiste devant le président, ou pire, devant Brigitte Macron, le malotru se fait congédier sur-le-champ. Et violemment ! À Matignon, en revanche, ça passe. Un collaborateur entend encore Gilles Boyer et Charles Hufnagel gloser sur la vie sexuelle supposée des femmes journalistes, s'envoyant des vannes du genre :

« Toi c'est mardi, moi c'est jeudi. » Édouard Philippe se marre. Et même BRD, pourtant réputé « pudibond », selon le mot d'une ministre. Bienvenue dans un monde d'hommes.

Un quatrième quadra complète l'équipe : Thomas Fatome, quarante-six ans, HEC, Ena, inspecteur général des Affaires sociales (Igas). BRD l'a embauché comme dircab adjoint pour piloter les dossiers sociaux, en premier lieu la réforme des retraites. L'homme a toujours servi dans des cabinets de droite, avant de diriger la Sécu sous François Hollande. Ribadeau et Fatome, les fameux « deux cons de Matignon », dixit Delevoye selon *Le Canard enchaîné*. Au jeu des surnoms, ils ne sont d'ailleurs pas en reste. Quand j'évoque la préparation de la réforme des retraites avec un des proches du Premier ministre, il me cite les noms des différents acteurs masculins et… « Folle nénette », *alias* Bernadette Cazeneuve, la conseillère partagée Élysée-Matignon, l'une des meilleures spécialistes du sujet, recrutée par Thomas Fatome.

N'ayons garde d'oublier le cinquième larron : le puissant secrétaire général du gouvernement (SGG), Marc Guillaume, installé à l'étage inférieur depuis Manuel Valls en 2015. Sur le papier, il est l'homme du droit, l'interface entre les sages du Palais-Royal et le gouvernement. Guillaume est l'un des plus brillants conseillers d'État, promis à la tête de la haute juridiction administrative. En pratique, « Premier ministre *bis* » ou « Léviathan », il bloque les décisions politiques qui lui déplaisent autant qu'il les rend possibles, fait et défait les carrières avec une brutalité qui s'est visiblement accentuée avec les années. C'est un euphémisme de dire que le haut fonctionnaire a accueilli avec bonheur, en mai 2017, l'arrivée de ce duo de vieilles connaissances du Conseil d'État, Philippe et Ribadeau-Dumas. Et réciproquement ! Marc Guillaume est un habitué des anniversaires du Sioux, il fut son maître de conférences de droit public à l'Ena. Depuis, il s'est forgé une solide réputation de misogynie, notamment au ministère de la Justice où il a exercé les fonctions de directeur des Affaires civiles et du Sceau. Dès qu'une conseillère ou une assistante se retrouve, souvent seule femme, dans une réunion qu'il préside, elle s'y expose. « Vous allez faire carrière grâce à votre décolleté », lâche-t-il ainsi à une énarque, fraîchement nommée conseillère à l'Élysée. Les exemples ne manquent pas, parfois même avec des ministres.

À l'approche du premier « 8 mars » du quinquennat, les « conseillères » du cabinet de l'Élysée, une dizaine de hautes fonctionnaires, ont d'ailleurs prévu de préparer une note d'alerte sur l'exemplarité du sommet de l'État dans les relations hommes-femmes. Trois grands thèmes : égalité salariale, parité des effectifs – on en est à 30/70 – et équilibre vie perso/vie pro. La grande cause du quinquennat Macron vaut bien ça. Elles décident de commencer leur texte par un florilège de ces saillies poétiques : « Depuis quand ça réfléchit, une femme ? », « C'est rare, une femme qui pense. C'est beau aussi ! Surtout quand ça porte une jupe », « Achetez-vous un cerveau avant de parler, ça nous changera ». Aucun homme n'est visé nommément – le risque pour leur carrière serait démesuré. Mais quand j'ai interrogé les unes, prudentes, et les autres, plus remontées, j'ai compris que le SGG était l'auteur de 30 à 90 % du florilège.

Le 8 mars, en lieu et place de la rose qu'elles recevaient pour cette journée des droits des femmes sous Hollande, elles déposent donc leur demande d'égalité salariale sur le bureau d'Anne de Bayser, la secrétaire générale adjointe de l'Élysée. En réunion de cabinet, la note est présentée sans qu'il soit fait mention de Marc Guillaume. Mais en privé, plusieurs disent les choses explicitement à Anne de Bayser. Marion Burlot, la cheffe du service de presse de l'Élysée, rescapée de l'ère François Hollande, évoque même directement le cas du SGG avec Alexis Kohler. Elle accepte aujourd'hui que son nom soit révélé. N'étant pas fonctionnaire, elle n'a pas la même épée de Damoclès.

Dans un premier temps, tout laisse à penser que le président n'est même pas prévenu. La note elle-même fera peu de vagues, jusqu'à ce qu'elle soit finalement révélée par la journaliste Raphaëlle Bacqué dans *Le Monde*, à l'été 2020. Marc Guillaume vient d'être limogé, juste après le départ d'Édouard Philippe. Immense « ouf » de soulagement dans tous les ministères, où un grand nombre de hautes fonctionnaires, en contact avec lui, avaient vécu la même chose.

Marlène Schiappa, elle, tombe des nues. Secrétaire d'État chargée de l'Égalité entre les femmes et les hommes et de la Lutte contre les discriminations, elle est formelle : personne n'a jamais osé lui parler comme ça, ni même venir se plaindre. Elle ne met toutefois pas leur parole en doute, d'autant qu'elle se découvre, via ce papier du *Monde*, souffre-douleur des réunions budgétaires autour du SGG. De fait, c'est devenu systématique au début du quinquennat, lorsqu'il faut trouver une rallonge quelque part, on entend : « Il n'y a qu'à prendre dans le budget de Marlène Schiappa. Elle va gueuler, mais ça ne changera pas de d'habitude. » Ce 6 août 2020, la secrétaire d'État attrape donc son téléphone et envoie ce SMS à Marc Guillaume, devenu, entre-temps, préfet d'Île-de-France : « J'espère que vous allez bien. Je découvre avec stupéfaction dans *Le Monde* les propos qui vous sont attribués à mon endroit… » Réponse : « Tout est faux, je n'ai jamais eu de tels propos. Je vous prie de m'excuser si vous avez été blessée. »

Mais revenons à 2018. Marion Burlot n'en a pas terminé avec Marc Guillaume. Transférée au Service d'information du gouvernement, à Matignon donc, elle le rencontre en entretien d'embauche pour devenir directrice adjointe. Le SIG gère la communication de l'action du gouvernement. Guillaume est accompagné d'Hufnagel en tant que patron de la com, de Michael Nathan, sur le point d'être embauché comme directeur du SIG, et de Serge Duval, directeur des services administratifs et financiers du Premier ministre. C'est à peine s'il lui adresse la parole. Mais, au moment de parler d'argent, la postulante se retrouve seule à seule avec Guillaume, dont la proposition la sidère :

— C'est la moitié de ce qu'on m'avait dit et de ce que gagnait mon prédécesseur, s'étonne-t-elle.

— C'est comme ça, c'est une question d'expérience.

— Je ne signe pas.

— Ce n'est pas l'Élysée qui négocie les contrats, répond le SGG.

— Gardez votre contrat, on va voir, conclut Marion Burlot.

Excédée, elle s'autorise à alerter l'Élysée :

— Je crois qu'on m'avait mieux traitée quand j'étais caissière à Cora pendant mes études, dit-elle. Je vous préviens, je ne lâcherai pas.

Prenant connaissance des accusations de sexisme à l'encontre du SGG, le président est furieux.

— Il faut calmer Marc Guillaume, enjoint-il à Alexis Kohler, dont il est très proche.

Lui en a-t-il parlé ? L'intéressé n'a pas souhaité me répondre. On ne touche pas à Marc Guillaume – qui n'a pas non plus répondu à ma sollicitation. Mais la conseillère n'a pas cédé. Le salaire est remonté. Édouard Philippe ne s'en est pas mêlé.

Au-delà du cas Guillaume, la gestion des ressources humaines est parfois brutale. Au SIG encore, un licenciement express a fait du bruit : « Tu as dix minutes pour faire tes cartons et tu dégages. » Côté cabinet, le secrétariat particulier d'Édouard Philippe a perdu six secrétaires dans les dix premiers mois. Trois remerciées, trois parties d'elles-mêmes. Pour quatre postes en horaires décalés. Certaines collaboratrices de conseillers sont déplacées du jour au lendemain. Début 2018, le syndicat autonome des personnels des services du Premier ministre (SAPPM) est saisi et un audit sur le stress et les conditions de travail est commandé. Bien sûr, le stress est inhérent à ce type d'activité, lié bien souvent à l'actualité. Mais les mots des personnels interrogés par le cabinet Reor[1] sont instructifs : « Il faut que tout soit fait pour tout de suite (voire pour hier), les dossiers sont souvent montés à la dernière minute, dans l'urgence. » Ou encore : « Nous sommes considérées comme des pions que l'on manipule au gré non pas des besoins, mais des humeurs de chacun. » Et aussi : « Tout le monde n'est pas traité de la même manière, sentiment d'injustice. » Sans attendre le résultat de l'audit, les indemnités de sujétions particulières ont été augmentées et une masseuse relaxologue propose désormais des ateliers « régénérants dans le but de lâcher prise, de mieux se centrer, d'être ancré dans un chemin positif afin de libérer les parasites ».

Un Premier ministre est-il responsable des méthodes de ses managers ? Édouard Philippe assume la brutalité. « Avoir des gens fermes, comme ça, me permet à moi d'être plus serein », m'explique-t-il. D'une manière générale, malheur à qui ose critiquer ses collaborateurs les plus proches, surtout BRD. « Benoît est une mécanique

1. Audit du cabinet Reor, révélé par *L'Express* en mai 2018.

intellectuelle exceptionnelle, rapide et autonome, mais aussi le type le plus humain, généreux, charismatique et cultivé que je connaisse, plaide-t-il, glorifiant l'homme, l'ami et le père de famille nombreuse. À côté de ça, dans le boulot, s'il faut couper, il coupe ! C'est un vrai manager. C'est d'ailleurs ce que je lui ai dit en le faisant venir : “Toi, je te prends, parce que tu sais virer les gens.” Ça ne lui fait pas peur et il le fait bien. Il dit : “Je te vire, c'est fini. Je vais m'occuper de toi, parce que tu as bien travaillé, mais ici ça ne marche plus.” »

Manifestement agacé par mes questions sur la brutalité, il réplique : « Vous avez rencontré Anne Clerc ? Vous allez voir si elle n'est pas brutale. » Manque de chance, la cheffe de cabinet est la seule femme qui m'ait été décrite comme mettant parfois le holà quand une autre femme est malmenée au milieu d'une réunion d'hommes. Ce qui ne l'empêche pas d'assumer sa main de fer. « À Matignon, il faut une exigence très élevée, sinon ça ne peut pas tourner, m'explique-t-elle. Il faut que je puisse dire à un collaborateur : “J'ai besoin de dix idées dans deux heures. Ne me demande pas pourquoi.” On ne peut pas toujours dire pourquoi. Il faut une énorme discipline. » Dont acte. Quant au sexisme, elle préfère dire « humour potache ». Elle voit bien Marc Guillaume répondre, quand on lui tend une boîte de chocolats en réunion : « Non, je ne prendrai pas de chocolat, ma chère. Ça fait longtemps que tu ne m'as pas vu nu, ça se dégrade ! » Mais ça ne la gêne pas plus que ça.

Au fil de l'enquête, j'ai compris que le sexisme ordinaire entraînait peu de remise en question. « Les chefs ont du mal à recadrer un homme pour des phrases graveleuses et inappropriées quand son travail donne satisfaction », m'explique une ancienne ministre que les accusations contre le SGG ne surprennent pas. Lancé sur le sujet, un des haut-gradés du cabinet s'embarque, lui, dans un très long plaidoyer en faveur des hommes : « Je me souviens de Marc Guillaume disant : "C'est inadmissible. Je suis attaqué, alors que j'ai fait beaucoup de choses pour l'égalité femmes-hommes, les salaires, la place des femmes, etc." ! » Vrai ou faux, je rétorque que cela ne justifie en rien le comportement sexiste. Il en convient. Mais il poursuit sur l'état d'esprit général : « Je ne fais pas le martyr, le pauvre homme de cinquante ans. Mais parce qu'on est des mecs, qu'on est une bande de potes, que sans doute on se laisse aller à des blagues débiles de temps en temps, on nous prête une unidimensionnalité de gens qui ne seraient pas capables de considérer que c'est un vrai sujet, qu'il faut que ce monde change, que la place des femmes doit rapidement évoluer, qu'on ne peut pas promouvoir systématiquement ceux qui restent le plus tard au boulot… Bien sûr qu'on souhaite tout ça ! »

Concernant Marc Guillaume, Édouard Philippe ne conteste pas les témoignages des conseillères, mais lui aussi soutient qu'il n'était « pas au courant ». Et s'il avait vu ou su ? « Ça n'aurait pas pu se produire devant moi, personne ne se serait permis. » Mais à supposer le contraire, n'aurait-il pas été dans son rôle de dire : pas de ça ici ? « Les réunions que je présidais et où Marc Guillaume était là, il lui arrivait d'être ferme, oui, bien sûr. Quand il interdisait à un ministre de prononcer son discours sans son texte, il était dans son rôle, le droit ne souffre aucun à peu près. C'est très dommage pour le ministre, mais il est dans son rôle. Il pouvait effectivement lui arriver d'être cassant avec certains. Et en réunion plus resserrée, il a dû lui arriver de faire une vanne d'un humour peut-être parfois pas très fin… Bon… mais dans un bureau, en tête à tête, c'est encore autorisé, non ? »

Cet humour « parfois pas très fin » se retrouve dans les polars qu'il écrit avec Gilles Boyer. À son arrivée à Matignon, beaucoup d'internautes ont relu *Dans l'ombre*[1] d'un œil différent et y ont vu un catalogue de clichés sexistes. Le personnage principal est un homme politique cynique et macho à souhait, qui s'offusque lorsque son attachée de presse le congédie après la première nuit : « Un coup de mec. » Marilyn – quel prénom ! – est avant tout un objet sexuel… en dépit de « ses petits seins ». « Mon truc, je l'avoue, ce serait plutôt les poitrines un peu rondes. Pas de petites excroissances décharnées et hasardeuses », détaille ainsi le narrateur sur plusieurs paragraphes. Bien sûr, c'est de la fiction. Mais dans la vraie vie, beaucoup me l'ont dit, Édouard Philippe n'est pas le même avec les hommes et les femmes. Très amical avec eux – ambiance « copain, Corona, sympa » selon une conseillère –, il est plus dans la séduction avec elles, voire parfois un peu lourd. « Séduire ? Il adore ça », confirment plusieurs communicantes qui ont travaillé avec lui. S'il évite absolument les commentaires sur les décolletés, on peut l'entendre en réunion, hors d'un bureau donc, répondre à une conseillère qui sollicite un budget supplémentaire : « Il va falloir que tu sois très, très gentille pour ça, tu sais ? » Réponse de la conseillère : « Je ne comprends pas. » Sourire de la tablée masculine, accompagné d'un : « Oh, ça va, pourquoi tu te braques ? »

Comme au Havre à ses débuts de maire, les rumeurs sur sa vie privée ne sont jamais loin. Là encore, il s'offusque que l'on s'étonne du recrutement de sa « protégée

---

1. En 2017, les droits de *Dans l'ombre* ont été achetés par Elzévir Films pour une série qui devait être réalisée par Guillaume Gallienne, avant qu'il ne se retire faute de temps. L'écriture de six épisodes de 52 minutes était en cours à l'été 2021 avec un autre réalisateur.

havraise » à Matignon. Sa nomination par arrêté du 1er juillet 2017 a paru au *Journal officiel* : Alexandra Ruiz est nommée « conseillère aux affaires réservées » du Premier ministre. Sa mission : être la courroie de transmission entre ses « affaires » normandes et parisiennes. Édouard Philippe n'est pourtant plus maire mais simple conseiller municipal, depuis qu'il a transmis l'écharpe havraise à son ami fidèle Luc Lemonnier. Alexandra est à Paris du lundi au mercredi, le reste du temps au Havre avec sa famille, payée conjointement par Matignon et la mairie. Au début, elle s'occupe de son confort, gère ses centaines de SMS, fait acheter une machine à hot-dogs pour les cuisines. « À Matignon, ils me disaient : "Il ne mange rien"… Évidemment, après Cazeneuve qui était gourmand, Édouard, une cloche d'argent, il n'avait pour ainsi dire jamais vu ça. Julienne de légumes, filet de canard le midi, ce n'est pas trop son truc ! »

Au Havre, Alexandra Ruiz assiste à tous les conseils municipaux et rapporte au Premier ministre. « J'ai repris ma casquette de *firewall* d'Édouard, mais à Matignon, m'explique l'ancienne conseillère. J'étais là pour dire : "Non, il ne viendra pas à votre lancement de salon de coiffure, ni à la bourse aux livres de la plage." Qui, à part moi, pouvait s'occuper des dossiers havrais à Paris et ramener ses dossiers parisiens au Havre ? Je les connaissais tous : la décharge de Dollemard, la fermeture de la centrale à charbon, les problèmes à l'hôpital. C'était mes sujets de chefcab. » Édouard Philippe n'est certes pas le premier chef de gouvernement à faire embaucher une « conseillère aux affaires réservées ». François Fillon, en 2011, en avait une, lui aussi, pour ses « affaires sarthoises ». Rachida Dati, sa concurrente d'alors pour l'investiture à la mairie de Paris, avait dénoncé l'utilisation d'un budget de Matignon pour traiter de sujets locaux sans lien avec la politique nationale. La question ne se pose-t-elle pas dans les mêmes termes pour le Sioux ?

Au Havre, au début de l'été 2017, on a beaucoup ri, mais jaune, quand le Premier ministre s'est emparé du chantier du président Macron pour « moraliser la vie politique ». De même qu'à Paris le socialiste Olivier Faure rappelle que le député Philippe avait voté contre les lois sur la transparence de la vie politique et contre les textes sur l'égalité femmes-hommes, plusieurs anciens élus ou anciens membres du cabinet municipal ironisent : « Sincèrement, quand je le vois à Matignon avec sa loi sur la moralisation de la vie publique, j'ai envie de dire : “Balaie devant ta porte, Doudou !” Avoir embauché à Matignon, à un poste virtuel, son ancienne cheffe de cab, cette femme qui ne le lâchait pas d'une semelle au Havre, pour la rapatrier au bout d'un an et lui confier un poste inespéré… Ici, tout le monde a rigolé ! »

Au bout d'un an, en septembre 2018, Alexandra Ruiz quitte en effet Matignon pour raisons personnelles. Elle est nommée directrice générale de l'agence de développement économique du Havre (Le Havre Développement). En Seine-Maritime, les plus attentifs attendent toujours le nom de son successeur à Matignon. Mais depuis Le Havre, Alexandra Ruiz n'hésitera pas à utiliser désormais son précieux réseau de la rue de Varenne pour faire avancer les dossiers locaux.

« On ne comprend pas Édouard si on ne saisit pas l'importance absolument primordiale de l'amitié chez lui », a fini par me dire un jour un très proche. À égalité avec la liberté, c'est dire. L'amitié lui fait parfois tolérer l'intolérable, défendre l'indéfendable. Il admire ces amitiés jusqu'au-boutistes, évoque même un jour devant la journaliste Marie-Laure Delorme la vision qu'en avait François Mitterrand, chez qui cela pouvait « dépasser la bienséance aux yeux des autres[1] ». Allusion explicite à la relation de l'ancien président avec René Bousquet, qu'il précise toutefois ne pas admirer.

Malheur, en tout cas, à qui s'en prend aux amis du Sioux. C'est vrai pour les très intimes, ceux à qui il « confierait ses enfants », les deux Benoît, Gilles, Frédéric, Alexandre, que des hommes. Vrai aussi pour les très nombreux cercles suivants. « C'est quelqu'un qui ne prend pas de nouvelles pendant des mois, mais le jour où vous avez le moindre souci, le monde s'arrête et il se met en quatre pour vous aider », m'ont dit plusieurs. Que l'un perde son boulot, Édouard sollicite toute la bande de Matignon qui ouvre instantanément son carnet d'adresses. Qu'un vieil ami juriste débarque en grande souffrance à Souzy-la-Briche, en pleine crise du Covid, il prépare le barbecue avec Édith. « J'espère que vous n'allez jamais changer tous les deux », leur avait dit cet ami en apprenant sa nomination comme Premier ministre. « L'amitié est au cœur de Matignon comme du reste de son existence, observe un conseiller qui a bien connu la Chiraquie. Chirac a toujours gardé un rapport hiérarchique avec Ulrich, Juppé, Debré qui l'ont pourtant suivi toute sa vie, mais il y avait le chef et les autres. Avec Édouard, c'est vraiment un groupe d'amis qui est entré à Matignon. C'est extrêmement rare. »

C'est cette bande de potes, emmenée par le Sioux, qui s'apprête à gérer la pire crise sanitaire de la Ve République.

---

1. Marie-Laure Delorme, *Parce que c'était lui, parce que c'était moi*, Grasset, 2019.

17

Chef de pandémie

Même s'il se plaint de ne plus avoir le temps de réfléchir, le Sioux sent très tôt qu'une crise majeure couve autour de ce virus. Au point, lors du premier Conseil de janvier 2020, de façon quasi prémonitoire, de replonger les ministres dans la grande peste de 1720. Cent mille morts en Provence ! À ce stade, le Covid n'est qu'une microscopique alerte suite à la propagation, en Chine, d'une pneumonie inconnue. Mais Édouard Philippe saisit l'occasion des vœux au président pour rappeler à ses ouailles « la capacité de notre pays à se relever des circonstances les plus dures ». Il en a d'ailleurs identifié d'autres en 1820 et 1920. Une sorte de malédiction de l'année 20.

Plus incroyable encore. Faut-il y voir une sorte de sixième sens nourri de son obsession pour *L'Étrange Défaite* de Marc Bloch et pour *Effondrement* de Jared Diamond, sur la disparition des civilisations viking et romaine liée à des causes environnementales ? Devant la caméra de Laurent Cibien, dès 2018, il imaginait les reproches qui lui seraient faits de ne pas avoir assez investi dans la recherche « si, dans cinq ans, [surgit] un virus qu'on n'aura pas vu venir »...

Ce qui est certain, c'est qu'il est réceptif aux signaux. Le 1er février, samedi calme d'hiver, le personnel de nuit de l'hôpital du Havre le voit débarquer, incognito, vers 21 heures. En pleine grogne sur les retraites, il abandonne ses officiers de sécurité au rez-de-chaussée et monte discuter au cinquième étage avec l'infirmière de nuit et l'aide-soignante. La veille au soir, il a annoncé sa candidature aux municipales des 15 et 22 mars. L'une des infirmières, Valérie Egloff, son ancienne adjointe, lui a suggéré de passer les voir.

— T'es sûre que je peux venir comme ça, comme Premier ministre ? s'est-il inquiété.

Mohamed Amrouni, son chefcab adjoint de Matignon, qui a basculé deux jours plus tôt dans l'équipe de campagne, s'est chargé du reste. Une demi-heure dans la chambre d'une élue hospitalisée, puis direction le service de pneumo, où le Premier ministre fait des selfies avec le personnel, avant un crochet par le Samu où le chef de service, de garde, s'interrompt un instant pour ronchonner contre le gouvernement :

— Vous en faites beaucoup trop avec votre Covid, c'est juste une grippe ! C'est n'importe quoi.

— Si on n'en fait pas assez, on nous le reproche. Si on en fait trop on nous le reproche aussi. Moi, j'écoute ce que me disent les médecins et les scientifiques. Ça a l'air vraiment sérieux !

En ce 1er février, le virus n'a pas encore fait de victime en France, mais Édouard Philippe semble déjà très concerné. Vers 22 h 30, il prend congé et rentre à Paris. Une réunion de crise l'attend le lendemain. La deuxième après celle du dimanche précédent. Le 26 janvier, la convocation est arrivée en urgence par les directeurs de cabinet. Objet : coronavirus. *Dress code* : tenue de week-end obligatoire. Autour de la table, outre le Premier ministre et son dircab : Agnès Buzyn (Santé), Christophe Castaner (Intérieur), Jean-Baptiste Djebbari (Transports), Florence Parly (Armées), Sibeth Ndiaye (porte-parole), le directeur de cabinet de Jean-Yves Le Drian (Affaires étrangères), ainsi que la secrétaire générale de la défense et de la sécurité nationale (SGDSN), Claire Landais, qui aura une place centrale durant toute la gestion du Covid. Son service assurera le secrétariat des Conseils de défense et de sécurité nationale que préside le chef de l'État. Au ton du Premier ministre, on comprend qu'il est déjà en train de se muer en patron de crise. L'heure est à la prudence :

— C'est important de se voir dès maintenant et à mon niveau, parce qu'on ne sait pas ce qu'il adviendra de cette épidémie en Chine et je préfère qu'on soit d'une extrême vigilance. Donc le pilotage se fera ici, à Matignon.

Il regarde autour de lui et s'agace de ne trouver personne du secrétariat général du gouvernement, garant du droit.

— Désormais, je veux que le SGG soit là systématiquement pour prendre en note toutes nos décisions et les discussions que nous aurons.

Et il ajoute :

— Vous m'en remercierez !

Dès le premier jour, le Premier ministre pense à se protéger, lui et son gouvernement. Le fameux « risque juridique ».

Pour la première fois, les ministres entendent Agnès Buzyn leur parler de Wuhan, épicentre d'un virus galopant, d'où l'on pourrait bien devoir rapatrier cinq cents expatriés en pleines festivités du nouvel an chinois. D'où la question d'un pont civil ou militaire pour les évacuer et la présence du ministère des Affaires étrangères pour le cas, plus complexe, des binationaux à faire sortir du pays. La machine Matignon est en route.

Quoi qu'il ait pu dire par la suite, le Premier ministre est déjà très conscient et mobilisé dès la fin janvier. Le 30, Agnès Buzyn lui exprime ses craintes concernant les municipales prévues en mars. Lui-même en conviendra devant la commission d'enquête parlementaire. Ce qu'il ne tolérera pas, c'est qu'elle en ait parlé au *Monde* après son échec au premier tour, faisant voler en éclat la fragile unité nationale sur le Covid.

Si le Sioux est dans le tempo, c'est qu'il tire les leçons du ratage de l'incendie de l'usine Lubrizol à Rouen, cinq mois plus tôt. Jacques Chirac étant décédé au même moment, Matignon avait mis quatre jours à communiquer sur le sinistre. « Les Rouennais avaient eu le sentiment d'être abandonnés par l'État », se souvient une communicante du gouvernement. Sentiment aggravé par la com contradictoire d'Élisabeth Borne et Agnès Buzyn sur la nocivité des fumées, la première, ministre de la Transition écologique, estimant que tout allait bien, la deuxième, ministre de la Santé, avouant : « Je ne sais pas si ça pose un problème sanitaire. »

Cette fois, Matignon est sur la balle, dès le début. Très vite, la cellule de crise s'installe au ministère de la Santé, pilotée par les services du Premier ministre, Benoît Ribadeau-Dumas en tête. Tous les jours à 15 heures, le dircab s'y rend avec le cabinet du nouveau ministre de la Santé, Olivier Véran, nommé le 16 février, et en coordination avec Alexis Kohler à l'Élysée. Très vite aussi, le Premier ministre sent qu'il faut jouer la transparence. Charles Hufnagel se souvient de ses mots :

— Faut qu'on pose le ballon ! Qu'on dise aux Français où on en est. Au milieu du flot de BFMTV, les conférences de presse doivent servir à ça.

Ses points presse avec *slides* deviennent sa marque de fabrique. Il s'inspire d'Andrew Cuomo, le gouverneur de l'État New York, vu sur Twitter. « C'est vraiment son idée », dit-on à la com. À partir du 5 mars, le président instaure un conseil scientifique Covid. Les courbes s'emballent, avec une semaine de retard seulement sur l'Italie déjà confinée. Le jeudi 12, le président ferme les écoles et est à deux doigts de reporter le premier tour des élections municipales, prévu le dimanche suivant. Tandis qu'il interroge le conseil scientifique, une partie de la droite crie déjà au « coup d'État ». Philippe, appuyé par Ribadeau, Guillaume et même Kohler parviennent à le convaincre : ne faites pas ça ! L'avis tombe l'après-midi : les scientifiques estiment qu'il n'y a pas plus de risque à voter qu'à faire ses courses. Mais le samedi matin, veille de scrutin, les chiffres de la contamination s'affolent. Édouard Philippe, parti au Havre, rentre à Paris dans l'après-midi. Sur la route, il appelle François Baroin et Gérard Larcher. Un consensus se dessine pour reporter le second tour, prévu le dimanche 22. L'Élysée ne renonce que très tard à reporter le scrutin. Pour l'heure, il faut annoncer la fermeture des bars, restaurants et cinémas. Le Premier ministre s'y colle, en direct du ministère de la Santé. « Même pendant la Seconde Guerre, on n'avait pas dû prendre une telle décision », soulignera Gilles Boyer.

Le lundi 16, le confinement général est annoncé dans tout le pays. Benoît Ribadeau-Dumas et Thomas Fatome ne quittent plus le bureau. Les conseillers parlementaires non plus : on craint un cluster à Matignon, avec un cas déclaré dans le « top trois » du cabinet. Un autre est bel est bien confirmé à l'Assemblée : vingt-six cas positifs, dont dix-huit députés. La continuité de la vie parlementaire est en jeu, il faut inventer. Bercy s'active depuis plusieurs jours autour du chômage partiel. Édouard

Philippe a fait sauter le verrou des déficits, au grand dam de Gérald Darmanin. À la cellule de crise, avenue de Ségur, Ribadeau et Kohler traitent les sujets les uns après les autres. Les « enterrements dans l'intimité » sont actés le 17 au soir, juste avant que le Premier ministre n'aille l'annoncer au 20 heures de France 2. Tous les jours, la cellule de crise prend des dizaines de décisions.

Installé dans un bureau voisin, Jérôme Guedj, admiratif, entend les conversations autour de la « pieuvre ». L'ancien député socialiste, spécialiste de santé publique et ami du Premier ministre, conduit alors une mission pour le ministère. Il le dit à son pote : « C'est impressionnant à quel point l'État tourne bien ! La pénurie de housses mortuaires ? Géré ! Le rapatriement de deux mille Français d'Asie du Sud-Est, c'est bon. Le chômage partiel, les aides aux entreprises, tout ça fonctionne. Ça tourne ! »

Dans la deuxième quinzaine de mars, l'anxiété monte toutefois concernant les stocks d'antibiotiques. Les infections nosocomiales explosent. Plus inquiétant encore : les réserves d'anesthésiants. Le nombre de patients en réanimation monte en flèche. Résultat : six mois de curare consommés en trois semaines. À peine deux semaines de stock. Du président au moindre conseiller, en passant par les diplomates du Quai d'Orsay, un tour du monde téléphonique des réserves de cette substance issue de lianes d'Amazonie s'organise. Les Français ne sont pas les seuls dans ce cas. Philippe finit par joindre le patron des laboratoires Aspen, qui se trouve en Afrique du Sud, et Macron celui de Mylan. Le 21, plusieurs professeurs de l'AP-HP sont chargés de réfléchir à la façon d'en optimiser l'usage. Une semaine plus tard, Damien Roux, de l'hôpital de Colombes, évoque dans *Libération*

« une visibilité de deux jours[1] ». Au 20 heures de TF1, le Premier ministre admet l'existence de « tensions d'approvisionnement ici ou là » :

— Nous les réglons en assurant la circulation de ces produits sur l'ensemble du territoire, parce qu'il y a des stocks. Nous faisons en sorte d'encourager l'augmentation de la production nationale et mondiale.

Face à un président maladroit, qui se précipite à Marseille chez le professeur Raoult, annonce le 16 mars que « nous sommes en guerre », sans parvenir à prononcer le mot « confinement », le Premier ministre surjoue l'empathie et l'humilité avec son fameux « je ne sais pas ». Ce qui passait pour de l'amateurisme au début du quinquennat, quand, piégé sur les pensions d'invalidité ou de retraite, il avait avoué devant Jean-Jacques Bourdin « Je ne suis pas un surhomme », devient un atout. Tandis que Macron se débat avec sa sortie malheureuse sur la guerre, Philippe récolte les fruits de la pédagogie.

Des questions se posent toutefois au sujet des masques. Là aussi, le stock existant – et insuffisant[2] – de 150 millions de masques, révélé par Olivier Véran le 19 mars 2020 à l'Assemblée, fond à une vitesse inhabituelle. Le seul Grand Est en utilise bien plus que d'habitude : 24 millions chaque jour. La pénurie contraint à en limiter l'usage aux seuls soignants et malades. Mais, dans ce cas

1. « Médicaments en réanimation : "Nous craignons une rupture des stocks" », interview de Damien Roux, professeur de médecine intensive à l'hôpital Louis-Mourier à Colombes, *Libération*, 28 mars 2020.

2. La commission d'enquête du Sénat révèle le 10 novembre 2020 qu'un rapport de Santé publique France, commandé en 2018 et remis en 2019 à Jérôme Salomon, préconisait initialement un stock stratégique d'un milliard de masques. Rapport modifié et publié en mai 2019, n'évoquant plus que 100 millions de masques.

précis, l'argumentaire semble bel et bien s'adapter au stock. La consigne du chef de l'État est claire. Quelques jours après le début du confinement de mars, un ministre la détaille devant un haut fonctionnaire :

— Le président de la République veut qu'on parle de doctrine de résilience. Je lui ai suggéré de ne pas utiliser ce terme.

— Concrètement, ça veut dire que vous adaptez la doctrine en fonction de la disponibilité de la ressource ? reformule son interlocuteur.

Est-ce la raison pour laquelle Édouard Philippe indique, le 13 mars 2020, que « le port du masque, en population générale dans la rue, ne sert à rien » ? La raison pour laquelle la porte-parole du gouvernement, Sibeth Ndiaye, fait de même le 20 mars sur RMC, puis le ministre de la Santé plusieurs fois jusqu'à début avril ? Le 18 mars, c'est au tour du directeur général de la Santé, Jérôme Salomon :

— C'est une denrée rare, une ressource précieuse pour les soignants et totalement inutile pour toute personne dans la rue. La meilleure protection pour les personnes non contaminées, ce sont les gestes barrières.

Tous se retranchent derrière les préconisations de l'OMS.

Dans cette guerre de chaque seconde, le Premier ministre n'oublie pas sa fidélité à quelques-uns. À sa mère, bien sûr. Aux Walrafen aussi. Thierry, bientôt quatre-vingts ans, descendu avec Florence en Gironde pour voter, s'y trouve confiné. Le coup de fil du Premier ministre, le 19, l'émeut :

— Je voulais savoir comment vous allez. Faites attention tous les deux, c'est vraiment dangereux. Mettez-vous à l'abri.

Au sein du « quatuor », dans lequel Édouard Philippe répète qu'il s'est toujours trouvé le plus vieux et le moins brillant, la crise bouge parfois les lignes. Des sympathies à front renversé se nouent. La vigilance du secrétaire général de l'Élysée le rapproche de la prudence du juriste Premier ministre, tandis que le dircab de Matignon, ancien dirigeant d'entreprise, observe avec une certaine admiration la grande liberté de l'ancien banquier de chez Rothschild. Benoît reste un fidèle d'Édouard, mais lui aussi s'autorise à secouer la table. Dès que le besoin de masques se fait sentir, il s'affranchit des règles d'appel d'offres. Aux dires du cabinet lui-même, Anticor s'intéressera de près à l'achat de stocks trop chers.

— Santé publique France n'ose pas signer car il n'y a pas eu de mise en concurrence, mais c'est une urgence oui ou non ? s'emporte « BRD » en cellule de crise.

Marre de ce qu'il appelle le « *cover your ass* » ! En français châtié : « Protège tes arrières ! » Il enrage contre ces préfets qui cherchent à se couvrir, qui lui remontent parfois des arbitrages qu'ils n'osent pas prendre eux-mêmes. L'ouverture d'une plage ici, d'un marché là. Plus que sa réputation de conseiller d'État ne le laisse présager, il secoue la haute administration. Selon un membre du cabinet, « la Cour des comptes lui reproche d'ailleurs l'achat de tests Abbott ». Mais, là aussi, « BRD » veut accélérer pour tenir la promesse du gouvernement. En vue du déconfinement, sept cent mille tests de dépistage par semaine sont annoncés à partir du 11 mai.

Le déconfinement non plus n'aura rien d'un long fleuve tranquille. Ça grésille même intensément sur la ligne Élysée-Matignon. De l'aveu d'Édouard Philippe, c'est l'un des trois gros coups de stress de cette crise, après la pénurie d'anesthésiants et la crainte d'un tri institutionnalisé des malades, évité selon lui. Cette dernière angoisse est juridique, mais lourde de conséquences politiques. Le 10 mai, le Conseil constitutionnel fait savoir qu'il ne peut – ou ne veut ? – valider à temps le plan de déconfinement censé se déployer le lendemain. Faut-il reporter la date pour être dans les clous ou y aller quand même, sans loi ? Pas question d'envisager deux jours de vide juridique, édicte Marc Guillaume, suivi en ce sens par Édouard Philippe qui en veut aux sages de la rue de Montpensier. Dans son livre, il ne manquera pas de rappeler qu'« en 1984, à l'occasion de l'examen d'une loi relative à l'état d'urgence en Nouvelle-Calédonie, le Conseil constitutionnel avait pu rendre en vingt-quatre heures une décision que le gouvernement de Laurent Fabius attendait, légitimement, avec impatience[1] ».

En sous-texte, on sent la rancœur de l'élu de Seine-Maritime envers l'ancien député socialiste du département, qui préside désormais le Conseil. Tout le monde s'est mis en quatre. Les députés ont voté en urgence le vendredi. Les sénateurs le samedi. Mais le dimanche, Fabius ne veut rien savoir. Ce 10 mai, Philippe l'appelle personnellement. Le ton monte, les menaces pleuvent, y compris celle d'aller tout raconter au « 20 heures » de TF1. Du service de presse de Matignon, Zélia Cesarion appelle bel et bien la chaîne autour de 19 h 30, 19 h 45. Prière de mobiliser une équipe pour une éventuelle déclaration du Premier ministre pendant le JT. Avec France 2, les deux chaînes se partagent « le pool », la permanence, une semaine sur deux, pour couvrir ce genre d'urgences. C'est la semaine de TF1. Une équipe – reporter, caméra, son, éclairage – accourt donc et s'installe dans la cour de Matignon. Elle patiente pendant toute la durée du journal. En vain : Édouard Philippe, lui, a filé à l'Élysée.

1. *Impressions et Lignes claires*, *op. cit.*

— Il faut décaler le déconfinement de quelques jours, plaide-t-il devant le président.

— Tu n'y songes pas, répond Macron, qui suggère un décret provisoire pour fixer l'essentiel des règles en attendant la loi.

— Le pouvoir réglementaire, c'est moi, réplique le Premier ministre.

La France déconfinera bien le lendemain, comme prévu. L'équipe de TF1, elle, se sera déplacée pour rien. « Je n'en ai pas voulu au président sur ce coup-là, m'explique Édouard Philippe, amer, toutefois, que certains aient pensé qu'il se protégeait. Il a été président à ce moment-là et c'est très bien. Moi, j'ai été Premier ministre. Un chef de guerre, ce n'est pas un chef d'état-major ! »

En l'occurrence, le chef d'état-major Philippe a dû se dépatouiller hors des clous, et il n'aime pas ça. « Le seul qui ait pris un risque, c'est moi ! Et tout un tas de professions, des coiffeurs, des chefs d'entreprise à qui on disait : "Vous pouvez redémarrer, mais sans cadre juridique." Faire ce décret, même provisoire, en m'asseyant sur le Conseil constitutionnel pendant trente-six heures, je ne peux pas vous le dire autrement : c'était parfaitement illégal. Ou très, très, très fragile. Ou disons "inventif". »

Le président fait face au Premier ministre. Le banquier au juriste. Le disruptif à l'orthodoxe. Le fou au mesuré. Un ministre exaspéré par cette « culture Conseil d'État » aura cette réflexion imagée : « C'est comme si, dans un cirque, au moment où le troupeau d'éléphants arrive sur la piste, il y en a un qui dit : "Attendez, il y a une fourmi, il ne faut pas l'écraser, stoppez les éléphants !" » Et, « en même temps », une conseillère de l'Élysée me rapportera cette colère du président apprenant qu'une note d'alerte des préfets de l'Est est restée bloquée au niveau de Benoît Ribadeau-Dumas. Sollicité à plusieurs reprises, le président n'a jamais souhaité me répondre.

Édouard Philippe, lui, n'aura eu de cesse de vanter les mérites de son équipe opérationnelle. Certes, la barbe a encore blanchi durant ces six derniers mois ; mais, même après une telle crise, il persiste à récuser l'expression « l'enfer de Matignon ». L'un de ses amis rapporte ces propos tenus au cœur de la crise :

— J'ai un cabinet qui tourne super bien, et ce qui arrive jusqu'à moi, c'est vraiment parce qu'il faut arbitrer. Je n'ai pas à pester parce que je n'ai pas les éléments pour bien faire les choses et je n'ai pas des gens qui me savonnent la planche de l'intérieur. Matignon, c'est l'enfer quand vous êtes un Jean-Marc Ayrault avec un Manuel Valls qui attend à tout instant que vous trébuchiez. Franchement, les ministres de la société civile restent dans leur couloir et ça va. Et à part Bruno Le Maire, je n'ai pas de gros sniper qui ne cherche qu'à me dézinguer.

Philippe-Le Maire… Leur animosité, nourrie de jalousie réciproque, aura progressé au fil des années à Matignon. « Normalien, pianiste, romancier chez Gallimard, vieille famille bourgeoise parisienne, Le Maire coche toutes les cases, mais le TGV lui est passé devant ! », analyse un ami d'Édouard Philippe, qui n'est pas loin d'imaginer un petit complexe. En guise de démenti, le journal *L'Opinion* rapportera toutefois cette saillie du Premier ministre sur le locataire de Bercy : « Le type qui pousse sa com pendant que j'essaie de fournir du curare aux hôpitaux, je m'en branle. »

De fait, au bout de deux ans et demi à Matignon, cette crise sanitaire aura incontestablement « profité » à Édouard Philippe. Elle survient au moment où le « diesel havrais » est totalement opérationnel. Affaibli par la grogne sur les retraites, malmené dans les sondages au même titre que le président au début de l'épidémie, il sort du premier tour des municipales du Havre moins dominateur qu'autrefois (43,6 %), talonné par le candidat communiste Jean-Paul Lecoq (35,88 %)[1]. Le second tour, une semaine plus tard, eût été très serré. Son report va laisser trois mois au Premier ministre pour trouver le ton juste et cette transparence qui fera mouche.

Politiquement, son habileté réside parfois dans des démarches inattendues, comme cette opération de charme au Sénat. « Il faut respecter et bien traiter le Sénat », a-t-il expliqué un jour à Marlène Schiappa, sa secrétaire d'État, qui en garde un souvenir très précis : « Parce que le risque politique est plus fort. Les députés sont des tueurs politiques, mais les sénateurs sont des grands élus, donc des tueurs de tueurs. Ils ne hurlent pas, c'est à fleurets mouchetés… c'est pire. » Le 19 mars, deux jours après le début du confinement, il débarque donc avec une heure d'avance pour les questions d'actualité au palais du Luxembourg. Le report du second tour des municipales vient d'être acté. Avant de l'annoncer dans l'hémicycle, il « attrape » tous les présidents de groupe dans l'annexe de la bibliothèque et improvise une consultation-information à huis clos. Outre le président Larcher, déjà conquis, Bruno Retailleau, pour LR, apprécie. Patrick Kanner pour les socialistes, deuxième groupe au Sénat, également. Sont présents : François Patriat, le patron des marcheurs du Sénat, Nathalie Delattre pour les radicaux, Claude Malhuret pour les indépendants, Éliane Assassi côté communistes. Il invite même Philippe Bas, le président LR de la commission des lois, qu'il risque de recroiser dans le suivi de l'état

1. Voir chapitre 18, p. 301.

d'urgence sanitaire. Tous saluent cet égard si inhabituel pour le Sénat. Finalement cette maison lui convient, lui et ses traits d'esprit d'homme lettré. Que de chemin parcouru depuis 2014, lorsqu'il avait expliqué à Agnès Canayer, son ancienne adjointe au Havre, qu'il fallait qu'elle se fasse élire sans lui : « Tu te débrouilles, je n'y connais rien au Sénat. »

Mais la véritable habileté politique réside surtout dans son discours de déconfinement du mardi 28 avril à l'Assemblée. Peut-être le plus réussi de ses trois ans à Matignon. Il y passe des heures, assis à sa table, et une partie de la dernière nuit. Matignon n'est pas favorable à ce déconfinement si rapide décidé par le président. Le Premier ministre se fait même déborder par le ministre de l'Éducation nationale qui détaille, dès le 21, un retour échelonné à l'école, sans son feu vert. Édouard Philippe aurait tout découvert à la télé. Mais qu'importe, il a la main sur l'annonce du plan global et sur ses modalités. Le 19 avril, il le promet « dans les quinze jours ». Une semaine plus tôt, le président avait pourtant dit « sous quinzaine ». « Vous avez vu comme il est sioux ! se marre un ami du locataire de Matignon cité par *Le Monde*, le 22 avril. C'est un prestidigitateur, "*magic* Édouard" ! »

Le texte, attendu comme un rayon de soleil, est une douche froide. Truffé de mots comme « prudence », « progressivement » :

— Si tout est prêt, comme nous le pensons, le 11 mai, alors commencera une phase qui durera jusqu'au 2 juin. Elle permettra de vérifier que les mesures mises en œuvre permettent de maîtriser l'épidémie et d'apprécier, en fonction de son évolution, les mesures à prendre pour la phase suivante qui débutera ce 2 juin et qui ira jusqu'à l'été. C'est fin mai, notamment, que nous statuerons sur la réouverture des cafés et des restaurants.

Au nez et à la barbe du président qui a pourtant relu le discours, il explique en clair : le président vous dit qu'on déconfine le 11 mai, moi je vous dis que rien ne va se passer avant juin. Roselyne Bachelot, pas encore redevenue ministre, sort l'encensoir dans « C à vous » sur France 5 : « Il fallait déconfiner et le Premier ministre l'a fait avec une prudence de Sioux s'avançant sur le sentier de la guerre. » Pierre Arditi, dans la même émission : « Ce type a un courage formidable ! » Régis Lefebvre, son ami communicant politique, qui a pourtant dirigé la campagne du parti macroniste aux élections européennes, y voit carrément un instant fondateur de la stature d'Édouard Philippe : « Ce jour-là, il comprend que le pays est très inquiet et il prend la posture du type qui protège, alors que c'est une posture présidentielle. Son grand succès politique est là. Avoir été, dans une crise majeure, celui qui rassurait. C'est à ce moment-là, dans ce discours-là que ça se passe. En creux, le message est : "Je vais continuer à vous protéger, pendant que Macron est prêt à vous faire prendre des risques." »

En bon boxeur qu'il est, il continue toutefois de tenir sa garde juridique. Outre un énième argumentaire sur les masques ou les tests qui lui valent déjà une plainte de six cents médecins pour « mensonge d'État[1] », il sait mieux que quiconque que la gestion de la crise a secoué les juristes quant aux libertés publiques, aux institutions, aux élections. Relayant les doutes de tous les bancs de

1. La plainte déposée par le collectif de médecins C19 le 19 mars 2019 devant la Cour de justice de la République sera suivie de quatre-vingt-neuf autres. Le 3 juillet 2020, le procureur Molins annonce que neuf plaintes retenues sont regroupées en vue de la saisine de la commission d'instruction sous le chef d'« abstention de combattre un sinistre » à l'encontre d'Agnès Buzyn, Olivier Véran et Édouard Philippe.

l'Assemblée, voici ce qu'il explique par exemple de l'application StopCovid :

— Un grand nombre de responsables politiques, à commencer par le président de l'Assemblée nationale, m'ont fait part de leurs interrogations sur ce type d'instrument, sur les questions que son utilisation ne manquerait pas de poser en termes de libertés publiques et de libertés individuelles. Ces questions, j'ai déjà eu l'occasion de le dire, me paraissent fondées. Elles doivent être posées. Elles doivent être débattues. Et j'ai même le sentiment qu'elles doivent faire l'objet d'un vote. Pour l'heure, compte tenu des incertitudes sur cette application, je serais bien en peine de vous dire si elle fonctionne et comment elle fonctionnera précisément. Je ne doute pas que les ingénieurs travailleront d'arrache-pied et réussiront à faire fonctionner ce projet. Mais dès lors que ce n'est pas le cas, il me semble pour tout vous dire, mesdames et messieurs les députés, que le débat est un peu prématuré. Mais je confirme mon engagement : lorsque l'application en cours de développement fonctionnera et avant sa mise en œuvre, nous organiserons un débat spécifique, suivi d'un vote spécifique.

Dès ce soir-là, les députés votent une première fois sur la stratégie de déconfinement, conformément à l'article 50-1. Rien d'obligatoire, mais le Premier ministre y tient. Comme le révèleront *L'Express* et *Le Point*, le président a appelé plusieurs journalistes choisis pour faire clairement savoir qu'il aurait bien laissé un temps de réflexion aux parlementaires. Au bout du compte, l'Assemblée dit « oui » – 368 voix contre 100, et 103 abstentions. Pour le Sénat, en revanche, c'est non : 89 voix contre 81 et 174 abstentions, avec une abstention « massive » des LR et un vote « contre » des socialistes et des communistes.

Fin mai, Édouard Philippe reprend le large dans l'indice Ifop-*JDD* : 46 % de satisfaits, contre 39 % pour Emmanuel Macron. Le Premier ministre totalise 52 % de mécontents, quand le président est à 60 %. Le monde à l'envers pour les sondeurs ! À l'opposé du modèle Raffarin-Chirac, où le fusible de Matignon prenait les coups pour l'Élysée, voici le « "président paratonnerre" qui protège son Premier ministre » selon Frédéric Dabi, le directeur général adjoint de l'Ifop. Le Sioux protège désormais les Français, mais plus du tout son chef.

Avec le recul, les dernières semaines à Matignon ont des airs de jubilé pour le Sioux. Mini-croque-monsieur en entrée et carpaccio de saint-jacques ensuite : Christophe Béchu, qui dîne avec lui au pavillon de musique après le déconfinement, le sent apaisé. « Il n'y a plus de vertige. Il sait que ce sera une sortie par la grande porte. Je ne vais pas dire que ça lui est égal de partir, il aurait voulu continuer si la feuille de route était la même, il aime être aux manettes. Mais il est serein si ça doit s'arrêter. Ce ne sera pas un départ à la Cresson ou à la Valls. » Un coup de fil de VGE, le deuxième déjà, le touche spécialement : « C'est très bien, je vous mets 20 sur 20 », a jugé l'ancien président. À la table du pavillon de musique, on voit défiler pour des tête-à-tête Nicolas Sarkozy, François Fillon – « soutien exceptionnel, tout comme Manuel Valls, ainsi que Jean-Pierre Raffarin et Alain Juppé », dit le Premier ministre –, les copains Darmanin, Fesneau, Castaner, le mentor Juppé. Les journaux ont abondamment raconté les derniers jours le jeune fils du copain Jérôme Guedj à qui il tient sa promesse de lui faire visiter Matignon, l'interview pleine de sous-entendus à

Paris-Normandie (« le président sait qui je suis, ce que j'incarne, ce que je peux faire et ce que je ne peux pas faire »), et pour finir la lettre de démission rédigée après avoir relu toutes celles de la Ve République – et avoir été réélu maire du Havre. Il la garde sur lui une semaine, avant de la remettre au président.

18

Le Havre ou rien

Perdre un ami alors qu'on est Premier ministre et songer à tout arrêter. Le vendredi 29 mars 2019, personne n'en a rien su, mais Édouard Philippe s'est dit qu'il allait laisser tomber la politique au Havre. Donc arrêter la politique, tout court.

Il rentre du Qatar lorsque son téléphone sonne. Depuis l'hôtel de ville, on lui apprend la mort de Michel Sironneau, sa « plume secrète ». Crise cardiaque dans son bureau à cinquante-six ans. Il n'était pas seul. L'élu municipal et sa femme, qui avaient rendez-vous avec lui, se sont presque enfuis, signalant juste en partant que le directeur de cabinet n'allait pas bien. C'est Céline, la dircom, qui l'a trouvé. Le Samu, arrivé en urgence, n'a rien pu faire. Les copains du Havre ont fait bloc. Christelle, l'assistante parlementaire, a prévenu Olivier, l'ancien chefcab, qui a appelé Benoît pour qu'il file en mairie. Trop tard, hélas. Édouard Philippe, depuis Matignon, l'a chargé de gérer la suite. « J'étais très affecté par sa mort, m'a-t-il avoué lors de deux de nos entretiens. J'ai vraiment failli arrêter la politique au Havre. Tellement j'en voulais à… Bêtement sans doute, parce que c'est la vie. Mais j'étais très affecté par les conditions de sa mort…

par le fait que je n'étais pas là, que ce n'était pas le *deal* initial qu'il avait passé avec moi. »

Michel Sironneau, il l'avait recruté comme conseiller spécial au Havre en 2013. Ce juppéiste écrivait des discours, installé au bout du couloir. Il discutait beaucoup, toujours un peu à distance. Le maire ne voulait pas qu'il soit noyé sous les dossiers ; au courant, mais en surplomb. Qu'il puisse lui dire : « Tu sais, voilà ce que je pense. » Certainement pas travailler dix-huit heures par jour.

En 2017, Édouard Philippe lui avait demandé un coup de main à Matignon, pour démarrer. Le petit homme à la bouille rieuse et à l'esprit éclairé était revenu dans cette maison fréquentée avec Alain Juppé vingt ans plus tôt. Il avait organisé la production des discours du nouveau Premier ministre, qu'il connaissait par cœur. Citer Bob Dylan dans la première déclaration de politique générale, c'était son idée. À propos de la dette publique, il fallait oser ! « Combien de fois un homme peut-il tourner la tête en prétendant qu'il ne voit rien ? », avait-il fait dire au Premier ministre, clin d'œil à la chanson « Blowin' in the Wind » du prix Nobel de littérature 2016. À coup sûr, il allait adorer. Citer d'emblée Simone Veil, récemment décédée, venait aussi de lui : « La vie m'a appris qu'avec le temps le progrès l'emportait toujours. C'est long, c'est lent, mais en définitive, je fais confiance. » Depuis un an, Michel Sironneau était retourné au Havre et s'était retrouvé directeur de cabinet du nouveau maire, Luc Lemonnier. On ne lui avait pas demandé son avis. Là était le « *no deal* ». Édouard Philippe cherche les mots pour qualifier son amertume. « Comment dire... la moindre maîtrise de mon successeur et de son équipe a fait qu'ils se sont tournés vers lui, qui avait ce passé d'échange stratégique avec moi, pour le mettre sur un poste opérationnel. Et il s'est laissé bouffer. »

De là à vouloir tout arrêter… Un an après, lorsqu'il en parle, il est encore au bord des larmes et je crois y voir la marque de leur extrême « proximité ». Mais il dément et s'embarque dans un long monologue qui hésite entre pudeur, amertume et exigence du « mot juste ». « Non… il n'était pas "extrêmement proche". Enfin… comme toujours avec moi. Ce n'était pas un intime. Il ne venait pas dîner à la maison, on ne passait pas nos vacances ensemble. Mais il était très proche intellectuellement. C'était une amitié intellectuelle. » Il réfléchit et trouve ce « mot juste ». « C'était une conversation… Michel était un puits de science. Ça ennuyait tout le monde, mais on pouvait passer une heure sur telle bataille, sur les champs Catalauniques. Il me faisait découvrir des auteurs improbables. Quand on disait que Pompée avait réglé la piraterie en Méditerranée, eh bien ! il voyait de quoi on parlait… Il n'y a pas tant de gens qui voient ! On avait cette même appétence pour l'histoire, la littérature. Il avait une bonne connaissance de la vie politique depuis un peu plus que 1986, qui est quand même la limite longue de ceux qui s'intéressent à la politique aujourd'hui. Et encore, maintenant, c'est plutôt 1993 – ce qui est quand même consternant. En gros, il connaissait Pompidou, quoi… Moi, je suis fasciné quand je parle à des journalistes politiques, parce que la profondeur de temps est quand même hyper réduite. J'en ai vu beaucoup pour qui le Programme commun, ce n'est pas clair. Messmer, idem ! Vous en connaissez beaucoup, des journalistes politiques qui situent Messmer ? Mais ce n'est pas grave. Il y avait chez Michel une forme de miroir et une conversation permanente qui était extrêmement agréable et extrêmement précieuse pour moi. »

Pour le principe, je relève et conteste la caricature des journalistes politiques, mais reviens vite au puits de science. Un autre ami de Michel Sironneau m'a raconté qu'il avait carrément inventé une langue. Le vocabulaire, la syntaxe, les conjugaisons, tout ! Une grammaire complète. « Je le poussais à écrire un livre, qu'il avait commencé d'ailleurs, poursuit Édouard Philippe. Il voulait raconter la dernière charge de cavalerie en Afrique, un conflit entre l'Éthiopie et l'Italie. Un truc complètement ahurissant. Très Michel ! »

Son décès, le 29 mars 2019, survient dans un contexte particulièrement sordide que n'ignore évidemment pas le Premier ministre. Dans le bureau du dircab, le visiteur du jour, débordé avec sa femme par une histoire de sextape, est venu demander la protection juridique des élus. Le couple sait pourtant que le maire, Luc Lemonier, vient de démissionner pour une histoire de photos intimes reçues en mairie. Le pauvre Sironneau, tétanisé, horrifié et inquiet, est justement en train, ce jour-là, de fignoler le discours d'investiture du successeur du successeur d'Édouard Philippe, prévu le lendemain. La ville du Sioux est suspendue à ce feuilleton depuis des mois – voire, en réalité, depuis des années.

Tout chef du gouvernement qu'il est, Édouard Philippe a lui-même fait l'aller-retour une semaine plus tôt, le 21 mars aux aurores, pour siffler la fin du fiasco. On est en pleine crise des Gilets jaunes, quelques heures seulement avant un bras de fer inédit avec le Sénat sur fond d'affaire Benalla[1]. Cette affaire Lemonnier va finir

1. Ce jeudi-là, le Premier ministre refusera de se rendre aux questions d'actualité au gouvernement, en signe de désaccord avec la décision du Sénat de saisir la justice du cas d'Alexandre Benalla, Vincent Case et Patrick Strzoda, directeur de cabinet du président Macron, pour suspicion de faux témoignage devant une commission d'enquête parlementaire.

par lui nuire. Ce jour-là, l'échange qu'il a avec Antoine Rufenacht tourne au vinaigre. Le vieux baron LR, toujours incontournable localement, n'a pas oublié les photos glauques reçues pendant la campagne de 2014. Quelle imprudence d'avoir confié l'écharpe à Luc Lemonnier ! Au moins les deux hommes s'entendent-ils sur le nom du successeur : Jean-Baptiste Gastinne, premier adjoint bon chic bon genre, un pur LR comme Rufenacht les aime, un garçon sans histoire, espèrent-ils.

Avant que la presse locale ne s'en fasse l'écho en 2018, les photos du maire nu ont circulé dans toute la ville et au-delà. Pris de panique, Lemonnier a soupçonné l'ensemble des élus de Normandie, interrogé ses adjoints : « Qui parmi vous cherche à me nuire ? Et si c'était un coup de Morin, qui voudrait régler ses comptes avec Édouard pour l'affaiblir ? » Le président centriste de la région, furieux, a démenti et menacé à son tour de tout balancer : « Tout le monde connaît mes défauts, mais je n'ai jamais fait un truc pareil ! » Luc Lemonnier, affaibli politiquement, finit par déposer lui-même deux plaintes, une pour « diffamation », l'autre pour « diffusion de photos sans l'accord de la personne ». Une source judiciaire a expliqué à *Paris-Normandie* que « ce selfie, pris avec le téléphone portable [du maire], était accompagné d'une dizaine de lignes dactylographiées insultant l'édile et l'accusant globalement de mal se comporter avec la gent féminine ». Le « corbeau » identifié par la justice est une ancienne colistière d'Édouard Philippe aux municipales de 2014. Finalement convoquée par la justice, c'est elle qui fait l'objet d'un rappel à la loi et décide donc de tout raconter à France Bleu Normandie, le 19 mars 2019. Mère de famille, « mariée depuis plus de vingt ans », elle explique avoir reçu des selfies de Luc Lemonnier, « sexe en érection », « peu de temps après son élection en 2017 ». « Choquée », évoquant un sentiment de « viol », elle raconte lui avoir demandé plusieurs fois d'arrêter. Elle aurait finalement décidé d'en faire suivre certains à des élus de la majorité, y compris Édouard Philippe, Premier ministre. D'où la plainte du maire pour cette diffusion de clichés intimes sans son autorisation. Un comble !

Cette « affaire Lemonnier », et surtout, quelques jours plus tard, le décès de Michel Sironneau, ont manifestement secoué et déprimé Édouard Philippe. Fidèle, le Premier ministre prend bien évidemment la parole aux obsèques. S'en est-il voulu ? De s'être trompé de successeur ? d'avoir abandonné Michel ? A-t-il eu peur de la solitude intellectuelle sans lui ? Sans doute tout cela à la fois. Lorsque nous avons cet échange dans son bureau avec vue sur les jets d'eaux de l'esplanade du Havre, il a quitté Matignon et attaqué un nouveau mandat de maire depuis neuf mois. Manifestement, l'envie d'abandonner la politique a fini par passer. « Manifestement, oui », me confirme-t-il. Pourquoi ? « Parce qu'à la fin de la fin, j'aime ça, m'explique-t-il. Maire, c'est le plus beau job public, vous avez le temps, les marges de manœuvre et vous êtes le patron. »

En réalité, au moment du choix pour 2020, il n'a pas l'esprit disponible pour une telle introspection. Cela viendra plus tard. Pour l'heure, se présenter ou non n'est pas qu'une question d'envie de politique locale et du Havre. C'est aussi : faire campagne en étant Premier ministre ou pas ? Avec le risque de paraître démobilisé aux yeux d'Emmanuel Macron et donc de perdre Matignon. Le risque aussi de faire perdre Le Havre à la droite et de décevoir Antoine Rufenacht qui l'avait si chèrement acquise. Décevoir, dans tous les cas. Le cauchemar d'Édouard.

Rufenacht annonce la couleur dès le lendemain des européennes. « Gastinne sera notre candidat à la mairie », décrète-t-il, debout, au petit déjeuner des LR havrais, ce lundi 27 mai. Un ange passe. « Le cordon est définitivement coupé avec Édouard », pense la députée Agnès Firmin-Le Bodo à qui il semble pourtant évident que « la liste LR ayant fait 5 % au Havre, la ligne Philippe devrait s'imposer naturellement[1] ». Antoine dit clairement les choses à Édouard, qui rapporte ici ses mots : « C'est trop risqué pour la ville ! Ça fait trois ans que vous n'êtes plus là, et votre camp va être désuni ! Et même pour vous, si vous perdez Le Havre, vous perdez tout, y compris Matignon ! »

Le madré Rufenacht, bien décidé à peser plus qu'en 2017, ne s'arrête pas là. Le 4 juillet, à moins d'une semaine de la désignation du candidat LREM à Paris[2], l'ancien apparatchik chiraquien s'offre une tribune dans *Le Figaro*, intitulée « Édouard Philippe, le maire dont Paris a besoin », qui a tout d'un baiser du diable. « Pour qu'il y ait un bon candidat à Paris, écrit Antoine Rufenacht, il suffirait qu'il [Emmanuel Macron] laisse son Premier ministre, Édouard Philippe, partir en tête de liste. Il a l'étoffe d'un grand capitaine capable de trouver les bons vents et de hisser la voilure municipale. » La tribune met LREM en toupie. L'hypothèse séduit certains. Baiser du diable ? Nenni, tente d'argumenter

1. Résultats des européennes au Havre : liste Bardella (RN), 22,55 % ; liste Loiseau (LREM), 21,5 % ; liste Jadot (EELV), 13,02 % ; liste Aubry (La France insoumise), 9,18 % ; liste Brossat (PC), 5,82 % ; liste Glucksmann (PS), 5,63 % ; liste Bellamy (LR), 5,20 %.

2. Le mercredi 10 juillet, un bureau exécutif LREM est chargé de trancher entre cinq postulants : Benjamin Griveaux, Cédric Villani, Anne Lebreton, Hugues Renson et Antonio Duarte.

Charles Hufnagel à Matignon, vantant une « relation quasi filiale entre les deux hommes » et plaidant que « le Premier ministre est à sa tâche pour le président, pas aux municipales ». Mais au Havre, tout le monde a compris. D'autant que Rufenacht, en privé, n'a pas que des mots gentils à l'endroit de son successeur. La fuite en Macronie n'est toujours pas digérée.

La rédaction de *Paris-Normandie*, où l'on parle couramment le Rufenacht, publie un éditorial sans équivoque le 11 juillet : « En pressant Édouard Philippe de se concentrer sur son destin national et seulement sur son destin national, le vieux sage LR l'invite surtout à ne pas se placer en travers de la route d'un autre LR, Jean-Baptiste Gastinne, au prétexte de faire tomber la deuxième sous-préfecture de France dans l'escarcelle d'En Marche ! Car Antoine Rufenacht redoute par-dessus tout une candidature concurrente qui risquerait, en divisant la droite et le centre, de précipiter l'électorat de la Porte Océane dans les bras du député communiste Jean-Paul Lecoq. » Un vieil ami de Rufenacht confirme la genèse de la tribune, un jour, à l'heure du thé. « On s'est dit : "Philippe à Paris, ce ne serait pas mauvais pour Le Havre. Ça pousserait la LGV[1]. Avec son aura de Premier ministre, il se mettrait dans la poche la droite parisienne et les bobos. Et tout ça pourrait faire chuter Hidalgo !" Antoine est reparti en disant : "Je vais faire un papier là-dessus !" »

En privé, certains copains, tous parisiens, certains même de gauche, poussent aussi l'hypothèse auprès d'Édouard. Pour « dégager Hidalgo », et aussi parce que « c'est quand même plus classe que maire du Havre ! »

1. Ligne SNCF à grande vitesse attendue depuis des années entre Paris et Le Havre.

Évidemment, ça l'horripile. Certains se souviennent de son angoisse rétrospective quand le candidat Griveaux a dû jeter l'éponge pour une vidéo à caractère sexuel en février 2020. Édouard en a ri : « Il a fait une Lemonnier. » Mais d'un rire jaune. « Il répétait qu'il ne voulait pas voir sa vie de famille étalée dans la presse, se souvient une amie. Il craignait que les attaques personnelles se renforcent. Comme pour une présidentielle. » Les enfants, eux, ont sorti le veto. Fils ou fille de maire du Havre, OK. Mais pas de Paris, ce n'est pas une vie ! Pour ses enfants et pour elle-même, Édith aussi a dit « pas question ». Mais il y a sans doute une raison plus profonde que seuls quelques amis du couple évoquent : « En réalité, je ne suis pas sûre qu'il aurait aimé rester à Paris tout le temps. En étant élu au Havre, il a acquis une liberté qu'il perdrait à coup sûr en s'installant à temps plein dans la capitale. Je ne suis vraiment pas sûre qu'il ait été tenté d'y renoncer. Édith non plus, d'ailleurs. »

Pendant ce temps, au Havre, un homme attend sagement sur la ligne de départ : le soldat Gastinne, héritier héroïque du fiasco Lemonnier au printemps. La décision d'Édouard Philippe va tout changer pour lui. En octobre, c'est au stade Océane, devant un match du Havre Athletic Club, que le maire en fonction vient aux nouvelles pour le scrutin du mois de mars. Il pose la question sans la poser, comme toujours face au Sioux.

— Ça se rapproche ! glisse-t-il laconiquement. Faut se préparer, et ce sera plus facile si je sais qui conduit la liste.

Pour toute réponse, Édouard Philippe prononce quatre mots :

— Écoute, Jean-Baptiste, fonce !

Gastinne est formel : « Il ne m'a pas dit : "Mets-toi dans les starting-blocks", mais bien : "Fonce ! Vas-y, prépare la campagne, prépare l'équipe." » Le maire se met donc à la planche. Il reçoit ses adjoints. Qui sort ? qui rempile ? Certains s'entendent dire, comme Valérie Egloff, rufenachtienne de toujours redevenue adjointe, qu'il serait bienvenu d'adapter leurs horaires de travail pour être plus disponibles. Elle fait le nécessaire pour travailler la nuit à l'hôpital. Mais au fil des semaines, Jean-Baptiste voit bien qu'Édouard hésite, qu'il espère garder Matignon mais n'a pas d'échéance. « C'est un autre de ses traits de caractère : c'est quelqu'un d'extrêmement prudent ! », m'explique Gastinne. Encore un qui le souligne ! « En même temps je lui ai fait expressément comprendre que, quelle que soit sa décision, je le soutiendrais, je ne ferais pas de liste concurrente. »

En son for intérieur, celui qui est aussi vice-président d'Hervé Morin à la région se dit qu'il est peut-être mieux placé que le Premier ministre. Faire campagne, en expliquant qu'Édouard Philippe restera à Matignon s'il gagne, s'annonce compliqué. Mais il le sait aussi : « Un Premier ministre maire du Havre pendant sept ans, c'est un principe de réalité politique : s'il veut y aller, il est prioritaire. » Édouard Philippe tranche enfin le 30 décembre. Cash :

— Jean-Baptiste, j'ai pris ma décision, je serai tête de liste.

Gastinne encaisse en silence. Demandez-lui pourquoi, il vous répond « intérêt général » : « Si on est divisés, on perd Le Havre. » Il sera finalement numéro trois sur la liste, juste derrière la députée Agir, Agnès Firmin-Le Bodo. La suite paraît presque enfantine.

— Salut Benoit, bon, j'y vais. Tu te libères ce soir et on bosse.

Ce lundi 27 janvier 2020, à sept semaines du premier tour, le coup de fil matinal du Premier ministre, depuis sa voiture, sonne comme une mobilisation. « On a bossé à deux une bonne partie de la nuit, se souvient Benoit Dubosc. On a traité les grands axes de la campagne, les éléments du calendrier, ce qui n'était pas simple avec Matignon, et l'identité. » Quelques jours plus tard, Mohamed Amrouni débarque officiellement pour piloter la campagne, quittant officiellement ses fonctions de chefcab adjoint de Matignon. Le studio de Benoit, à côté de la maison, l'hébergera jusqu'au second tour en juin. C'est fait aussi pour ça, « c'est la famille », a-t-il coutume de répéter. Depuis vingt ans qu'ils se connaissent, ils ont rodé un fonctionnement qui a fait ses preuves. Le Sioux est une éponge : il pose des questions, sans que l'on sache ce qu'il fait des réponses. Et puis un jour, ça ressort d'une façon ou d'une autre.

— Qu'est-ce que je dois changer par rapport à la dernière campagne ? demande-t-il cette nuit-là à Benoit. Rien !

Pas touche notamment au logo « Le Havre ! », avec le point d'exclamation dont le coach revendique la paternité.

— Le point d'exclamation, c'est ce qui s'impose à tout le monde. C'est une évidence. Point.

Édouard a d'ailleurs interdit de s'en servir en dehors. Sauf à Alain Juppé, pour la primaire. On ne peut pas dire que ça lui ait réussi.

D'un peu plus loin que Dubosc, Lardans continue, lui aussi, à l'« alimenter ». SMS du 9 février, à cinq semaines du premier tour : « Bonsoir Édouard, tu devrais appeler Pascal Cramoisan, il est quasi prêt à rejoindre ta liste. Voilà qui serait une bonne recrue. Le colonel. » Réponse du Premier ministre : « Ah mais j'adorerais qu'il vienne avec nous !!!!! » Plusieurs semaines auparavant, Édouard a tendu une perche à l'ancien élu communiste, sans succès. À cinquante-six ans, Pascal Cramoisan est désormais en congé de fin de carrière chez EDF et, malgré son gabarit d'armoire à glace, il craint la réaction de son père, militant de toujours, logé à l'époque dans un appartement au siège du Parti. Lui-même gardera la clé, même après être devenu adjoint. Cette fois, il semble prêt à s'assumer. Femme et enfants aussi.

— Papa, ça fait six ans que t'es plus au PC, lui dit son fils, étudiant en psycho. Tu t'entends bien avec Édouard Philippe et il te propose de bosser pour la ville. Tu en connais beaucoup, toi, des gens qui sont appelés par le Premier ministre ?

Bienvenue dans la schizophrénie havraise ! L'ancien d'EDF manifeste presque quotidiennement aux côtés des camarades dockers contre la réforme des retraites de son copain Édouard. Quelques jours auparavant, La France insoumise a déposé à l'Assemblée plus de dix-neuf mille amendements. Le 10, il finit toutefois par toper avec ce Premier ministre de droite. « Il ne me demande pas de renier les batailles que j'ai menées ! m'explique-t-il. Je suis sans étiquette. Je lui ai même dit que je ne venais pas lui cirer les pompes. Mais on a des beaux projets, l'extension du tramway, un gros chantier sur le chauffage urbain. Je veux agir pour ma ville. » Le 20, la liste est dévoilée au Stade Océane, comme en 2014. Au moment de présenter Pascal Cramoisan « avec lequel je me suis souvent engueulé », précise le candidat, il souligne l'une de ses qualités : « Il est comme moi, il n'aime pas les étiquettes. »

Ce genre de recrutement à front renversé n'est pas si rare au Havre. Pour les régionales de mars 2021, le PC recevra lui-même une offre d'une ex-adjointe d'Édouard Philippe, lâchée par la majorité Morin à la région. Pascal Cramoisan, lui-même, sera de nouveau candidat – victorieux –, soutenu par Édouard Philippe, aux départementales en Seine Maritime. Ses anciens camarades communistes n'ont qu'une explication : l'appât du gain. « Il n'a pas résisté à 2 000 euros par mois en plus de sa retraite, dit un responsable communiste au Havre après les municipales, et ça ne l'empêche pas de continuer à critiquer les entreprises du CAC 40 en commission d'attribution des marchés à l'agglo. » Ce transfuge n'est en tout cas pas le seul. La tête de liste « sans étiquette » attire également dans ses filets une conseillère régionale PS en exercice, Oumou Niang, ancienne handballeuse du HAC qui a grandi à Caucriauville et que Jean-Paul Lecoq aurait bien voulu voir sur sa liste.

Outre les principales figures de la droite, notamment les deux Agnès, la sénatrice Canayer et la députée Firmin-Le Bodo, l'équipe Philippe recrute aussi de très nombreux représentants de la société civile sans passé partisan. Madjid Nassah, son entraîneur de boxe, futur troisième adjoint, m'assure qu'il est venu au lancement de campagne sans savoir qu'il serait sur la liste. Édouard lui demande de venir, il est là. « Il y avait deux mille dockers à l'extérieur qui manifestaient contre le Premier ministre, se souvient le directeur de l'association Émergence. Je suis venu dire que je l'avais connu sans costard, que c'était un homme libre, fidèle, honnête, qui est capable de dire "je ne sais pas" et d'accepter de tomber – parce que je peux vous dire qu'il a parfois vu la bâche du ring de très près. » Plus que le programme, c'est le charisme qui l'a séduit. « Je lui ai appris à boxer et, à l'extérieur, les rôles s'inversent. Depuis des années, il me fait découvrir des livres, Romain Gary, Albert Londres, Jorge Semprún, et même Hervé Gaymard, qui m'a donné l'impression que mon cerveau faisait des pompes en le lisant ! J'apprends beaucoup aussi en écoutant Édouard dans les réunions d'adjoints. »

À trois semaines du premier tour, la grogne sur les retraites ne faiblit pas. Dès qu'il pose un orteil au Havre, le Premier ministre candidat attire manifestants et cars de CRS. Dès le meeting de lancement, fin janvier, les dockers ont tenté de s'introduire salle François Ier. Les deux actualités se télescopent en permanence. Le 29 février, à 17 heures, l'équipe au Havre met en ligne le programme du candidat, vingt minutes avant que Matignon dégaine le 49.3 sur les retraites. La permanence est caillassée et taguée. Un grand « 49.3 : Philippe prend la fièvre. Il faut le mettre en quarantaine » barre la vitrine. Ses colistiers durcissent le ton et agitent à nouveau le spectre de Stalingrad-sur-Seine : « Voulez-vous vraiment rendre cette ville aux communistes ? » Édouard Philippe ne décolère pas contre les violences, qui ne sont pas seulement le fait d'insoumis extérieurs. « Depuis l'intérieur de ma permanence, on a reconnu au moins une fois un chef du PC de la commune voisine », m'expliquera-t-il.

Sa chance est que, en face, Jean-Paul Lecoq, le vieux briscard communiste, trois fois maire de Gonfreville-l'Orcher, n'a pas réussi à constituer une liste commune avec les écologistes. Comme son adversaire, le député met en avant son tiers de colistiers non encartés. Dans cette ville de gauche qui élit des maires de droite depuis 1995, il veut repolitiser les quartiers populaires : Caucriauville, Mare-Rouge, Montgaillard, sa liste est faite pour eux. S'ils reviennent aux urnes, il est convaincu d'être devant. Il rêve de coconstruction, promet des conseils de quartier, tout l'inverse de la majorité sortante, explique-t-il. « Avec Antoine Rufenacht, au moins, on chassait en meute, majorité et opposition réunies, pour aller défendre les projets du Havre devant un ministre ou un chef d'entreprise, se plaindra-t-il devant moi. Avec Édouard, et depuis trois ans Lemonnier puis Gastinne, cette philosophie a disparu. Et on ne travaille plus assez avec la population. » Bien sûr, de l'exercice solitaire du pouvoir havrais au 49.3 que vient d'activer le Premier ministre sur les retraites, il n'y a qu'un pas que le député Lecoq se charge personnellement de franchir au Palais-Bourbon, pointant ce qu'il appelle « l'arme du faible ».

— La colère grandit, vous n'avez pas de majorité populaire ! lance-t-il à celui avec qui il boit volontiers une bière après les débats électoraux.

En fin de compte, la désunion de la gauche et la peur du Covid ont tenu en sommeil les électeurs des quartiers populaires. Le premier tour, maintenu *in extremis*, attire seulement 39,5 % de votants. Le second tour s'annonce difficile pour la liste Le Havre ! du Premier ministre, arrivée en tête avec 43,6 %, mais talonnée par celle de Jean-Paul Lecoq (35,88 %). Loin derrière, Alexis Deck (EELV) avec 8,28 % et la liste RN avec 7,31 % sont éliminés.

Édouard Philippe est convaincu qu'il aurait gagné même avec un second tour dans la foulée. *« Ça aurait été plus serré, sans doute. Mais j'aurais gagné. »* Cela ne l'empêche pas de convoquer ses colistiers LR, les Gastinne, Firmin, Canayer, pour un débrief vigoureux. En clair, ils ont intérêt à remuer le ban et l'arrière-ban pour que ça marche. La crise du Covid va faire le reste. Jean-Paul Lecoq, voyant le Premier ministre « aux manettes » pendant cette pandémie, comprend qu'il ne peut pas lutter. « Son côté "je ne sais pas", je me disais : "Qu'est-ce que c'est bien joué !" C'est rare, dans l'histoire de France, un chef de gouvernement qui dit : "Je vous dirai quand je saurai, je ne suis pas médecin." Il a fait ça pendant deux mois, en utilisant des mots compris et respectés par les Français. C'était : "On cherche ensemble", alors qu'il est hyper individualiste. Sincèrement, c'est un grand communicant, et ça va bien au-delà d'une com institutionnelle. Je l'ai encore plus découvert depuis qu'il est Premier ministre. Il est vraiment doué. »

Certains électeurs de Jean-Paul Lecoq eux-mêmes changent leur fusil d'épaule. Comme cette dame désolée, croisée sur un marché début juin : « J'ai voté pour vous au premier tour, monsieur Lecoq, mais au deuxième, je vais voter pour monsieur Philippe. – Ah bon, mais pourquoi ? interroge le député communiste. – Ben, il nous a sauvé la vie, quand même. »

Quand il revient au Havre pour faire campagne en vue du second tour, c'est un Premier ministre superstar qui enchaîne les selfies dans la rue. Comme un alignement de planètes, le grand chantier de la décennie a enfin démarré. Les pelleteuses s'activent sur le site historique de l'ancienne gare maritime pour la tant attendue usine d'éoliennes marines de Siemens. Sept cent cinquante emplois directs sont annoncés dans la ville, où le chômage dépasse toujours les 10 %. À dix jours du vote, le camp Lecoq ne capitule pourtant pas, soutenu sur place par Jean-Luc Mélenchon :

— Votre responsabilité est grande, harangue le chef de La France insoumise. Si vous battez le chef du gouvernement, Macron entendra le message. Le roi sera nu !

Sa large réélection (58,8 %) à la mairie du Havre, le 28 juin, sera célébrée à la hauteur de son score. La commission nationale des comptes de campagne signalera bien quelques « irrégularités regrettables[1] », notamment certains frais de déplacements du Premier ministre entre

1. Le candidat n'a pas suffisamment démontré le bien-fondé de certaines « remises de 50 % et parfois plus consenties par une SARL sur sept factures relatives à la location de matériels de son et de lumière, pour 6 399 euros ».

Paris et Le Havre, autrement dit en dehors de la circonscription, pour 6 130 euros. Mais les comptes seront finalement approuvés.

Deux jours après avoir quitté Matignon ce dimanche 5 juillet, c'est plus qu'un maire qui prononce son premier discours d'élu. L'ovation s'éternise et dépasse le simple cadre du respect républicain. Gilles est là, ainsi que l'ami Darmanin, en pleine négo pour le ministère de l'Intérieur dans le nouveau gouvernement – il fait ainsi patienter Jean Castex le plus tard possible, histoire de passer après Blanquer, également en lice. Macron a été prévenu par SMS. « Embrassez Édouard et revenez vite dans les parages », a répondu le président.

Sérieux et concentré, Philippe déplore les « débordements » de la campagne du premier tour, rappelle les droits et devoirs des électeurs, remercie les acteurs de la campagne.

— On sait qu'on ne fera pas tout bien, plaide-t-il dans un nouvel élan d'humilité, mais on doit être animé de l'envie de faire du mieux qu'on peut citant à nouveau sa grand-mère.

Il salue aussi l'absent :

— Je voudrais terminer en remerciant une dernière personne qui m'a accompagné pendant toute la campagne. Elle n'est pas présente aujourd'hui, mais je pense sincèrement à lui : c'est Michel Sironneau. Il était mon conseiller, il était mon ami. Il est mort dans l'exercice de ses fonctions de directeur de cabinet du maire du Havre. Pas un jour pendant cette campagne…

L'émotion l'empêche de terminer sa phrase.

— Bref, là où il est, il doit boire une bière et être sacrément fier de nous.

Après l'ovation finale, un jeune homme de vingt-deux ans s'approche de l'estrade, sans doute pour le remercier.

C'est Pierre Sironneau. L'étudiant, embarqué sur la liste Philippe, vient de vivre son premier conseil d'élu.

Antoine Rufenacht, lui, n'est pas là. Livrant son dernier combat contre le cancer, il aura été l'autre grand absent de cette campagne. Leur relation s'achève, entourée de mystères. « C'est une relation filiale, personne ne peut comprendre, me répète inlassablement l'ancien Premier ministre. Avec tout ce que ça peut avoir de compliqué entre un père et son fils, ajoute-t-il. Certains pensent que ça s'est mal terminé, mais pas du tout. »

Devant moi, il retrace lui-même le film des derniers mois. Et chez les Philippe, « on ne ment pas ». La tribune dans *Le Figaro* ? Antoine l'avait prévenu par SMS : « Édouard, je viens de publier ce billet. Je vous en aurais parlé avant, vous m'auriez dissuadé. Je pense vraiment que c'est mieux pour la France que vous preniez une ville comme Paris. » Son absence le 31 janvier à sa déclaration de candidature, alors qu'il figurait sur les invitations ? « La veille, il m'envoie un SMS pour me dire qu'on vient de lui détecter son cancer, qu'il doit être opéré et ne sera pas là le lendemain. Tout le monde dit : "Le lien est distendu." Tu parles ! Finalement, il resurgit en juin. On pense à nouveau qu'il va trépasser juste avant le second tour. Mais il tient le coup. Je le vois aux obsèques du député Patrice Gélard, le 4 juillet, soutenu à bout de bras par ses fils. Il est encore là aux cérémonies du 14, en costume impeccable, le masque et le teint blancs comme un linge. Il me dit : "14 juillet, je ne pouvais pas louper ça." Il me dit aussi qu'il est très content que j'aie été réélu. Mais que c'est dommage pour la France. » Édouard Philippe évoque enfin un dernier échange de SMS, quelques jours plus tard. « Un message très, très personnel et il m'a répondu quelque chose d'encore plus personnel. Vraiment bouleversant. »

Reste pourtant l'amertume du mentor, rapportée et partagée par son entourage. « J'ai dit à Antoine qu'Édouard avait tué le père », m'a confié une adjointe. « Tu ne peux pas mieux le dire », aurait-il répondu. Quant au second tour, Rufenacht, au plus mal, se serait effectivement accroché les jours précédents, disent plusieurs amis, tenant absolument à voir si « sa » ville allait tenir.

« Les entourages ne savent pas », répète Édouard Philippe.

Antoine Rufenacht s'éteint le 5 septembre au Havre, à l'âge de quatre-vingt-un ans. Juste avant les obsèques, un SMS arrive sur le portable de Benoit Dubosc : « Le moment est dur, ce soir on dîne tous les quatre. »

19

Cache-cache…

— ’Tain, c’est chiant les petits ! peste Édouard Philippe, 1,90 mètre.

— C’est chiant les grands ! réplique le champion d’Europe des poids coqs, 1,65 mètre, qui a rarement croisé les gants au-delà de 1,72 mètre.

— Pas la tête, Tino ! s’inquiète l’entraîneur, Patric Bahamed-Athlan, sur le bord du ring de l’Angers Boxing Club.

Un cocard sur un ancien Premier ministre le jour de son grand retour, ça la ficherait mal. Ce 25 septembre 2020, le premier magistrat du Havre a rendez-vous à 8 h 30 aux Greniers Saint-Jean pour les ateliers de la « République des maires ». Mais il n’aurait manqué pour rien au monde ces deux rounds aux aurores mitonnés par son copain Béchu, avec vidéaste de *Ouest-France* mis dans la confidence.

L’angevin Georges « Tino » Ory a chaussé des gants plus épais pour éviter de blesser l’invité spécial du maire qui ne porte ni protège-dents, ni casque. « J’essayais surtout de lui montrer que je pouvais le toucher, l’embêter avec mes déplacements, mais évidemment je contrôlais ma puissance », me raconte le champion, agréablement surpris par sa « belle gestuelle d'attaque et contre-attaque ». Patric, l'entraîneur, n'évite pas la gaffe : « Bon, il a pris du poids pendant le confinement, comme tout le monde. » Sujet sensible, reconnaît le « grand », qui a fait le yoyo sur la balance à Matignon, comme depuis toujours. Ce premier été de liberté n'a rien arrangé, avec les apéros en Sicile et chez son copain Frédéric Mion, dans le Sud. Une douche, un selfie, la promesse d'une invitation pour un championnat du monde – qui sait, à Angers ? – et le voilà qui file, joues rosées, au rendez-vous des maires.

S'il cherche encore le juste degré de protection sur le ring, la question se pose aussi en dehors tout au long de cette année post-Matignon. Cela fait presque trois mois que le Sioux, superstar des sondages, ne s'est pas montré. Autant dire un siècle. Sa seule sortie au Havre, pour soutenir la sénatrice LR Agnès Canayer en campagne, a déclenché un incendie médiatique. Il faut dire qu'il a prédit « une tempête économique et sanitaire… peut-être sociale, peut-être même politique ». L'air de rien, il sait évidemment ce qu'il fait. Cette fois, avec Christophe Béchu, ils sont convenus de tenir ces « ateliers » à huis clos. « Il s'agit avant tout d'un échange d'expériences de gestion de villes », m'explique le maire d'Angers. Philippe est d'ailleurs arrivé la veille pour un premier dîner avec une cinquantaine de privilégiés sur les deux cents maires inscrits – sans le Covid, ils en auraient accepté beaucoup plus. Tous viennent de la droite et du centre-droit. Ceux qui habitent loin, Natacha Bouchart (Calais) ou Laurent Marcangeli (Ajaccio), ont ainsi pu l'entendre sur ses nouveaux sujets fétiches, ceux qui vont se gérer, selon lui, à l'échelle locale et prendre de l'importance. « En particulier l'étalement urbain, ou comment préserver les terres sans fâcher les gens qui ne veulent pas de tours, détaille Christophe Béchu. On a aussi beaucoup parlé de mix énergétique, pas sous l'angle national mais concrètement, quels sont les équilibres locaux possibles entre éoliennes, solaire, etc. »

Le Sioux au cœur de cette « République des maires » très écolo ? On se pince un peu en repensant au Premier ministre qui a certes acté la fermeture des centrales à charbon en France, mais qui, comme maire, se battait pour sauver celle du Havre. Le député Philippe a aussi voté contre les lois sur la transition énergétique de 2015 et sur la biodiversité de 2016. À en croire Charles Hufnagel, c'était juste un échec de com, en l'occurrence le sien ! « Je vous avoue que l'artificialisation des sols, moi, ça ne me fait pas battre le cœur, reconnaît l'ancien communicant de Matignon. Pour Édouard, c'est hyper important. Au dernier moment, il avait même exigé de Nicolas Hulot qu'il renforce son plan biodiversité qu'il trouvait beaucoup trop mou. »

Dans la sphère privée, Édouard est pourtant celui qui ronchonne quand on lui demande de trier ses déchets : « Heureusement que ses enfants le tannent, parce que dans le fond, ça l'emmerde ! », ai-je entendu au Havre. Le Sioux, lui, reconnaît, être venu sur le tard à l'environnement. Quand Antoine Rufenacht s'engage, déjà, dans le verdissement des politiques publiques dans les années 2010, « son adjoint aux affaires juridiques essaie de comprendre ce qui se joue[1] », écrit-il en quittant Matignon. Son livre, paru en avril 2021, lie de façon professorale les dettes écologiques et économiques, mais s'arrête au constat sans faire de proposition. « Ce n'était pas l'objet, rétorque le Sioux. Quand je voudrai faire un livre programmatique, j'en ferai un, ne vous inquiétez pas » Entre-temps, il s'y est d'ailleurs mis. Et quand je

1. *Impressions et Lignes claires*, *op. cit.*

lui demande quels sont ses projets pour sa ville, le vert domine à présent : « Préserver des terres agricoles, faire de la densité en centre-ville, améliorer la desserte ferroviaire, développer le port, mais aussi développer mon campus. »

Écolo ou pas, au fil des mois, cette « République des maires », créée en soutien au président Macron au moment des européennes, apparaît aussi comme une sorte de « réseau d'attente » philippiste, selon l'expression de l'un d'eux. Le maire du Havre voyage d'une ville à l'autre pour sentir l'état du pays. À Fontainebleau, il passe deux heures le 15 décembre avec Frédéric Valletoux, qui préside aussi la Fédération hospitalière de France et qui a parfois été très cash à Matignon. « Je lui avais dit dans son bureau qu'il s'était trop mis dans le moule de l'énarchie, raconte celui-ci. Qu'il laissait trop parler la haute fonction publique et qu'il avait des conseillers qui n'allaient pas se mettre à faire des réformes sur la santé qu'ils n'avaient pas faites depuis des années. » Allusion à Thomas Fatome, déjà membre du cabinet de Xavier Bertrand en 2004. En cette période de vœux, la balade en forêt de Fontainebleau et au château est aussi l'occasion d'évoquer la présidentielle. « La loyauté, ça restera premier chez Édouard, explique l'ancien journaliste. Mais j'ai compris qu'il ne se défilera pas si, par un concours de circonstances… »

Autre visite secrète bien vite révélée : le matin même, il fait escale chez Jean-François Copé, à Meaux. Idée lancée par un Édouard Philippe étonnamment avenant, en septembre, lors de l'hommage à Patrick Devedjian. Sans être proches, les deux hommes s'apprécient depuis la fondation de l'UMP en 2002[1]. En octobre, Copé a

1. Jean-François Copé était alors porte-parole du gouvernement Raffarin.

même suggéré le nom du « traître » au bureau politique de LR :

— Vu que nous ne voulons pas soutenir Macron et que nous peinons à faire émerger un candidat chez nous pour 2022, soutenons le seul qui est capable et populaire, c'est-à-dire Édouard. Pas en le réintégrant à LR, mais en refondant la droite comme à l'époque de l'UMP.

À Meaux, le Sioux est chez lui. Visite du musée de la Grande Guerre, du nouveau quartier de Beauval au cœur du programme de rénovation urbaine, des dispositifs de sécurité « qui l'intéressent pour Le Havre ». Au déjeuner, un long échange s'engage sur « la nation qui se fissure, les forces extrémistes qui prennent la République par tous les bouts », selon les mots de l'hôte, ravi de « cet échange assez profond, avec un interlocuteur marqué par une expérience de gouvernement, une discussion entre professionnels ». Jean-François Copé poursuit sur la présidentielle à venir. « On était d'accord sur le niveau d'exaspération des Français à l'égard des hommes de gouvernement, sur le fait que l'amateurisme revendiqué avait aggravé la situation. » Je m'étonne de ce jugement concernant son propre gouvernement. « Édouard n'a jamais revendiqué l'"amateurisme" voulu par En Marche !, réagit le maire de Meaux, toujours sans filtre. La question de se présenter ou non pour lui est prégnante, mais si on fait quelque chose, il faut le faire avec des professionnels. Selon nous, le risque Le Pen est considérable. Il n'y a que chez Macron qu'on n'y croit pas. »

Quant à la « loyauté » au président ? « Pas un sujet », balaie Copé, qui jure mordicus ne pas avoir de mission cachée pour le maire du Havre, mais qui lui parle régulièrement. « Je pense qu'il y a eu un accord avec le président. Édouard ne lui doit rien, assure-t-il. Je n'ai pas l'impression, pour avoir discuté avec lui, qu'il est en position d'être un débiteur. Il a conscience d'avoir fait son travail, il a été loyal. Pour le reste, il est lucide sur les forces et faiblesses de Macron et, comme beaucoup, la question de la loyauté ne sera pas un obstacle. »

Quelle dette Édouard Philippe traîne-t-il envers le président ? Quelle prétendue « loyauté » l'empêcherait de jouer sa propre carte ? Au fil des mois, j'ai laissé mûrir la question. Dans notre échange de février, le Sioux, conscient de faire tourner en bourrique médias et macronistes, revendique le droit de « s'amuser un peu ». Depuis son départ de Matignon, il distille quelques interviews sur des thèmes choisis : son service militaire sur Europe 1, sa playlist sur Radio Classique, les séries TV dans *Le Point*. Jamais de « poloche » ! Piégé par une question de RMC sur un dilemme habilement formulé – « en 2022, préférez-vous être président du HAC ou président de la République ? » –, il prend un malin plaisir à ne rejeter que la première hypothèse et invite l'équipe à boire une bière au Havre pour parler de la deuxième. Quelques jours plus tard, dans une vidéo en ligne de la mairie du Havre, il s'autorise même à tacler le gouvernement Castex, qualifiant de « mauvaise surprise » le reconfinement partiel de la Seine-Maritime, dont personne n'a pris la peine de le prévenir. Il se plaît aussi à prendre des nouvelles du plus macroniste des sénateurs qui l'avait soutenu pour qu'il reste à Matignon. François Patriat, miraculeusement réélu, n'est pas près d'oublier ce coup de fil à la Édouard :

— Ils ont voulu ta peau… Turlututu doigt dans le cul !

Et voilà qu'on apprend la création d'une association baptisée « Le Havre ! ». Pour fédérer ses soutiens ? « Non, juste pour recueillir des fonds pour tous types de campagne au Havre », répond l'entourage.

Alors, loyal ou pas loyal ? Dans nos échanges de mars, le Sioux me rapporte son dernier déjeuner à Matignon avec le « patron », Alain Juppé, qui lui avait délivré son bon de sortie. « Alain m'avait dit : "Allez-y, c'est vous le patron maintenant !" Ça voulait dire : "Vous avez relevé le gant, vous avez été Premier ministre, vous avez le niveau, faut penser à vous, c'est vous qui êtes le mieux placé..." » Cela sonne un peu comme du Copé.

Entre deux séances d'écriture de son prochain livre avec Gilles Boyer, un match de tennis avec Alexandre Bompard et un conseil d'administration d'Atos où il est entré, le maire du Havre poursuit sa tournée, à droite comme à gauche. Plateau-repas au cabinet d'avocats de Bernard Cazeneuve pour une revue de la situation sanitaire et politique. Même chose avec Bruno Retailleau, patron des sénateurs LR. Silence radio, en revanche, du côté de Nicolas Sarkozy. Ça ne l'empêche pas de lui adresser un mot de soutien, en mars, au moment de sa condamnation à un an de prison ferme pour « corruption » dans l'affaire des écoutes : « Les coups que vous prenez sont rudes et [...] doivent, parfois, laisser un sentiment amer. [...] Votre sincérité prévaudra ! » Les deux hommes s'étaient subitement rapprochés lorsqu'il était Premier ministre. Il avait marqué des points en le soutenant ouvertement au micro de Jean-Jacques Bourdin lors de la garde à vue de l'ancien président dans l'affaire libyenne : « Nos relations ont toujours été empreintes d'un respect mutuel[1]. » Le communiqué de LR, lui, avait tardé. Deux jours plus tard, en plein traumatisme après l'attentat contre le gendarme Beltrame, il s'apprêtait à entrer en cellule de crise au ministère de l'Intérieur lorsque Sarko l'avait appelé.

1. BFMTV, mardi 20 mars 2018.

Édouard Philippe rapporte ses propos en l'imitant, il ne peut pas s'en empêcher : « Tu sais, Édouard, je t'ai entendu. Je voulais te dire que tes mots m'avaient beaucoup touché. Et Carla aussi. C'est important pour moi. Ce n'est pas comme les autres, là. » Trois mois plus tard, l'ancien chef de l'État déjeunait à Matignon, en présence de Gérald Darmanin. Et à nouveau début juin 2020, lorsque le Sioux s'interrogeait sur son départ. « Je sais qu'il fait partie de ceux qui ont suggéré au président de me remplacer à la fin, mais je n'en dis pas de mal parce que je n'en pense pas de mal ! dit-il en s'engageant dans un long plaidoyer pro-Sarko, lorsque je m'étonne de ce rapprochement récent. J'ai le respect de la fonction… et aussi du bonhomme. J'ai eu des discussions avec lui en tête à tête quand je voulais des conseils et il a été très bon. Vous lui demandez comment traiter avec la Russie, avec la Turquie, comment appréhender les relations avec les États du Golfe ou d'Afrique, eh bien, c'est vachement intéressant. Je ne dis pas qu'il a raison, mais c'est vachement intéressant. Il a l'expérience, les contacts. Il y est passé. J'ai beaucoup appris en l'écoutant. Je trouve d'ailleurs très dommage qu'il n'insiste pas plus sur ces sujets-là. Pas de la tactique, mais du fond ! » Ceux qui connaissent bien l'ancien président savent qu'il jouera toujours le gagnant. Pour l'instant, c'est Emmanuel Macron. Mais si un jour Édouard est en position d'accéder à l'Élysée, il sera plus que fréquentable.

Loyal ou pas loyal ? En avril 2021, lorsque paraît son livre coécrit avec Gilles Boyer, le Sioux exaspère l'Élysée par son ambiguïté. Il invente le « loyal et libre » et s'abrite derrière le « nous » bien pratique de l'écriture. « Ça permet d'éviter l'introspection personnelle », assume-t-il à la matinale de France Inter[1]. Cette association de plume d'un Premier ministre et de son conseiller-ami donne lieu à d'improbables duos en interview, la cachette parfaite. C'est le cas au « 20 heures » de France 2[2]. Question de Laurent Delahousse :

— Vous savez pourquoi le président vous a viré ?

— J'ai une idée, oui, répond l'ancien Premier ministre.

— Laquelle ? poursuit le journaliste.

— Je la garde pour moi. Ce serait inélégant de ma part…, répond le Sioux, qui sourit en pensant à sa popularité

Autre question :

— Allez-vous tout faire pour que le président soit réélu ?

Autre non-réponse :

— Lorsqu'il m'a nommé, pendant trois ans j'avais un double objectif : l'intérêt général et mettre en œuvre les engagements du président. Donc je ne peux pas être celui qui souhaite son échec.

Laurent Delahousse essaie encore et lui soumet cette phrase : « De toute façon, je ne serai pas candidat, sauf si peut-être Emmanuel Macron ne l'était pas. » Après une longue hésitation, Édouard Philippe explique qu'il l'a souvent « lue ». Puis : « Je ne crois pas l'avoir dit. » Puis : « En tout cas, je ne suis pas sûr de l'avoir dit publiquement… » Puis : « Mouais, je ne sais pas. » Mieux vaut dire « je ne sais pas ». Pour ne pas mentir… Ne pas mentir, sussure la petite voix intérieure.

La tiédeur du Sioux agace à tous les étages. Aussi bien à l'Élysée, où le livre est arrivé dédicacé, que chez LR, où

1. Interview de Léa Salamé et Nicolas Demorand, mercredi 7 avril 2021.

2. Dimanche 4 avril 2021.

le secrétaire général, Aurélien Pradié, le surnomme « la danseuse[1] » de Macron. À la mairie du Havre, la dircom, qui a passé du temps sur le plan média avec l'éditeur, est catastrophée par ce « 20 heures ». Quelque part dans Paris, Charles Hufnagel également. Chez Lattès, on se rassure en scrutant les ventes : numéro un dès la première semaine. Début juin, les auteurs entament une tournée des librairies et des copains maires : Limoges, Le Havre, Angoulême, Bordeaux, Courbevoie, Reims, Toulon, Amiens, Nice, Tours, Paris… quarante et une villes en tout. Puis les ventes, qui avaient démarré en flèche la première semaine, se tassent. 43 928 exemplaires vendus en deux mois et demi (il dépassera les 50 000 durant l'été). Résultat honnête quoique décevant, au regard des 250 000 exemplaires d'un Nicolas Sarkozy. Édouard Philippe demeure en revanche la personnalité politique préférée des Français (53 % selon Elabe), en tête aussi (87 %) chez les sympathisants LREM et MoDem, deuxième chez ceux de droite qui lui préfèrent Nicolas Sarkozy (75 % contre 68 %).

À pile un an du scrutin, *Impressions et Lignes claires*, quoique écrit à quatre mains et « non programmatique », porte déjà les grands caps d'un programme présidentiel, au cas où. Inutile de revenir en détail sur le financement des retraites, qui apparaît comme la mère de toutes les batailles, avec le report, incontournable selon lui, de l'âge de départ. Son plaidoyer en faveur du nucléaire ne surprendra pas non plus, l'ancien d'Areva défendait déjà l'atome… à Sciences Po[2] ! « Le nucléaire n'est pas la solution, mais il n'y a pas de solution sans nucléaire », m'a-t-il répété plusieurs fois. La nouveauté, c'est qu'à

1. Figaro Live, 13 avril 2021.
2. Voir chapitre 3, p. 45.

l'argument « énergie décarbonée » il ajoute désormais celui, plus écolo, de l'étalement urbain. « Le nucléaire, c'est compact. Ça permet de produire de l'électricité… en gardant les terres ! » Sous-entendu : contrairement aux énergies renouvelables à développer en parallèle.

Entre les lignes du livre, sa critique la plus dure du système concerne la Défense, même si tout demeure à l'état de questions : « La dissuasion nucléaire, à laquelle il nous paraîtrait extrêmement hasardeux de vouloir renoncer, doit-elle continuer à prendre les mêmes formes ou peut-elle évoluer ? » Devant moi, il s'étonne sincèrement que personne n'ait relevé. Quand on commence à parler couramment le Sioux, on comprend qu'il remet en question la construction d'un deuxième porte-avions nucléaire actée par le président Macron en décembre 2020. Ce qu'il m'a confirmé : « En plus clair et plus cash, on peut vraiment se demander si c'est malin de faire ce deuxième porte-avions nucléaire. Et on peut vraiment se poser la question de savoir si on est adaptés pour des missions comme au Mali qui vont devoir se répéter. » Édouard Philippe imagine utiliser autrement les 5 milliards d'euros concernés pour « insister sur le volume de nos forces, les équiper de séries parfois moins technologiques et raffinées, mais plus nombreuses et plus robustes » ; il imagine aussi des drones, comme ceux des Turcs et des Russes, et « un investissement massif en cyberdéfense ».

S'agissant des institutions, s'il vante les mérites de la Vᵉ République, il envisage quand même « un Sénat composé de présidents de région (18), de département (101), des maires de villes de plus de cent mille habitants (41), d'un maire élu dans chaque département par les autres maires du département (101). […] Les sénateurs ne le seraient qu'à raison de leur mandat local, ne percevraient qu'une seule rémunération et pourraient utilement porter la voix légitime des collectivités face à l'Assemblée. »

Dire que cette danse du Sioux agace l'entourage d'Emmanuel Macron est un doux euphémisme. Elle exaspère ! Est-il LREM ou non ? s'impatiente, en juin 2021, Jean-Marc Borello, délégué général adjoint du parti présidentiel, trop malin pour ne pas rappeler qu'« Édouard a été un bon Premier ministre », avant d'ajouter que lui, méridional, a « toujours trouvé qu'il manquait d'engagement sur les sujets politiques » : « Quand on soutient, on soutient. En fait, ce sont deux caractères qui se complétaient bien. Un qui va chercher les coups alors que personne ne le lui demande, c'est le président, et un qui reste plus facilement en retrait, sur le front des idées en tout cas. Il y a chez le deuxième un côté réservé, haut fonctionnaire, plus formaté, avec lequel je suis moins familier », avoue-t-il.

Le Sioux louvoie également au Havre, à l'approche des élections régionales de juin. Sans trop en faire, il soutient le candidat « majorité présidentielle » de Normandie, l'ancien fabiusien Laurent Bonnaterre, l'opération lui permettant surtout de ne pas aider le sortant et favori, Hervé Morin – les deux hommes se détestent cordialement. Mais au soir du premier tour, marqué par la déconfiture de son poulain, il agace encore l'Élysée avec, devant la presse, cette allusion, à la forte abstention : « Tout le monde savait qu'organiser les élections en ce moment serait un désastre. Même moi, j'ai du mal à en vouloir aux électeurs de ne pas se passionner pour les départementales et les régionales, pour le premier tour. Il faudrait un débat plus large, collectif, sur les élections. » L'exercice d'équilibrisme est rendu encore plus délicat par la présence d'adjoints du Havre sur chacune des deux listes. Et à la fin, le chantre du « sans étiquette » n'a aucun scrupule à se réjouir de l'élection de ses adjoints « divers droite » aux départementales. Cherchez l'erreur.

Le jeu de cache-cache inclut aussi les journalistes locaux, dans une sorte de procès « incompétents contre tire-au-flanc ». Lui refuse de les voir. Eux trouvent qu'il ne bosse pas. Fin mai, le site Lepoulpe.info, émanation normande de Mediapart, le qualifie de « fantôme havrais » depuis sa réélection, prenant sa ville pour un « marche-pied vers un nouveau destin national ». Ça l'exaspère. « C'est le problème du Covid et de tous ces événements annulés, m'explique-t-il sans rire. Alors qu'en réalité on n'a pas arrêté ces derniers mois. On a bouclé les plans d'aménagement de l'entrée de ville, par exemple. »

Ce vendredi où je le revois, l'après-midi a tout du parfait contre-feu de com, avec, à 14 heures, le lever du drapeau des Pavillons bleus sur la plage, suivi d'une tournée, avec photographe, des commerçants du centre-ville enchantés des nouvelles terrasses « Covid » de monsieur le maire. Je constate, au passage, la réalité de ce tourisme « philippesque » dont m'avait parlé une ancienne adjointe d'Antoine Rufenacht. À des visiteurs arpentant les rues du Havre en quête d'un selfie avec le Premier ministre, elle avait répondu : « Vous avez plus de chance de le trouver à Paris. » J'atteste que certains ont bel et bien eu ce privilège. Au même moment, Lepoulpe.info s'inquiète des deux cent soixante-douze nouveaux emplois menacés chez Dresser Rand, filiale de Siemens Energy, qui fournit des compresseurs à l'industrie pétrolière. « Ce qui est demandé, ce n'est pas qu'il résolve d'un coup de baguette magique tous les problèmes, s'insurge le socialiste Mathieu Brasse, mais au moins qu'il mouille la chemise[1]. »

1. Lepoulpe.info, 19 mai 2021.

Le cache-cache n'est pas qu'un jeu. Édouard Philippe est un homme qui réfléchit beaucoup. Combien de fois l'ai-je entendu pendant cette enquête ? Le « diesel » prend son temps, il « sédimente », comme il le disait lui-même pendant ses révisions de Sciences Po et de l'Ena. Loyal ou pas loyal ? Son indécision est sans doute à l'origine du naufrage, évoqué plus haut, lors du « 20 heures » de France 2 en avril. Qu'il soit en manque de manettes ne fait aucun doute. Il me l'a dit plusieurs fois, s'imaginant par exemple gérer la crise sanitaire en cours. Qu'il ait envie d'être président, aussi. Qu'il prépare les conditions d'une candidature « au cas où », également. Désormais c'est clair, loyal il voudra demeurer. Mais libre, toujours ! Au moment de boucler cet ouvrage, fin août 2021, il préparait son grand rassemblement havrais du 8 octobre, censé « structurer son leadership », mais sans avoir décidé s'il s'agirait d'un parti, d'un mouvement, d'une association ou d'un *think tank*. « La période est à l'agilité, répétait Gilles Boyer, plus que jamais à son côté. Faire des plans millimétrés, même à un mois, l'exposerait à être contredit par les faits. » Quel qu'en soit le nom, la « structure » serait ancrée sur une République des maires très élargie. Un homme, des idées, au centre droit européen, autour d'élus locaux partageant le même appétit pour la chose publique, les finances publiques, le réformisme économique, un peu de raideur sur les institutions. « Tout le monde parle à Édouard de la présidentielle de 2022, mais il y a aussi les législatives ! », ajoutait un autre proche. « Il s'agit avant tout de défendre des idées et il est même possible qu'il y ait un jour des candidats pour les porter, précisait Gilles Boyer. Depuis quatre ans, on parle d'une “maison commune” de ceux qui soutiennent le président, mais ça ne s'est pas concrétisé. Édouard veut agir et non attendre. »

À l'issue de cette année post-Matignon, le Sioux n'oublie pas pour autant que deux gros cailloux sont aussi venus se loger dans ses souliers : l'enquête Covid et la « tuile » Olivier Duhamel.

La Cour de justice de la République, il en a parlé à ses enfants, à table, le soir même de sa démission de Matignon. Le juriste savait qu'il serait perquisitionné. Il voulait atténuer le choc. Le 15 octobre 2020, au saut du lit, la visite détaillée de toutes les chambres de l'appartement, des ordinateurs des enfants, ne l'a pas moins révolté. Lui-même était à Marseille. Lorsque nous en parlons en déambulant sur les quais de Seine, il pointe le palais de justice d'un geste agacé : « Moi, j'ai été juge, j'ai été avocat, je suis attaché à la justice… Je sais que là, ils sont en train de s'intéresser à moi. Mais ils n'avaient qu'à me demander mon téléphone, je le leur aurais donné. Ils auraient voulu visiter les ordinateurs de Matignon, on leur aurait ouvert. J'imagine qu'ils voulaient montrer que je suis un justiciable comme les autres. Comme ça, c'est fait. »

Cette journée de perquisition du 15 octobre n'est rien en comparaison de celle du 21. À 19 heures, il est attendu à l'hommage national rendu à la Sorbonne à Samuel Paty, le prof d'histoire de Conflans-Sainte-Honorine décapité par un terroriste tchétchène pour avoir montré des caricatures de Mahomet en classe. Avant cela, à 15 heures, le Covid lui vaut trois heures d'audition devant les députés de la commission d'enquête. Une partie du pays est sous couvre-feu depuis quelques jours. Costume sombre et cravate noire, en « sérénité complète » – mais que cache le masque ? –, il s'installe au côté du rapporteur LR, Éric Ciotti. Il pose des questions (« comment faire en sorte qu'il y ait une expertise reconnue, légitime pour éclairer les décisions politiques et les expliquer au grand public ? »), concède des fautes collectives :

— La France n'était pas suffisamment préparée... Nous n'avions pas exactement les outils adaptés.

Les masques ? Il plaide l'ignorance sur les stocks et reconnaît tout au plus une maladresse de communication. Lors d'un « 13 heures » de TF1, il a déconseillé le port du masque « en population générale », parce que ça n'avait « aucun sens ».

— La doctrine a changé. Donc j'assume ce que j'ai dit, mais je vois bien le porte-à-faux.

Aucun député ne lui objecte qu'un avis d'experts rendu un an plus tôt à Santé publique France pour les pandémies grippales recommandait « une boîte de cinquante masques par foyer, à raison de vingt millions de boîtes en cas d'atteinte de 30 % de la population[1] ». Il n'est pas davantage secoué sur la question sensible des élections municipales maintenues le 15 mars, à deux jours du confinement. Une semaine plus tard, au Sénat, il y reviendra de façon encore plus claire :

— Faute de consensus politique, vous êtes accusé de vouloir modifier la date des élections à votre avantage. Faute d'un consensus scientifique, vous avez du mal à démontrer le motif d'intérêt général. Je suis entièrement d'accord avec vous, monsieur le sénateur : mieux vaut le faire longtemps à l'avance que juste avant la date des élections. [...] Quoi qu'il en soit, je maintiens qu'il n'y avait pas de consensus scientifique le 12 ou le 14 mars, et encore moins de consensus politique !

Tout juste Éric Ciotti le titille-t-il sur les échos dans la presse concernant des divergences entre président et Premier ministre au moment de déconfiner.

1. Santé publique France, avis d'experts relatif à la stratégie de constitution d'un stock de contre-mesures médicales face à une pandémie grippale, mai 2019.

— Le président et le Premier ministre étaient sur un chemin de crête, explique le Sioux, très appliqué, pesant chaque mot. Confiner trop longtemps, c'est risquer l'effondrement de l'économie du pays. Déconfiner trop vite, c'est provoquer un redémarrage de l'épidémie. Donc, des débats, oui… Mais des désaccords, je ne crois pas, monsieur le rapporteur, conclut-il avec un léger mouvement de tête un peu malicieux.

Fin mai, Édouard Philippe attend. « Je ne sais même pas ce qu'on me reproche ! m'explique-t-il tranquillement, son pied tapotant nerveusement celui de la table. Est-ce d'avoir maintenu le premier tour ? D'avoir reporté le deuxième ? » Il n'ignore pas que certains conseillers des trois ministres (Véran, Buzyn et lui-même) ont déjà été interrogés et que son tour viendra peut-être à l'automne, pour une clôture de l'instruction au printemps 2022. Juste avant la présidentielle.

Entre-temps, l'autre caillou, l'affaire Olivier Duhamel, n'aura pas fini de mettre en panique l'entourage du Sioux. Le 13 janvier, Charles Hufnagel appelle le bureau de l'AFP à Matignon pour « son ami » Marc Guillaume. Charles est désormais dircom de Carrefour ; « son ami » Marc, préfet d'Ile de France.

— Il ne connaît personne à l'AFP, est-ce qu'il peut vous appeler pour passer un communiqué ?

Depuis quelques heures, ce mercredi, l'actualité du géant de la grande distribution tourne autour d'un projet de fusion avec le canadien Couche-Tard – projet abandonné quelques jours plus tard sur véto du gouvernement. Mais, pour Charles, l'urgence est ailleurs. Il faut sauver le soldat Marc Guillaume, puissant SGG de l'époque Édouard. L'onde de choc de l'affaire Duhamel se rapproche. Le clan est en danger. Voilà six jours qu'a paru *La Familia grande*, le livre dans lequel Camille Kouchner accuse son beau-père politologue d'inceste sur son frère jumeau. Et la presse déroule chaque jour un peu plus la « pelote Sciences Po ».

Exit Duhamel lui-même qui a lâché immédiatement toutes fonctions, notamment à la tête de l'organisme gestionnaire de l'établissement (FNSP) et du Siècle. En ballotage très défavorable également, Frédéric Mion, le patron de Sciences Po, qui savait depuis le printemps 2018 mais a continué à le soutenir dans tout Paris. Frédéric, le frère du Conseil d'État, témoin de mariage et parrain du fils Philippe, bredouille d'abord qu'il n'était au courant de rien, n'imaginant sans doute pas que Marc Guillaume, son autre frère du Palais-Royal, va le lâcher. Certes, dans son communiqué à l'AFP, Guillaume se prétend « trahi » par Duhamel. Au point de démissionner lui aussi des conseils d'administration de Sciences Po et du Siècle. Mais devant l'inspection de l'Éducation nationale, l'ex-SGG craque : Frédéric Mion l'avait bien alerté dès mars 2018 à propos « de rumeurs sur la sexualité d'Olivier Duhamel » concernant un de ses beaux-fils. Guillaume précise avoir attendu fin 2019 et le coup de gueule de Louis Dreyfus, compagnon de Camille Kouchner et patron du *Monde* à la suite de l'élection d'Olivier Duhamel à la présidence du Siècle, pour en parler directement au constitutionnaliste. Lequel aurait botté en touche, et affirmé « n'avoir rien à se reprocher ».

Qui d'autre à Matignon a su ? Au fil des mois, Marc Guillaume avait tissé des liens très forts avec la Philippie. Une forte complicité s'était installée avec Benoît Ribadeau-Dumas, le dircab de Matignon, lui aussi conseiller d'État. Olivier Duhamel avait toutes les entrées nécessaires dans l'entourage du Premier ministre. En 2016, le constitutionnaliste avait éclairé Thierry Solère pour organiser la primaire. Il l'avait même parrainé pour adhérer au Siècle. Sans parler des déjeuners réguliers avec sa copine garde des Sceaux, Nicole Belloubet, et de ses conseils autour du projet de loi séparatisme.

Que les liens du banni avec la Macronie s'étalent aussi dans la presse, qu'on l'ait vu à La Rotonde le soir du premier tour de 2017, ou à table avec Brigitte Macron dans l'entre-deux-tours, ne suffit pas à rassurer Édouard Philippe et son clan. Contrairement à lui, le président Macron est aux manettes, il peut prendre la parole et donc ses distances. Dans une vidéo postée sur les réseaux sociaux le 23 janvier, le chef de l'État déclare avec force :

— Ces témoignages, ces paroles, ces cris, plus personne ne peut les ignorer… Le silence construit par les criminels et les lâchetés successives, enfin, explose.

Preuve de sa détermination, en trois mois, le président se débrouille pour faire rédiger, voter et promulguer une loi de circonstance. Tout est bouclé le 21 avril 2021.

Édouard Philippe, lui, se terre. Sans être un proche, il n'a jamais tari d'éloges sur son ancien prof de Sciences Po[1]. Que savait-il ? Sur les faits d'inceste eux-mêmes, « rien », m'a-t-il certifié lors d'un échange très tendu en mars 2021. Comme souvent, sa défense vire à l'attaque. « On dit : tout le monde savait… Il faudrait vérifier si Olivier Duhamel a publié des tribunes dans *Le Monde* depuis dix ans que le mari de Camille Kouchner en est président. Je dis ça[2]… » Je tente de recentrer le sujet : que pense-t-il du fait que Marc Guillaume, le gardien du droit à Matignon, ait poussé la nomination d'Olivier Duhamel, certes présumé innocent, à la présidence du Siècle, institution influente regroupant de

1. Voir chapitre 3, p. 45.
2. *Le Monde* a bien publié des tribunes d'Olivier Duhamel pendant cette période.

nombreuses personnalités et de hauts responsables de l'État, sachant que des faits graves lui étaient reprochés ? Il me reprend sèchement :

« D'abord, Olivier Duhamel n'était pas "présumé innocent", il n'y avait tout simplement pas d'action en justice contre lui. Ensuite, que faites-vous si quelqu'un vient vous dire qu'il connaît quelqu'un qui, peut-être, il y a quarante ans, a commis de tels actes ?... Moi, je ne peux pas vous dire ce que j'aurais fait... »

J'insiste :

« Mais Frédéric Mion a démissionné quand sont sortis les propos de Marc Guillaume devant l'inspection de l'Éducation nationale, disant qu'il a été prévenu par Mion, précisément...

— Les victimes existent, Olivier Duhamel lui-même n'a pas contesté les faits. Mais elles n'ont pas voulu parler pendant toutes ces années... Je ne les critique pas, je sais que c'est complexe... que la parole... Je connais aussi des histoires similaires dans mon entourage. Mais le père de Victor [Bernard Kouchner] n'a pas parlé, Christine Ockrent non plus. »

Je rétorque qu'ils respectaient la demande de silence de Victor... Édouard Philippe ne répond pas. Je poursuis :

« Quand on prend connaissance d'une histoire pareille, on en parle à ses amis proches, non ?

— Qu'est-ce que vous sous-entendez exactement ? menace-t-il.

— Vous dites vous-même que vous avez eu des histoires similaires dans votre entourage. Vous n'en avez pas parlé à des amis proches ?

— En tout cas, moi, je ne peux pas vous dire ce que j'aurais fait. Je n'en sais rien. Déclencher l'article 40 ? Pour des faits qui sont prescrits ? »

S'ensuit un échange sur la libération de la parole au sujet de ces comportements, dans tous les milieux professionnels. Quel est son regard sur tout ça ?

« Je trouve ça évidemment rassurant. Les choses bougent. Les temps changent. De même qu'ils bougent sur la perception du handicap, qui était aussi un tabou. Les violences faites aux femmes, c'est encore terriblement tabou aussi. L'inceste, c'est très lent mais ça bouge.

— Est-ce que vous faites partie des gens qui s'inquiètent des dénonciations calomnieuses, du retour de la délation, etc. ?

— Oui, aussi. J'avais fait une interview à Mediapart là-dessus. Ça avait beaucoup choqué certains. Mais c'est un risque, oui, bien sûr. Imaginez si, en sortant d'ici, vous dites que je vous ai agressée et vous portez plainte contre moi, qu'est-ce que je fais ? Vous n'allez pas le faire, je le sais bien. Mais imaginez ! Quand je bossais dans un cabinet américain d'avocats, je peux vous dire que j'aurais laissé la porte du bureau ouverte si je recevais une femme en tête à tête. D'ailleurs, ici, les deux secrétaires qui travaillent avec moi savent qu'elles doivent entrer sans frapper.

— Vous-même, vous déminez beaucoup de conversations avec des femmes en disant : "Ma femme vous dirait que je suis un gros macho."

— C'est vrai.

— Vous l'êtes, macho ?

— Probablement moins qu'elle ne le dit, mais plus que je ne le dirais moi-même. Quand j'ai sorti *Des hommes qui lisent*, elle m'a pourri parce que je n'avais pas cité un seul livre écrit par une femme. Elle avait raison. »

Elle le lui a dit avant la publication. Il n'a pas changé une ligne. Honnête.

Épilogue

Petite brebis

Un demi-siècle a passé depuis que le Sioux a planté son tipi sur les hauteurs de Rouen, en novembre 1970. Il a échappé à ce métier de prof qui lui tendait les bras, mais pas à cette carrière politique qu'il méprisait tant à son entrée à l'Ena. Haut fonctionnaire durant cinq ans seulement, il a fini par prendre goût aux « manettes », a adoré être maire, détesté être député – ceux qui l'imaginent président de l'Assemblée nationale en seront pour leurs frais. Quant à Matignon, il en garde l'idée que « c'était passionnant, même si vous êtes un peu plus loin » ! En une génération de Philippe, en tout cas, on est passé du premier bachelier de la famille, son père, au premier chef de gouvernement : première mission accomplie.

À cinquante ans, il n'aurait sans doute pas pu rêver meilleur promontoire pour attendre la suite. Il a l'expérience, plus d'endurance qu'on ne le croit – ne jamais oublier la longue attente du Havre – et des réseaux, notamment grâce à ses allers-retours privé-public. Partout où il passe, il s'emploie à ne pas s'abîmer. Ne pas parler quand on peut se taire, ne pas être affirmatif quand on peut rester interrogateur. Ce contrôle permanent agace certains amis, mais il en a perdu très peu en route. Il a en revanche exaspéré quelques collègues dans ses différentes escales professionnelles et politiques : « Qu'il mette ses tripes sur la table ! », grogne depuis toujours le faux frère normand, Hervé Morin.

Au début de cette enquête, je me suis laissée entraîner sur la fausse piste, construite par son entourage – avec la complicité de nombreux journaux –, du chef de bande disruptif et fêtard. Au prétexte d'avoir cassé les codes en rejoignant Emmanuel Macron, beaucoup de portraits le dépeignaient en organisateur de soirées d'anniversaire survoltées avec, dans le tableau, boxe, bière et boutons de manchettes marrants. Sans doute cherchaient-ils à contrebalancer le côté Juppé austère.

Parmi quelques autres, Luc Walrafen m'a remis sur la piste du Sioux : « Ne cherchez pas la "disruption" chez Édouard. Au contraire, tout chez lui, de l'homme privé au parcours professionnel, m'inspire la norme. L'armée, la fonction publique, la formation de droit, ces mondes correspondent au comportement privé du copain de soirée qu'il était à dix-huit ans : très joyeux et festif, mais jamais ivre mort ou tirant sur un pétard. Ils correspondent aussi à sa fidélité aux personnes, des Walrafen à Macron, en passant bien sûr par Juppé et Rufenacht. Ils correspondent enfin au passage sur la Constitution de son bouquin qui me semble un monument de légitimisme à la Ve République. »

Le Sioux, lui, revendique la complexité. « Je suis attaché à donner parfois cette image lisse, admet Édouard Philippe. Ça ne me dérange pas du tout. J'ai ma vie intérieure, ma vie d'homme, de pote, de père, de fils. Et je m'attache à ce que personne ne les saisisse complètement. Je ne suis pas lisse ou fêtard, disruptif ou conventionnel, je suis un peu tout ça. »

Le Sioux n'a « pas particulièrement envie qu'on le comprenne ».

« Ne me dites pas que vous n'avez pas d'ambition ? lui ai-je rétorqué.

— Je n'ai certainement pas dit ça, a-t-il concédé.

Je lui sais gré d'avoir joué le jeu, même si la tension est parfois montée d'un coup, sur les rapports hommes-femmes notamment. Comment un homme aussi attaché à l'exemplarité de l'État peut-il s'asseoir ainsi sur le sexisme ordinaire ? restera une question sans réponse.

Autre mystère : l'avoir senti à ce point sur la défensive, comme s'il devait me prouver qu'il aime réellement être maire. Mon dictaphone a capté son frénétique battement de pied dans son bureau au Havre, au moment de me raconter sa journée : « Ça ne va sans doute pas vous intéresser, mais j'ai commencé par une réunion sur… », etc.

Jusqu'à l'été 2021, en embuscade, prêt à bondir, l'Indien à barbe blanche a continué de se planquer derrière le « Nous » de son livre coécrit avec Gilles Boyer. En réalité, l'ancien Premier ministre rongeait son frein. Les milliards d'euros déversés via le « quoi qu'il en coûte » du président Macron l'indisposaient. Pour l'instant, il ne veut pas gêner, confiait le clan. Mais son envie du pouvoir suprême grandissait. Il promettait de structurer son « offre » à l'automne. Il prenait soin de tracer ses dépenses.

Dès lors, la question, s'il ne doit en rester qu'une, est la suivante : le Sioux définitivement pas tapageur, plutôt malin, agile, mystérieux et prudent, pourrait-il être assez fou pour se lancer vraiment ? S'il y a « une ouverture », comme aurait dit Michel Blanc dans ces *Bronzés* qu'il aime tant –, il sera prêt. « Il pourrait être candidat en 2022 si Macron n'y va pas », répète l'entourage. Mais le successeur de François Hollande est-il vraiment homme à capituler ? Dans une descente du Tour de France, ne serait-il pas le dernier à freiner ? Le Sioux, lui, prendrait-il le risque des procès en déloyauté des amis, des ennemis, des journaux aussi ? Supporterait-il ces unes : « Le traître », « L'homme qui va faire gagner Marine Le Pen » ?

Est-ce qu'Édouard a cette folie ? Réponse pleine de conviction de Charles Hufnagel : « C'est la seule personne que je connaisse vraiment bien qui parle au pays. Il parle à la France, il pense la France comme une personne à part entière. Il porte quelque chose du pays. Il a ce truc en lui… On en a parlé souvent. » Réponse plus prudente d'Alain Juppé, dont il a partagé la défaite en 2016 : « Si je n'ai pas gagné, c'est peut-être parce que je n'étais pas dévoré par cette envie de présider. Qu'Édouard ait les compétences, la solidité, le sens de l'équilibre juste, je le crois. Est-ce qu'il est en mesure de gagner, avec ce que ça demande de démagogie, de violence dans une campagne ? Je n'en sais rien. »

Devoir se passer de certains « potes » le ferait-il renoncer ? La plupart seraient à ses côtés, mais Benoît Ribadeau-Dumas répète que, pour lui, c'est terminé. Devoir exposer Édith ? Son ami Régis Lefebvre, qui conseilla aussi Macron et Bertrand, veut croire que « montrer femme et enfants n'est même plus obligatoire aujourd'hui. Brigitte Macron tenait à être sur la photo, c'est différent. Édith pourrait très bien, en une interview un peu classe, expliquer pourquoi elle ne s'expose pas. Les gens diraient : “C'est génial, authentique et moderne !” ».

2022 ? 2027 ? Jamais ? Où qu'il aille, Édouard Philippe avancera en Sioux. Son entraîneur de boxe, Madjid Nassah, suggère le parallèle avec la « parade bloquée » et la vista. « Au début, avec les flancs découverts, on prend un uppercut au foie et trois secondes après on est par terre. Le premier réflexe, c'est de se planquer, chez lui comme chez tous les boxeurs. Avoir la vista, c'est justement voir le trou qui se dégage. Ou esquiver et bloquer le coup qui arrive avec une vitesse phénoménale. Avoir une garde hermétique, tout en sachant observer son adversaire. Chez Édouard, la vista est venue progressivement. »

Parmi ses héros de la Rome antique, le Sioux m'a finalement vanté le génie du consul Fabius. Pas celui de Grand-Quevilly, mais de la deuxième guerre punique (219 av. J.-C). « Sa stratégie était de ne pas se retrouver face à Hannibal, raconte le prof Philippe. Il avait intégré le fait que ce génie militaire était plus fort qu'eux, il venait de leur mettre une pile et donc Fabius refusait le combat. Il le laissait bouger et, quand Hannibal s'arrêtait, il se déplaçait. Au bout d'un moment, Hannibal, d'épuisement, s'est retrouvé loin de ses bases arrière, et ça a fonctionné. En termes d'histoire militaire, c'est extraordinaire. C'est une armée régulière qui fait ça ! C'est une des premières illustrations de l'intelligence défensive du choix de la bataille. »

À ceux qui considèrent que seul l'attaquant a la main, le « fana-mili » vient rappeler de garder un œil sur la défense. Cette stratégie de la temporisation vaudra au consul romain le surnom de « Cunctator[1] », ou « Petite brebis », en raison de son caractère doux durant l'enfance. Un beau nom pour un Sioux…

1. Le temporisateur.

Table

Remerciements

À toutes celles et tous ceux qui, *on* ou *off*, à Paris, Le Havre, Grand-Quevilly, Limoges, Dubaï ou Bonn, m'ont raconté le Sioux, du berceau à aujourd'hui. À ceux qui m'ont ouvert leurs placards. Merci particulier aux documentalistes de l'Ena, de Sciences Po et des Archives nationales.

À Édouard Philippe qui n'était pas demandeur mais qui a joué le jeu, avec générosité, presque jusqu'à la fin.

À Yves Derai et Olivier Philipponnat ainsi qu'à toute l'équipe de l'Archipel.

À toutes les plumes, journalistes ou non, croisées depuis ma première carte de presse, qui osent la complexité et la nuance.

À Anne, Laure, Emma, pour les échanges et l'enthousiasme rigoureux, à Pascal pour sa relecture attentive, et aux hôtes bienveillants de la rue Saint-Paul qui ont hébergé mes interviews en période de Covid.

À ma mère, toujours là au début de cette enquête. À mon père qu'elle a rejoint. Aux « 5B » pour le nid familial où ce livre a été écrit en grande partie.

À Léo et Gaspard, si précieux.

Et aux prodigieux brasseurs, du Nord et d'ailleurs, qui font mousser avantageusement le quotidien.

Cet ouvrage a été composé
par Facompo à Montrouge (Hauts-de-Seine)

Impression réalisée par

NORMANDIE ROTO IMPRESSION S.A.S.
à Lonrai (Orne)

en septembre 2021
pour le compte des Éditions de l'Archipel,
département éditorial de la S.A.S. Écriture-Communication

Imprimé en France
N° d'impression : 2104413
Dépôt légal : octobre 2021